疾馳的草原征服者

遼、西夏、金、元

疾駆する草原の征服者 遼、西夏、金、元

杉山正明——著
郭清華——譯

第二章 邁向契丹帝國的道路……78

導讀 從草原民族的歷史重新認識中國

印第安納大學內陸歐亞學系博士　蔡偉傑

近年來，臺灣出版界引介日本歷史學界的研究成果不遺餘力。其中關於蒙古與內亞遊牧民族歷史的部分，則以杉山正明教授的作品為主。杉山正明現為京都大學大學院文學研究科榮譽教授，專攻蒙古帝國史與內陸歐亞史。他曾於一九九五年以《忽必烈的挑戰》一書榮獲三得利學藝獎，二○○三年獲得第六屆司馬遼太郎獎，二○○七年以《蒙古帝國與大元兀魯思》一書榮獲日本學士院獎，是僅次於日本文化勳章的崇高榮譽。而今天擺在讀者眼前的這本《疾馳草原的征服者：遼、西夏、金、元》，則是作為日本講談社中國史系列叢書的第八冊，日文原版於二○○五年發行，中國稍早於二○一四年由廣西師範大學出版社發行了簡體中文版，由中國社會科學院民族學與人類學研究所的烏蘭教授與內蒙古外國語職業學院的烏日娜兩位老師合譯，並由復旦大學姚大力教授撰寫推薦序。[1]如今臺灣商務印書館引進了完整的講談社中國史系列，並且全部重譯，這種大手筆在今日規模日益縮小的臺灣出版界中，可說是難能可貴。由於姚大力教授先前已經針對本書的內容與寫作立場做過評述，為免重複，本篇導讀則以介紹本書主要論點以及新近的相關研究成果為主，以供讀者按圖索驥。

中國史與世界史的脈絡交會

本書的書名雖已提示了主要內容，但實際上所涵蓋的範圍要廣泛得多。上自中唐的安史之亂，下至蒙古帝國的崩潰，都包含在內。本書除前言與結語外，正文共分為六章，另外書末附有主要人物略傳、歷史關鍵詞解說與年表等，方便讀者利用。

前言揭示了作者意圖將這段六百餘年的中國歷史放在世界史脈絡中來考察的宏大構想，作者認為，在大元兀魯思（即元朝）出現之前的中國，是所謂的「小中國」。雖然唐朝初期曾經將政治勢力擴張到中華本土（或譯為中國本部）以外，但是實際上這段時期相當短暫，只有三十年左右，僅能算是瞬間即逝的大帝國。

自中唐以降的中國，包括北宋與南宋的疆域都相對較小，即便加上遼、金與西夏的領域，也頂多只能算是中型規模。到了元朝之後，無論是明或清，在疆域上都大為擴張。可以說中華的領域自蒙古時代以降大為擴展，由「小中國」走向了多民族的「大中國」。

在這段時間內，除了中國以外，歐亞世界同時也發生了劇變：在歐亞東部由粟特系領袖發起的安史之亂失敗了，但在歐亞西部伊朗系領袖的舉兵卻成功了建立了阿拔斯王朝（The Abbasid dynasty）。回鶻的衰微造成了突厥系人民往西遷徙，從長期的觀點來看，這也造成後來「突厥—伊斯蘭時代」的展開。契丹人建立遼朝，之後被女真人擊敗後又往西遷徙，在中亞建立了西遼，而後來的蒙古帝國更是橫跨了歐亞大陸。甚至歐洲文藝復興時期由過去的神學思想朝理性思辨的轉變，還有藉由資本主義而誕生的觀念，都是受到以蒙古為中心的東方所影響。這些情況都說明中國史的發展對世界史所造成的影響，故有必要將中國史放在世界史的格局中來探討。

起於安史之亂的歐亞世界六百年

在前言交代完了全書架構之後，第一章「巨大變貌的前奏」則是從時間尺度與歷史分期來探討唐朝史。作者主張，不能將唐朝將近三百年的歷史視為一個整體，特別是唐初的世界帝國結構，實際上並未持續到唐末。他也批評已故東京大學名譽教授西嶋定生所提出以唐朝為東亞文化圈中心的說法，實際上是一種日本人以漢字文化圈為出發的偏頗觀點。而冊封體制論認為草原國家是受到唐朝冊封的屬國，則與事實相距甚遠，回鶻與黠戛斯基本上與唐朝都是處於對等的關係；而整個歐亞東部世界的大變動，則始於安史之亂。

作者強調了安祿山出身為營州雜胡的文化與種族多元性，並且批評了漢文史料對安祿山的汙衊與偏見。而安史之亂本身就具有國際化的性質，例如唐朝仰賴了回鶻與大食的援軍而得以獲得最終勝利，但也因此受制於回鶻。唐代後期在歐亞東部形成了回鶻與吐蕃兩強爭霸的局面，而九世紀中葉回鶻與吐蕃這兩大強權的崩潰，也成為後來契丹與沙陀興起的背景。

第二章「邁向契丹帝國的道路」，則以《將門記》與《扶桑略記》中，記載日本已經得知西元九二六年契丹滅渤海國的消息一事為引子，鋪陳出當時契丹勃興於東北亞的情勢。而稍早於九二三年，突厥系的沙陀軍閥李存勗稱帝，建立後唐，並且滅了由篡奪唐朝的朱全忠所建立的後梁政權，華北自此落入沙陀之手。作者特別強調了耶律阿保機在創立契丹帝國的過程中，突破傳統草原可汗選舉體制，完成中央集權的部分。

契丹帝國繼承了自中唐以降在中國本部東北一帶積蓄的多種族力量，採納了來自燕地的韓延徽與韓知古等人的建議，建立起一個二元的畜牧、農業與都市的複合國家。然而沙陀系的華北五代政權仍舊是以農業為主的傳統中國式國家。沙陀與契丹南北兩大政權的爭霸成為後來的歷史基調。

第三章「邁向南北共存的時代」則聚焦於沙陀與契丹之間的戰爭，基本上雙方互有勝負，契丹雖佔上風，但並不具有絕對優勢。作者在此批評了歐陽修《新五代史》與司馬光《資治通鑑》記述偏頗，將契丹與沙陀的戰爭視為是夷狄與中華之戰。他認為，沙陀政權的本質為無序而殘暴的軍事聯盟，實難以視其為過去的中華。另外，作者也強調耶律阿保機崩逝後，出身回鶻的述律皇后月里朵在維持遼朝聲勢與選擇阿保機繼任者上的關鍵地位。

耶律阿保機長子耶律突欲和次子堯骨之間的權力鬥爭，也造成了遼朝統治階層內部的動盪。耶律突欲原先貴為皇太子，在契丹滅渤海國後負責治理在渤海故地新成立的東丹國，但是治理成效不彰，又與月里朵太后關係緊張，最後在皇位鬥爭敗下陣來，後來甚至離鄉投奔後唐李嗣源，被作者視為悲劇性人物。而契丹一度成功使華北的沙陀政權後晉成為屬國，直到西元一〇〇四年北宋與契丹簽訂澶淵之盟後，南北和平對峙的國與國關係才確立下來，直到蒙古帝國興起才又打破這個局面。

第四章「造訪已消失的契丹帝國——眺望歷史與現在」則有兩條主軸，一為作者於二〇〇四年八月底至九月初在內蒙古的調查活動，造訪了慶州（位於赤峰市巴林右旗境內）的白塔與慶陵、遼上京與耶律阿保機祖陵等遼代遺址，另一則為契丹遼朝的遺產與史論。作者感嘆了遼史研究材料的稀缺，並認為蒙古帝國似乎不願意見到有關契丹的歷史材料傳世。他認為契丹的國號先後共有三種，即「契丹國」、「大契丹國」與「大遼國」，每個國號的產生背後都有政治因素。

另外，作者在內蒙旅行時見到草原的沙漠化問題已經十分嚴重，並且批評了中國的生態移民政策，認為遊牧民被迫定居為畜產農戶，被捲入現金經濟的浪潮當中，結果可能更加貧困。最後作者總結，契丹的前身為拓跋，而其後繼者則是蒙古，但契丹不僅是歐亞內陸世界的繼承者，同時也是唐朝的繼承者，這點從耶律阿保機於唐朝滅亡後的九〇七年即契丹大汗位，而且唐與契丹的皇帝陵形制相同可以得見。

第五章「亞洲東方的多國體系」討論西夏與金朝的歷史。作者認為党項人建立的西夏並未留下系統記載，而以西夏文寫成的文書又多屬斷簡殘編，遠不足以構建其歷史輪廓，因此必須仰賴如《資治通鑑》一類的中國典籍，主要的關鍵也是在於蒙古帝國並未留下太多關於西夏的記錄。

然而，西夏對蒙古帝國的影響不容忽視，例如西藏文化就是透過西夏而傳入蒙古帝國。至於女真人建立的金朝，則是在一一一四年由完顏阿骨打率領女真人反抗契丹，並於一一二五年滅遼，一一二七年滅北宋。取代遼成為東亞的強權。作者認為除了宋朝以外，其實遼、西夏與金，都具有中華色彩，也就是說當時曾經存在著不同的中華國家，而東亞以可以被視為以澶淵模式為主的多國體系。

第六章「在橫跨歐亞的蒙古帝國領域之下」，則探討成吉思汗與他於一二〇六年一手創建的大蒙古國如何成為橫跨歐亞的大帝國。作者除了提及金朝當時在章宗統治下專注於國內事務，未能防範成吉思汗一統蒙古諸部以外，而且還強調了高昌回鶻與契丹人投靠蒙古，對於後來帝國擴張的正面作用，後來蒙古西征滅西遼、花剌子模與西夏等；繼任的窩闊台汗則滅金朝，並且在蒙古本部建立新都哈剌和林，並命拔都西征，征服了欽察草原、俄羅斯與東歐。第四任大汗蒙哥則派遣其弟旭烈兀進軍伊朗，並且滅了阿拔斯王朝。到了忽必烈汗滅亡南宋，蒙古帝國已經成為有史以來最為龐大的歐亞帝國，不僅統合了遊牧、農業與城市地區，而且向海洋擴張。最終，蒙古帝國的崩潰與十四世紀氣候異常的小冰河期有所關聯。

在結語中，作者認為突厥與唐朝都是瞬間的世界帝國，霸權都是稍縱即逝。而契丹國則是一種統一草原與中華體系的新形態國家實驗形式，沙陀政權內部則比契丹更加複雜，但是缺乏明確的國家計劃，也缺乏軍力與政治力來一統諸勢力。北宋則是繼承了五代沙陀政權以來的形勢，為了從軍閥手中奪回兵權而立下文治的立國方針，但也因此在軍事上處於劣勢，拜「澶淵之盟」所賜，才得以維持下來。西夏與金都是作為部族聯盟與多種族的混合體國家，但是兩者在國家規模與地域上存在很大差異。特別是金，原先很有可能在遼的基礎上持續發展，但是由於內部無法整合，最終還是未能成功整合草原與中華世界。

蒙古帝國在吸取了過往契丹與女真等國家的歷史經驗後，成功將草原、農業與城市整合起來，並且向海洋發展。即便在蒙古帝國崩潰後，明清帝國、帖木兒帝國、莫臥兒帝國、奧斯曼帝國與俄羅斯帝國等，都繼承了蒙古帝國的多元複合國家與巨大版圖的遺產。

了解蒙古如何打造歐亞大帝國的歷史視角

嚴格來說，本書的架構並不平均，從前述內容可見，全書用了將近一半的篇幅討論契丹與遼，以至於分配給西夏與金的篇幅明顯過於單薄；就算是關於遼的部分，也偏重於澶淵之盟以前的早期歷史。

作者為何選擇了這樣的寫作架構不得而知，但就我看來，要透過本書了解遼、西夏、金與元朝各自的歷史面貌並非易事。做為讀者，又如何定位這本書呢？我的建議是，把這本書視為一種理解中唐以來至蒙古帝國崩潰之歷史趨勢的視角。例如由小中國到大中國的演變，遼繼承了自北魏以來滲透王朝的歷史經驗發展出更為細緻的草原、農業與城市的複合政體，以及多國共存的澶淵體系，到最後蒙古帝國成熟發展為橫跨歐亞大陸與海洋的大帝國，並成為近代世界的先聲。循著這條主軸來閱讀這本書，也許會比較容易把握全書重點。

遼、西夏、金、元歷史的最新研究與延伸閱讀

接下來我想就本書所涉及的內容，談談其背景與近幾年來的研究進展，做為讀者未來的進階閱讀建議。

・安祿山的出身與死亡

首先是有關安祿山的相關研究。作者在提到安祿山時，主要仰賴關西大學藤善真澄教授所寫的《安祿山：皇帝寶座的覬覦者》一書。這本書的中譯本最近也由中西書局出版。不過作者提及藤善真澄主張安祿山有糖尿病一事，經翻檢該書中譯與日文原版後仍未能尋得，僅提及疽病發作，不確定是否真為藤善真澄的主張。[2]

關於安祿山的研究，除了北京大學榮新江教授的增補重刊之作〈安祿山的種族、宗教信仰及其叛亂基礎〉一文中，強調了安祿山叛亂以祆教作為號召以及其粟特人的種族身份之外，[3]近年來較具規模的研究，應屬北京大學沈睿文教授著《安祿山服散考》一書。沈睿文從人類學、考古學與歷史學等角度研究安祿山，主張安祿山的誕生故事具有祆教色彩，被視為鬥戰神的化身。安祿山很可能是非婚生子，以至於生父不詳。另外，從安祿山長瘡病疽、目昏不見物與性情暴躁之病徵，認為是安祿山奉行道教服散，並非患糖尿病所致，而且從唐玄宗長年賜丹、厭勝與賜浴安祿山之舉看來，似乎是試圖用道教來控制安祿山。[4]這個推論比較大膽，也有書評予以商榷。[5]不過在目前缺乏新的文字材料下，本書中的跨學科取材與分析，也算提示了未來相關研究的一種可能方向。

•《遼史》最新修訂版——以契丹大小字和出土文獻參校

關於遼史方面的研究進展，最重要的應該屬二〇一六年點校本二十四史修訂本《遼史》的出版。[6]總其事的北京大學劉浦江教授於二〇一五年一月病逝前，完成了修訂本的統稿工作，相信後來的學界同仁都會感佩其貢獻。

這次修訂《遼史》以百衲本為底本，以明代鈔本與清代殿本進行校對，並且利用了傳世文獻與出土契丹大小字碑刻在內的出土文獻進行參校，為後來的學者提供了極大的方便。[7]有關本書中所提到的契丹國號與東丹國，劉浦江教授也有所研究。他利用了契丹文與女真文石刻材料，證明遼朝的非漢文國號為喀喇契丹，與漢文國號大契丹、大遼等等有所出入；[8]利用墓志材料說明了東丹國直到九九八年仍舊存在，駁斥了九五二年東丹國名實俱亡的陳說等等。[9]劉浦江教授的研究，可說是以契丹文治遼史的代表。

另外，北京大學王小甫教授則是從回鶻人對契丹的影響來談遼朝政治文化的多元來源。例如本書所提到的述律皇后，小字月里朵，王小甫推測這個詞是源自回鶻語 *ört*，意為火焰、光芒。他也分析了《遼史》對耶律阿保機誕生與去世的描述，包括其母夢見太陽而有孕，出生時的「神光」與「異香」，以及去世時「大星墜地」與「黃龍繚繞」等異象。王小甫認為這些情節是仿自摩尼降生和受啟神話，並推測是受到信奉摩尼教的回鶻人融入契丹後所產生的影響。

而阿保機死前三年的預言，目的是在於將其自身塑造為摩尼教三位一體的救世主。[10]另外北京大學羅新教授引《周書》中記載突厥在立可汗儀式上讓新可汗預言自己的在位年限，認為耶律阿保機預言自己死亡時間的做法，很可能就是受到透過回鶻傳入的突厥文化所影響。[11]

・研究元代典章制度的最新成果

至於元史的主要新成果，近年兩岸分別出版了《元典章》點校本可以算是一件盛事。中國版由中國社會科學院的陳高華、劉曉教授與北京大學張帆、党寶海教授四位負責點校；[12]而臺灣版則是由中央研究院歷史語言研究所的洪金富教授，以一人之力、歷時十六年完成點校。[13]《元典章》是元代前、中期法令文書的彙編，書中記載了大量民事與刑事訴訟案件，是研究元代基層社會的重要材料。另外，文書也載明了處理流程，故對於研究元代各機構的職掌與運作也有所裨益。最後文書中所使用的各種元代俗語也反映了當時的漢語使用情況，因此對於漢語史研究也有所幫助。

在本書中，作者提到所謂元代存在蒙古、色目、漢人與南人四等人制的說法，事實上是二次大戰以前日本學者的虛構，近年來針對這種陳說也確實存在反思。現任廣島大學教授舩田善之就注意到，元代文獻中找不到色目人的蒙古文對譯，以及元代許多高級官員都由蒙古人、色目人充當的情況是「根腳」（意指出身背景）的反映，而非制度性的四等人歧視。因此他主張色目與漢人、南人的任官差別，僅僅是一種集團主義（collectivism）用人方法的結果。[14]

不過，近來四川大學教授洪麗珠則從元代基層州縣官員的族群結構進行分析，發現達魯花赤之類的高層地方官以色目人為主、蒙古人為輔，不分南北，即便是漢人也難任此官。而在中層以下的地方官員上，漢人則在南北都能任官，且比例較南人為高。而南人的任官不僅侷限在南方，且官缺遠低於北方，任官機會相對稀少。所以即便四等人的分別不見得是制度化的歧視，但是這種出於族群制衡的作法，造成的這四類人任官比例失衡的現象，卻造成了在任官與法律地位上，這四類人之間有存在不公差異的結果。[15]

・一探蒙古帝國與伊斯蘭世界的關聯

關於本書所述及蒙古帝國與伊斯蘭世界的關係，英國基爾大學（Keele University）教授彼得・傑克生（Peter Jackson）的新作《蒙古人與伊斯蘭世界》值得注意。該書探討了蒙古人如何在短時間內征服了廣大的穆斯林領地，並且比較了蒙古征服中東期間與後來內戰所造成的破壞規模，以及蒙古人如何讓其穆斯林臣民接受其統治，後來蒙古人如何接納伊斯蘭教，以及蒙古統治對伊斯蘭世界的影響等議題。傑克生認為穆斯林對西遼稱霸中亞的看法預示了後來對蒙古帝國征服伊斯蘭世界的評價，但是兩者之間存在不小的差異。

而旭烈兀西征的大軍底下充滿了許多穆斯林的同盟軍這點，使其對手難以利用聖戰（*jihād*）的名義來抵抗蒙古大軍，而且有助降低其他穆斯林的反對。傑克生也認為蒙古帝國後來的連年內戰，難以配得上「蒙古治世」（*Pax Mongolica*）一詞，但是蒙古的統治所帶來的東西方之間物質、科技與藝術交流成就確實難以忽視。而蒙古帝國征服伊斯蘭世界的結果則是促進了伊斯蘭教的傳播。[16]

綜上所述，雖然讀完本書，尚無法詳細了解遼、西夏、金、元等朝代之歷史細節，但是相信讀者讀完全書後，能夠掌握自唐朝中葉以降至蒙古帝國崩潰這段時間內的歐亞歷史演變趨勢。本人期待本篇導讀能夠起到幫助讀者提綱挈領的效果，並且對於本書所涉之部分議題的最新研究發展能夠有所認識。

註釋

1 參見姚大力，〈推薦序：一段與「唐宋變革」相並行的故事〉，刊於《疾馳的草原征服者：遼 西夏 金 元》，杉山正明著，烏蘭與烏日娜譯（桂林：廣西師範大學出版社，二〇一四），第i–xvii頁。

2 藤善真澄，《安禄山—皇帝の座をうかがった男》（東京：人物往来社，一九六六），第二一七、二七五頁；中譯本參見藤善真澄，《安祿山：皇帝寶座的覬覦者》，張恒怡譯（上海：中西書局，二〇一七），第一九八、二五二頁。

3 榮新江，〈安祿山的種族、宗教信仰及其叛亂基礎〉，刊於《中古中國與粟特文明》（北京：三聯書店，二〇一四），第二六六–二九一頁。

4 沈睿文，《安祿山服散考》（上海：上海古籍出版社，二〇一五），第六、十八、一三七、一四一、一五二、二五五、二八〇–二八一頁。

5 有關本書的商榷書評，參見方圓，〈安祿山到底有沒有服散〉，《澎湃新聞・私家歷史》，二〇一五年七月二十一日，http://www.thepaper.cn/newsDetail_forward_1352303。

6 脫脫等編，《遼史》（修訂版，北京：中華書局，二〇一六）。

7 劉浦江撰，邱靖嘉整理，〈《遼史》的纂修與整理〉，《澎湃新聞・上海書評》，二〇一六年五月九日，http://www.thepaper.cn/newsDetail_forward_1465774。

8 劉浦江，〈遼朝國號考釋〉，刊於《松漠之間：遼金契丹女真史研究》（北京：中華書局，二〇〇八），第二七–五二頁。

9 劉浦江，〈遼代的渤海遺民——以東丹國和定安國為中心〉，刊於《松漠之間》，第三六七–三八六頁。

10 王小甫，〈契丹建國與回鶻文化〉，刊於《中國中古的族群凝聚》（北京：中華書局，二〇一二），第一一八—一五二頁。

11 羅新，〈耶律阿保機之死〉，刊於《黑氈上的北魏皇帝》（北京：海豚出版社，二〇一四），第九六—一二三頁。

12 陳高華、張帆、劉曉與党寶海點校，《元典章》（天津：天津古籍出版社；北京：中華書局，二〇一一）。

13 洪金富校定，《元典章》（臺北：中央研究院歷史語言研究所，二〇一六）。

14 舩田善之，〈色目人與元代制度、社會——重新探討蒙古、色目、漢人、南人劃分的位置〉，《蒙古學信息》第三期（二〇〇三）：第七—一六頁。

15 洪麗珠，〈寓制衡於參用：元代基層州縣官員的族群結構分析〉，《中國文化研究所學報》第六十二期（二〇一六年一月）：第八三—一〇六頁。

16 Peter Jackson, The Mongols and the Islamic World: From Conquest to Conversion (New Haven and London: Yale University Press, 2017), 7–8, 135, 409, 416.

前言 世界史中的中國史

何謂中國？這個問題會有很多不一樣的答案。但是，對於現在的一般人來說，「中國」就是中華人民共和國的簡稱；而對二十一世紀初的現在來說，中國在經濟面上有獨特的立足點，並且以此為主要的牽引力。有了這樣的牽引力，中國在國際政治上的發言受到了重視，影響力也逐年增強。

中國的存在感

中國被視為是「世界工廠」及「巨大的市場」，擁有大量的廉價勞動力，再加上勤勉而靈巧、上進心強烈的人民，只要不出現會產生國家危機的動亂，今後中國將發展為超級大型的市場。在二十世紀的一百年裡，在整個世界中，「中國」的位置有了很大的變化，從因為對立、排斥的個性而造成彼此不幸的地球社會局外人，變成了共存、合作又相互競爭的地球社會中有力的一員。不管對世界而言，還是對「中國」而言，都可說是文明史意義上的變化。

討論對中國的看法，會有各種觀點，但是單純地來說，人們感覺現在的中國不同於世界其他國家，是有特別的存在感，其理由與原因，首先便是中國的龐大人口與廣大領土，這一點是誰也難以否認的。

總之，中國是擁有十三億「國民」的「國家」，在人類史上，以前從未有過這樣的情形。話雖如此，仔細觀察這樣的國家內容與現實面，會發現「民族國家」裡有太多不同的族群與太多不同的存在方式，而且還夾雜各種利害關係與立場。因此很容易在政治、經濟、社會上的許多角落裡，孳生種種污穢，使得國家飄散著無法理解的、不安定的危險氣氛，但這種情況或許也是在所難免的。

還有，以上所說的，還只是「大陸」的情形，如果把臺灣也加進去的話，又會是什麼樣的情形呢？主張「臺灣是臺灣」、「臺灣史與中國史是分開的」的聲音，一直以來都存在，尤其近幾年來在臺灣國內，這種傾向十分明顯。在了解這種情形下，如果認為臺灣也是中華文明體系內的一員，廣義上來說是繼承「中國」傳統的一分子，那麼臺灣與中國的合體對世界形成的影響力，將超越表面上的形式或正面、負面的局勢，其存在感與力量的總合，不得不說是非常非常巨大的。

回過頭來說，在像這樣思考「中國」時，「中國」的大，是第一個引人思考的問題，而現代中國的特徵之一，也就是「巨大」。那麼，中國的巨大，是始於何時呢？

中國的巨大化，始於何時？

關於這個問題，也會有好幾種不同的回答；「貫穿歷史，一開始就是這樣」的想法，想必也會出現在這個問題的回答之中。「地大物博」是「中國」形成的本質，這樣的一般性想法，是直接的，也是根深蒂固的。

而客觀的事實是，成就現在中華人民共和國版圖的是乾隆盛世，在清朝後半期，消滅了你死我活的宿敵準噶爾，並將準噶爾改名為「新疆」（新的疆土之意），還把西藏、內外蒙古也納入版圖之內，形成了廣大的領土，那是西元一七五七年以後的事。到了二十世紀，外蒙古在蘇聯的影響下，成為獨立的國家，臺灣也變成現在的樣子，除了這兩個地方外，其餘地方幾乎都還在中華人民共和國的版圖內。換言之，今日的中國版圖，大約有兩百五十年的歷史了。

不過老實說，並不是所有人都知道上述的歷史。反之，甚至可以說有很多人認為，「中國」乃至於「中華文明」，並不是一開始就是像現在這麼大的吧？重點是，「中國」是何時成為「中國」的？又是從什麼時候開始巨大化的？

始於黃河下游流域的文明，是「中國」的原點——對於這個說法，大部分的人應該都沒有異議。另外，原本意指「位於中央的國家」的「中國」，是到了秦始皇的時候，才打開了所謂中華帝國的「中國」之門，這已經是常識了。所以中國邁向巨大化的第一步，應該就在這裡。

話說回來，如果從結論來看，「中華」框架一口氣變大的時間，是在十三到十四世紀的蒙古帝國時代。蒙古帝國占有一半以上的歐亞大陸，是人類史上最大的世界帝國，而建立起如此龐大的領土，則始於第五代皇帝忽必烈，他以蒙古地區與中華地域為中心，建立了實質的蒙古宗主國——大元兀魯思（蒙古語，意指「群眾」，也有部落、集團，乃至於國家的意思），中國通稱為「元」。元的直接國家領土，覆蓋了東亞的大部分土地，再加上冠以朮赤、察合台、旭烈兀之名的其他三個蒙古兀魯思的間接領土，可說大元兀魯思是把歐亞的海陸都收攏進版圖的超廣域大帝國。

在大元兀魯思出現之前的「中國」是「小中國」，在瞬息萬變的治亂興亡歷史之中，就算有時會出現統一的政權，其領域幾乎不出所謂中華本土的範圍，唯一的例外是唐朝初期時，曾經以內陸亞洲的突厥系名義，把政治勢力擴大到中華本土之外。但是那段時間非常短，只有三十年左右，可說是瞬間即逝。

而且，統一政權實質上薄弱的唐朝後半時代，與包括北宋、南宋在內的「中國」，從領域上來說，相對都是「小中國」。當然，如後面敘述，我認為廣義的中國史應該也包含了契丹帝國與金帝國、西夏帝國的歷史。然而，就算把這些帝國納入中國，當時的國家領土與政治版圖，都還屬於小規模，頂多只能說是中型的規模。

與上述相反的，在大元兀魯思之後，不管是明帝國還是清帝國的疆域，都比從前的中華帝國疆域大上一、兩圈，可以說是疆域大型化了；因為滿洲（現在的東北地方）與雲南、貴州等地，也成為中國的疆域。而且，大元兀魯思之後的疆域，不同於唐朝只是瞬間擁有的「大版圖」，是確確實實被框進「中國框架」裡的領土。到了清朝後半期，符合「大清帝國」之名的「大領域」，便形成了中國的疆域。現在的中國領土，基本上維持著清朝的後半期的「大領域」形狀。

自蒙古時代以來，中華的領域大大地擴展，這是純粹客觀的歷史事實。這一從「小中國」邁向「大中國」轉變，不得不說轉得非常漂亮。而這一轉變所帶來的意義無限大，中國自此走向「多民族的巨大中國」之道。

本書要直接面對的，是從第九世紀後半到十四世紀末的五百年歷史。除此之外，這五百年之前的一百年歷史，也是本書必須納入考察的範圍。而被這段時間框起來的中華王朝史，則是包括唐的後半期，乃至於從唐末到元末、明初的歷史。

改變歐亞與中國的六百年

然而，將依朝代區隔、斷代史般的表現、想法和區分法，確實在通稱上有其簡單方便的一面，但是當要陳述一個大時代的整體現象時，這樣是否恰當呢？這就讓人不得不懷疑了；追根究底，這只不過是依據歷代的中國正史為本而整理出來罷了，很可能在無意識下，過度地強調了王朝國家的統治印象，或者相反地，對沒有記載在正史裡的政權，做了不當的、過於藐視的評價，並以此為實際的歷史事實。然而，這樣只會把歷史導向更多的虛構與誤解之中，尤其是本書要回顧的五百年乃至於六百年的歷史，確實常有上述的現象。

在這五百至六百年裡，歐亞世界發生了巨大的變動，「中國史」也受到這股波動，反覆出現了數次明顯的蛻皮、變身。例如本書開頭將提到的安祿山叛亂與回鶻遊牧民族對唐朝王室的軍事支援，以安祿山、史思明等粟特人為中心，發動了舉兵叛亂與新國家建設運動，讓人不禁聯想到，幾乎在同一時間，以伊朗系的人們為主體，在伊朗東部呼羅珊地區發動的「伊斯蘭革命運動」。雖然在東邊的安祿山等人建立新政權的行動失敗了，但西邊伊朗系人們的舉兵、進軍行動，卻獲得了成功，並且建立了阿拔斯王朝。把安祿山等人被視為「中國史上的叛亂者」，這是從視野短淺的「小中國」立場來看的結果論，也是憑著中華主義似的感覺，所做出來的歷史評價；此外，這也是從回鶻的立場來看安史之亂的評價。

遊牧國家回鶻成為唐朝的「庇護者」，不久之後更成為稱霸亞洲東方的霸主。但到了九世紀中葉，相繼發生的天災讓回鶻迅速瓦解，這股波動造成了歐亞大陸東西方的改變。在東方，契丹遊牧民族聯盟因此興起，而與這個聯盟關係微妙，時而對抗，時而又結盟和好的突厥系沙陀族，則在華北建立了軍事政權，也就是在中華王朝史中被稱為五代的後唐、後晉、後漢，北漢也屬於此系。再來看歐亞大陸的西方，由於回鶻的解體，突厥系的人們開始接連地遷移，最後塞爾柱遊牧集團稱霸了西亞；以長期的觀點來看，到鄂圖曼帝國約九百年的「突厥、伊斯蘭時代」，便從此展開了。

再把目光拉回到東方，原是契丹與北宋兩個帝國並存之地，後來西夏國出現，與北宋之間頻頻發生攻防戰，緊接著又有女真族的建國，與契丹、北宋的滅亡，然後契丹族往西遷徙、再建國，出現了金、南宋、西夏三足鼎立的局面。很顯然的，亞洲東部在錯綜複雜的多種族與多文化混合下所產生的歷史變動，已經裝不進傳統中華王朝史的框架中了。這時便不得不提出追本溯源的問題，什麼是「中國」、什麼是「漢族」。還有，在中亞這邊，西回鶻國（也可稱為天山回鶻國）、喀喇王朝與桑節爾率領的塞爾柱王朝等權力相互拉扯之後，誕生了第二契丹帝國，也就是「西遼」。以上種種，尖銳地向我們提出站在中國正史上理解歷史時的問題點。

但是，不管怎麼說都不能否認，出現於十三到十四世紀的蒙古帝國，是「中國史」，也是歐亞大陸世界史中的一部分。以前，人們動不動就說中華文明在地理上隔絕於世界其他文明，是獨自發展出來的文明。然而，真的是那樣嗎？且不提唐朝的「瞬間大帝國」狀態與名符其實的世界帝國大蒙古，本書所述及的五百年到六百年的歷史，不就是歐亞與「中國」曾經在多極化與大統合的波濤中同處的佐證嗎？

一直以來，說到「中國史」，我們就會認為內容是發生在「中國」這個空間內並自行完結的歷史，說不定或許確實如此。若以上屬實的話，那也就罷了，不過真的是那樣嗎？

世界史與中國史

這裡存在著種種問題，「中國史」的空間性範圍，指的到底是從哪裡到哪裡呢？這是一個很重要的問題。針對此一問題，很有可能出現以下的回答：儘管「中國」的形成一直伸縮變化，但整體來說是往伸展擴大的方向前進，而其過程就是「中國史」。但是，在不同的時代裡，也會自然地出現這樣的問題：哪裡是「中國」？哪裡是「中國」以外的世界？

姑且把歐亞世界，甚或全球世界，安放在上述「中國以外的世界」的延長線上。既然「中國史」是世界史的一部分，或許可以透過「中國史」的發展，來理解世界史。關於這一點，目前到底有什麼樣的進展呢？至少應該先讓「將中國史的發展置於世界史中」的嘗試，在各朝代史中有更多的體現。下一步該做的，便是從探究「中國史之所以為中國史」的觀點，把歐亞世界史、甚或全球世界史的發展，置於「中國史」的脈絡中，正確地掌握相互的樣貌、影響與改變。當然，這並非是把從前的想法、理論、觀點拼湊起來的拼圖遊戲，而是要基於純正客觀的事實。

我認為不僅有世界改變了「中國」的時候，「中國」也在很多時候改變了世界。拙見以為，那些改變不只出現在近代，也出現在以前的時代。用大的圖表來表示的話，可見從內陸走向海洋、從軍事力量改變為經濟力量，從生產變成流通，從宗教邁向理性，從想法走向實踐等等改變。

上述的種種變化，是在「小中國」變身為「大中國」的過程中，逐漸孕育、萌芽、成長、發展出來的。舉例來說：歐洲文藝復興時期，神學性的精神思想轉變為合理性的思辨，還有藉由資本主義而誕生的尊重實利的觀念等等，若不是受到以蒙古為中心的巨大東方影響，很難想像會有精神與物質上的改變，其改變的根本有很大的一部分是「中國」。

歐亞世界史與「中國史」，兩者經過長時間的變動與融合，終於在蒙古時代出現了短暫的合而為一化，不僅成為打開了歷史全球化之門，還給世界文化、人類文明之形成，提供了根本的基礎。這可以說是歐亞大陸世界史與「中國史」的邂逅、交鋒五百年乃至於六百年的歷史世界精華。

第一章　巨大變貌的前奏

始於何時

是的，這到底是從何時開始的？歐亞大陸還有「中國」，究竟是什麼時候一起經歷了多方化和流動化，邁向彼此交流、往來，最後進入大統合的巨變漩渦中？

關於「時間」的提問

如果「時間」是一道長流，我們所處的位置，便是這個長流的最前端。我們生活在每一分每一秒都在變換的「時間」長流之中，而每一分每一秒累積起來的「時間」排列，形成了我們的人生。很多人的人生組合在一起而形成的集合體，那就是家族、家系，進而是同伴、組織，更進一步則是社會、國家、世界，甚至統稱為人類。

「觀察歷史」，事實上並不是去逐一檢閱難以掌握的「時間」中的每一個「瞬間」，而是去捕捉某一個「長度」。那個「長度」有長有短，例如，若說要追溯地球生命的運行痕跡，那可是超過四十億年以上、壯大悠久的故事。又，若要說到人類、也就是智人（現代人類，和現在的我們同種的人）的歷史，那也有十萬年左右的「長度」。觀察生物進化、或是人類進化的過程、探究人類的生活等等事情，毫無疑問地是在進行歷史研究。

另一方面，雖然比起上面所說的「時間」要短得多，但其實也是相當長的：調查、重組、說明距今一萬兩千年到一萬三千年的人類發展進程，也就是一般世人所說的「歷史」，或者說是「研究歷史」；學術上所謂的「歷史學」，指的大概就是這個。因此，被世人視為歷史學者或歷史研究者的人們，便是在這超過一萬年的「時間」區塊中，以某一個時代與地區，及生活在那個時代、那個地方的人們為對象，進行各種想像與假設，來探討過去的種種。這種時候，以史料為名的過去痕跡，便是他們展開艱苦研究的線索與依據。

這裡所提到的一萬多年的「時間」，正好是從七十萬年前以來合計共四次的冰河期中，氣候暖化、冰河退縮的「後冰期」，乃至於「間冰期」，也就是被稱為「第四間冰期」的時候。今天的我們，也還生活在這個「時間」裡。在這段「時間」裡，偶而也會出現稍微比較冷的時期，那樣的時期被稱為是「小冰河期」，但若以極為概括性的說法來說的話，基本上「小冰河期」與冰河期同屬一個年代。總的來說，原則上「小冰河期」與冰河期是存在於同一地球環境條件中的一個年代。

近年來地球環境問題經常被拿來熱烈討論，尤其是氣候暖化的問題。單純地說是氣候「變熱」了，然而問題並不只是變熱。如果說只是變熱，那麼在恐龍時代，地球的氣候比現在更加溫暖。不知道這種大規模的「溫暖」、「寒冷」為什麼會發生，或許原因來自太陽系，或來自更高層次的因素。總之，若用上述那樣的大概括式的說法，變熱的原因便是：因為現在屬於冰河時期。然而，現在發生的事態並不是那樣。問題是，原本地球的氣候應該進入某種程度的變冷趨勢，但自從大戰之後到現在，地球的氣溫卻一直不見下降。

為什麼會這樣呢？如果無法用大範圍的自然法則或者自然因素來做說明，那只好從「人為」的方向去尋求原因事態的關鍵便在於此。於是種種不清不楚的論調，及像惡作劇般讓人產生危機感的主張，甚至像精神訓話般「保護自然」的呼籲，便一再被提出。不是不了解提出那些論調、主張或呼籲者的心情，但總覺得那些論調、主張或呼籲，某種程度有點像放羊的孩子高喊「狼來了」。

總之，所謂的「歷史」乃至於「歷史學」所處理的事情，與現在的我們有直接關連的部分，所以「歷史」充滿了人味，也是理所當然的。關於前面提到的一萬多年，大體上可以區分為新石器、古代、中世紀、近世紀、近代、現代等幾個時期。到目前為止，一般人對這樣的區分大致都是接受的，並沒有什麼太大的異議。不過，這樣的區分來自於以前的西歐、乃至於整個歐洲通行的學說為範本，只是後來被其他地域的人援用了。畢竟這是某種基準，或是做為方便辨識用的標誌。跨越地域所在，區隔「時間」，給每個「時間」區塊加諸意義的絕對基準，事實上是不存在的。

不管怎麼說，事物幾乎都存在於過程當中。歷史學家或歷史研究者把過去的「時間」劃分為某個年代或某個時期，就是為了更清楚地了解、掌握、說明那些過去的事物。原則上，區分歷史的時代，就是為了此一目的。最重要的，還是「如何看待歷史」這件事。

唐王朝的巨大身影

以王朝的形式來說，「唐」可說是相當長壽。觀看歷代年表，唐以王朝的形式存在時間為西元六一八年到西元九〇七年，共有二百九十年之久，看起來確實似乎是一個長壽的「大王朝」。用這麼長的「時間」來進行一個時代，如此說來，「唐代」便消耗了三個世紀之久，但真的可以想得這麼簡單嗎？

一開始，唐朝確實是一個大王朝。它雖然接受過突厥（曾是內陸世界霸主）的後援，但很快就跳脫出擁有政權的「半屬國」狀態，反而壓制了突厥，還間接地控制、收服其他遊牧民族的軍事勢力。另外，在東邊，唐與新羅合作，擊敗了百濟與日本的聯合軍，更讓高句麗倒臺，短暫地統治了朝鮮半島。唐的勢力後來雖然被逐出新羅，但威令仍然遠達東方的海邊。因為曾有這樣的盛況，所以有人以「世界帝國」來稱呼唐朝。[1]

不過，稍微誇大、像廣告詞一樣的「世界帝國」，在很短的「時間」內就開始衰敗了，隨著東突厥的復興，草原世界的民族再度成為中華的對抗者；而高句麗的遺民們也獨立起來並且建國，就是後來的渤海國。客觀的說，唐朝的「大勢力圈」，事實上只存在於唐王朝的初期。

更有一種看法是，唐朝處於超越實際統治範圍的「東亞世界」，或者說是「東亞文化圈」的中心位置。很多人都知道，最早提出這個看法的人，是已故的日本學者西嶋定生先生的看法。然而，正如學者李成市指出的，西嶋定生的看法是源自日本人對漢字文化圈的偏頗觀點，這一點是不容否認的。

還有，草原世界原本就不是接受唐朝「冊封」的地方。舉例說明的話，例如落款年為開元二十年（西元七三二年）的「闕特勤碑」[2]，據說漢文的碑文內容是唐玄宗「自筆、自撰」的，其中明白的表示了唐與突厥是「父子之國」，原則上是將對等的王室雙方比擬為「父子」，遠不是君臣的關係；[3]還有，取代東突厥的回鶻遊牧國家，也以唐為保護國，而打敗了回鶻的黠戛斯與唐的關係也是對等的——這些都可以從國書中清楚地看出來。

用近現代的眼光來看有現存國家框架，並以此為前提而自然形成的「文化圈」印象為基礎，把應該不可能納入「冊封體制」的乾燥世界遊牧軍事權力，也納入巨大設定下的「東亞世界論」或「冊封體制論」，這是想超越「一國史」觀點的做法。歷史研究者們的心情是可以理解的，但這應該是不可能成為事實、難以成立的事情。

唐王朝與八世紀的亞洲

然而，唐的「大王朝」形象，對生活在日本列島的人們來說，是堅定不移的。從前日本向唐學習的想法，與對李白、杜甫、白居易等唐代代表性詩人的詩文世界的憧憬，非常單純地支撐著日本人對唐的嚮往。和對於其他中華王朝有著極大的不同，日本人對唐朝的好感與敬意，在日本列島上代代相傳、生生不息，這可說是非常有趣的現象。

就是這種天真的「過譽」，反過來影響了歷史的真貌。但是，現實中的唐王朝與它的巨大形象並不相符，做為一個統一中華的王朝，它的版圖在不久之後就變得與西漢、東漢時期差不多大小了。進入八世紀後，唐朝進入玄宗的漫長統治時期，把玄宗的開元、天寶兩個年號的統治時期加起來，從西元七一二年到七五六年，共有四十五年。四十五年不是平常的「時間」，和一個短命的王朝比起來，玄宗的統治時期算得上長壽了。

因為之前有武后的周王朝和韋后的掌政，唐到了玄宗王朝時，可說是面貌一變，和以前完全不同。唐朝的政治、經濟結構不管是好還是壞，都在玄宗時期穩定了，因此表面上看起來一派平和，所謂的「唐文化」當然也在這個這個時候出現了精華。不過，此時的亞洲已經明顯地面臨變動，各種變化都準備好要萌芽了。

在這之前的七世紀，中東出現了伊斯蘭教，從現在通稱為拜占庭帝國，自稱為「羅馬」的帝國手中，陸續奪下了巴勒斯坦、敘利亞和埃及等地，不久之後又與中東最大的伊朗帝國、超過四百年歷史的薩珊王朝進行了兩次大戰役，並且獲勝，勢力一下子高漲起來。這個伊斯蘭教團體克服了長久以來部族間對立的問題，在伊斯蘭教的信仰下，短暫地凝聚了阿拉伯遊牧部族的軍事力，奇蹟似的獲得了成功。相對於出現在亞洲東方，並且短暫形成「大版圖」現象的唐朝，伊斯蘭教大版圖的形成或者稍微晚了一點，但也只是些微的差距。

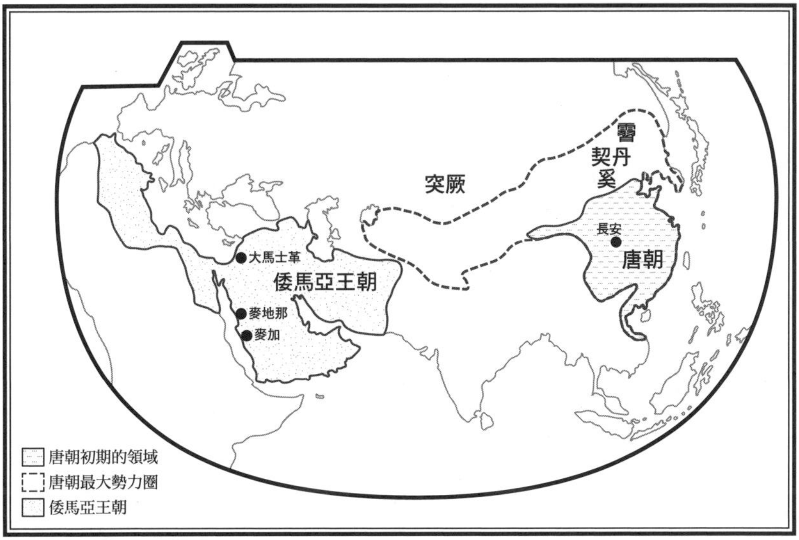

突厥、唐朝、倭馬亞王朝：六～七世紀的歐亞大陸

伊斯蘭教持續擴大，沿著地中海南岸地區的北非往西前進，在進入八世紀時，已經侵入了伊比利亞半島。橫跨了亞洲、非洲、歐洲地域的龐大伊斯蘭教圈，終於在歷史上現身。

伊斯蘭教從「神的使者」（阿拉的使者）穆罕默德開始，在穆罕默德過世後，經歷了阿布・伯克爾、歐麥爾、奧斯曼、阿里等四代「繼任者」（哈里發），開創出伊斯蘭教的戲劇性成果後，「哈里發」之位開始世襲化，進入倭馬亞王朝的時代，這中間經過了相當長的一段時間。但在不認同哈里發世襲化的什葉派人士叛變，與阿拉伯部族間的相互抗爭難以平息之下，倭馬亞王朝的「和平」飄搖不定。在上述的情況下，哈里發之位頻頻輪換，王朝的國運於是日漸衰微了。同為「帝國」，比較東方的唐朝與西方的伊斯蘭國家時，會發現兩者的步伐有某些相似之處，都呈現出在等待下一扇門開啟的姿態。

草原上的變化

另一方面，草原世界也出現了激烈的變動。占有蒙古高原的東突厥第二次政權，在復興了六十多年後，於西元七四四年至七四五年初，被以回鶻為中心的勢力所取代。回顧突厥的歷史，自西元五五二年建國以來，雖然經過了種種波折，但一直維持著草原「王權」的突厥王室阿史那氏，至此滅亡了。如果把包括非獨立的時期也算進去，阿史那氏所統治的突厥王朝時間，超過兩百二十年。

遊牧部族聯合而成的權力體，幾經重組與再編後，誕生了回鶻遊牧國家。而站在這個國家頂點的，便是藥羅葛氏。不過，回鶻遊牧國家也和突厥國家一樣，以「可汗」來稱呼君主。

值得一提的是，把這樣的政權交替視為「民族的興亡」，似乎並不恰當，「民族的興亡」是近現代想法的反射結果。事實上，更換負責權力核心的集團與君權，及隨著替換而重新檢視組織，才是這樣政權交替的本質。因為這樣的交替對遊牧國家的系統來說，基本上應該沒有很大的改變。

話雖如此，在回鶻這支新旗幟下，草原世界變得有活力了。舊有的權威消失，諸事有了新的規定，而這些變動幾乎可以說是在瞬間發生。在對唐朝的態度上，之前玄宗和東突厥王室的友誼，當然也在這個時候產生了變化。

惡化的「玄宗王朝」

回顧玄宗時期的唐朝，及玄宗統治時期下的社會，在陰霾逐年加深下，變化的徵兆也越來越明顯。眾所周知，均田制早已窒礙難行，「府兵制」的評價雖然有好有壞，但也在西元七四〇年時不得不換為「募兵制」。另外，還為了防禦外敵，不得不在國內的邊疆要地設置節度使，並擴充原有的兵權，容忍節度使有自己的軍事力量。至此，可說唐朝已經開始走向分權化之路了。

再加上「玄宗王朝」的時間特別長，又諸事墨守成規，這造成國家組織的退化，促成了下一步的局勢發展。說到這裡，就要稍微批評一下玄宗後來對政治的熱情消退，與李林甫、楊國忠等人對權力的壟斷與濫用了。這或許是造成後來國家局勢的誘因，但應該不是主因。總之，唐朝這個系統本身也進入了衰退與解體的過程，玄宗前期被稱頌一時的「開元之治」，也止不住唐朝往下沈淪的齒輪。幸運的「建國」將近一百四十年後，唐朝國體的制度疲態，是再也無法掩蓋了。

無論如何，唐玄宗四十五年的統治歲月，確實是太長了。不管是人生裡還是組織裡，都必需要「更新」。不管在什麼時代，在連結世代與世代、構成人的世代過程中，每一代所背負的「時間」，最多也就是十年至十五左右。那是人類的本質，理當如此。

人的顛峰不會永遠持續，這是非常單純的事，也是超越「時間」的通則。八世紀中葉以後，時代在等待變化。也就是說，通往「開始」的入口，已經出現在眼前了。

分裂的人物像

安祿山的光與影

安祿山是一個非常不可思議的人物，一般的中國史總說他是背叛者、叛亂者、叛臣、逆賊等等。總之，安祿山被形塑出的形象，就是亂臣賊子。又因為安祿山是「胡人」，所以也他也招來了胡賊或逆胡的罵名。

從另一個角度來說，這是基於王朝史觀加上中華本位主義的觀點而產生的看法。在那樣的觀點下，不只唐代的文獻史料，就連完成於宋代的文獻史料，也對安祿山做了極為凌厲的批評。漢字是極為能夠滲透人心的文字，以漢字完成的文獻因此有著可怕的表現力、傳達力與束縛力，後世的史學家們在無形中受到漢字文獻的綁架，很可悲地失去了自由的觀點；而安祿山被認為是中國史上突出的罕見大惡人，也就因此不得翻身了。

縱觀安祿山的一生，其成長過程非常獨特，自少年時代起就經歷了各種奇特的命運。他曾經因為偷羊而差點被殺，但後來很幸運地當了軍人，憑著一己才華與能力，在前線立了不少戰功，但卻在一次敗戰中遭到問責，眼看就會被處死時，因為玄宗的一句話而死裡逃生，並且從此時來運轉，在充滿權謀之術的宮廷與官場裡平步青雲，甚至掌握了龐大的軍事權力。至此，安祿山的野心大起，想要建立屬於自己的國家，把舊主玄宗及玄宗之下的唐王朝逼入危機之中。然而，安祿山卻在這個時候不僅失去了視力，又為病痛所苦，還在即將實現企圖野心之前，被兒子陷害致死，結束了一生。

安祿山的一生確實波濤起伏，再戲劇性不過了。不管是視他為一代的風雲人物，或者視他為英雄式的破天荒人物，他都是世界史上難得一見的特別角色。

讓安祿山有著如此複雜面貌的原因，當然與他的出身有關。關於安祿山的文獻史料，中國正史中的《舊唐書》和《新唐書》裡，都有安祿山傳，而以北宋司馬光的《資治通鑑》為首的官撰、私撰、稗史、野史等等史書，也對安祿山的事跡多有敘述。安祿山在同時期的唐代留下了很多記錄，其中姚汝能的《安祿山事跡》，是中國史上非常少見、對於叛亂者的記述之書，其史料價值更勝於其他書。

傾向修飾與貶抑的史料

話雖如此，安祿山所造成的大動亂最為激烈的時期，正好是《肅宗實錄》所記述的時期。肅宗是玄宗的繼位者，拚了命的拯救瀕臨滅亡的唐朝社稷，也使他充滿了特別的陰暗面。理所當然地，《安祿山事跡》以安祿山為主角，除了記述叛亂者的舉兵過程，也記述了他在唐朝為官時，阿諛君王、效命朝廷的表現。

真實與扭曲、改編與創作，到底可以共存到什麼樣的程度呢？最重要的事情還未確定，只是，其他的記載也同樣經過修飾。在漢文字的所有史料裡，對叛亂的胡人總是充滿了惡意。對於充滿故意為之的記述，只能在心知肚明下處理與注意了。

關於這一點，對隔了相當長一段「時間」之後的後世之人來說，在關注過去的同時，也被無可奈何地束縛了。不過，反過來說，這也是一種樂趣。這個時候，重點應該就是做為人的「常識」吧？原本，人都想從某種先入為主的觀念或偏見中得到自由，不想被表面的事態束縛，不想成為狹隘之人，在這種時候或許更當如此。

以下，我想以《安祿山事跡》做為一條有用的縱線，再參考其他的相關記載，並以這位光影交錯激烈的人物為焦點，來探討安祿山與時代的大旋渦，而橫線應該就是將中國史跳脫其框架的視點，因為那個時代就是這樣。

混血種族

根據史料的記載，安祿山是營州柳城的「雜胡」。唐朝以統治臣屬的契丹遊牧族與其近族的奚為名目，在形式上設置了營州都督府，柳城是這個都督府的首邑，以前也叫做龍城，位於現在的遼寧省朝陽市一帶。柳城位於越過長城後，要往北踏入遊牧區域的位置上，可以說是從山地要進入平地的門口。自古以來以遼河水系的西拉木倫（蒙古語，黃色的河流之意）河為大致的界線，柳城廣義上屬於遼西。

對唐朝來說，此處是與叛服不定的遊牧民族權力交涉之地，如果能控制這個地方，就等於擁有了有效的交通紐帶與占據了戰略據點，向北可以通往廣大的大興安嶺牧野，向東可以前進到遼東地方、渤海國、新羅國。反過來說，失去這個地方的話，不僅危及東北整體的經營，中華本土的防衛也會瀕臨危機。這裡不僅是觀察遊牧民族及其軍事力量趨勢的一大重點，也是各種各樣的人們往來、交流、共處的東北邊外要地。

安祿山便是成長於這樣土地上的「雜胡人」。「胡」是以中華的眼光對於西方乃至於北方異民族的稱謂。若進一步限定屬於「胡」的異民族，那麼可以說是指伊朗系的民族，尤其是粟特人乃至於粟特系的人。

用「雜種」這個字眼來形容是很失禮的，「雜胡」的本意是胡人混血兒，尤其是指有兩種以上血統的混血兒。從安祿山故鄉當地的風俗民情看來，後者的字眼或許更恰當。總之，安祿山身上確實散發出一種氛圍：「各種血液混雜在一起的傢伙」。安祿山不只是「胡」，還是「雜種胡」，這包含著雙重的蔑視，是一個極為貶低他人的卑劣用語。

雖然是貶低人的卑劣用語，但安祿山本人似乎也會在公開的場合說自己是「雜胡」、「雜種胡」。這是以貶低自己來抬高別人的身分，藉此求取周圍的「接受」與「笑聲」，這一招在玄宗的宮廷特別有效。但這或許是生活在魑魅魍魎蠢動的虛偽與嫉妒的世界裡，所必須會的生存之道吧！反過來說，這表示安祿山本人對「雜胡」之說法，也是非常在意的。這正是中華本位主義與其用語及用字的可怕之處。

安祿山的故鄉

雖然本質的意思相同，但是用「混血兒」這個說詞，顯然更有善意。兩個字詞的意思相同，給人的印象卻截然不同，語言確實是很複雜的東西。

其名為「光」

關於安祿山的出生地與出身的最大線索，便是他的名字。「安」是粟特人的姓氏之一，意味著他是布哈拉[4]出身的人。在此要順帶一提，「康」是撒馬爾罕（唐代稱為康國）的漢姓，「米」是米秣賀（唐代稱為米國）的漢姓、「何」是貴霜匿（唐代稱為何國）的漢姓、「史」是羯霜那（唐代稱為史國）的漢姓、「曹」是伽不單（唐代稱為曹國）的漢姓。

如果居住在自己原生語言、文字的世界裡，就不需要漢姓了，但因為居住在中華地區，乃至於中華地區的邊界，所以需要使用漢姓。以「安」為姓的人，就幾乎可以確定他是粟特系的人。其次，便是這個人的出身應該來自布哈拉，或者是其門第、家族與布哈拉有關，也或許是想以這樣的形式與布哈拉攀上關係。還有，說得更明白一點，以那個字為姓，無非是在向別人表明自己就是那個姓的人。

以安祿山來說，除了「安」這個姓外，他的名字也很重要。「祿山」在粟特語為roxšan，近世波斯語為rowsha，是「光」的意思。在以光與暗的二元論立基的瑣羅亞斯德教，也就是中國稱為「祆教」的教義中，是「光明」之意。粟特人是伊朗系的部落族群，他們信奉祆教，來到中華世界生活後，也不改其宗教信仰。近年來，以在西安郊外發現的安伽墓為首，陸陸續續地出現了許多令人驚訝的粟特人遺跡報告。那些遺跡歷史可以追溯到隋唐之前的西魏、北周時代。在一系列的「拓拔國家」中，粟特系人總是位於國家、政權的樞要位置上，其存在是國家與政權不可欠缺的構成要素，絕非只是單純的旅行者、商人或滯留者。從那些遺跡與種種事實，後人可以清楚地了解到祆教信仰也在中華之地落地生根，代代相傳了。

安祿山以「祿山」為名，就是要取粟特系的「光」之涵意，對粟特系與伊朗系的人來說，擁有這樣的名字是美好的盛讚，這是理所當然的事情。也就是說，以與布哈拉有臍帶關係的「安」為姓，再以粟特系象徵「光明」的發音「祿山」為名，安祿山的漢式姓名就是這樣完成的。

在此要特別一提的，便是安祿山終其一生都沒有改換這個名字。安祿山的親故或知己好友也大多有漢式姓名，例如他的競爭對手安思順，還有青梅竹馬的朋友兼畢生的盟友史思明。史思明出身自羯霜那，所以姓「史」，名為「思明」，有「思考光明」的意思。他的名字大概也和安祿山一樣，含有「光明」之意。這兩個人名字看起來都很漢式，也都有隱藏的含意。

不過，應該有不少人知道「祿山」這個名字就是「光」的意思。當時盛行胡風，也就是說伊朗風、粟特風的文化、風俗、時尚、運動、飲食等等，都成為唐朝社會的流行事物。這種現象在玄宗的宮廷內尤其明顯。不管是宮廷內還是官場中，原本就有來自突厥、突騎施、契丹、吐蕃、印度、靺鞨、室韋、高句麗、新羅、日本等等各國、各地，有出身、家世的「異族」。不過，其中最活躍、也最被朝廷重用的，明顯還是伊朗系、粟特系的人。安祿山的名字「祿山」，代表「光」、也是「光明」的意思，關於這一點，玄宗應該是很清楚的。

附帶一提。從七世紀到八世紀的「中華」，與我們後世想像中的「中華」——尤其是明清時代的「中華」之姿，有著明顯的大不同。誠如可以用「異族們的大唐帝國」來形容一般，七世紀到八世紀的「中華」世界，充斥著多元的人種、文化、語言、宗教、習慣、風俗，是一個混沌、錯綜複雜的國際世界。不得不說那是一個東西往來和交流的門檻極低，易於跨越，且通風情況良好的國家、社會。研究者必須意識到這樣的混合文明中華，並且正視其現象。

再回過頭來看安祿山。總之，安祿山很明顯地非常尊重自己名字中的「光之神」，並且一輩子以此自許。雖然他自嘲自己是「雜胡」、「雜種胡」，卻也反過來利用自己是「雜胡」的身分，獲得生存之道。在政壇裡打滾的他，並沒有放棄從內心堅持的信念。這樣的安祿山，讓我們不得不認為他擁有強烈的自我主張或者說是自我意識，讓他對自己血液裡或身體上的「某種東西」，有著自豪與堅定的信念。

突厥人的血脈與英雄傳說

安祿山的母親阿史德氏，曾經是突厥的女巫師，來自可以與突厥國家的王室阿史那氏通婚的家族，可見阿史德也是有勢力的氏族。從有限的資料裡，我們只知道安祿山是粟特系人與突厥有勢力家系的混血兒，卻無法追溯到他父母那一代，甚至先祖們的記錄。總之，只能確定他是「雜胡」，卻無法確認他是只擁有兩種血統的「雜胡」？還是混雜了更多血統的「雜胡」？

關於安祿山的誕生，有這樣的傳說：據說安祿山的母親向突厥的軍神軋犖山祈拜後便懷孕，而且在安祿山出生時，四周映滿紅光，有妖星落下到阿史德氏所在的穹廬（氈帳）之中。因為有種種神奇的怪現象，所以安祿山的母親認為兒子是「神」，取名軋犖山。但這樣的傳說與亞歷山大的傳說有著相似之處，難免有人覺得這是一種附會。然而，安祿山的「英雄傳說」，應該就是來自他的名字。

安祿山的傳說並非完全無憑無據的故事。所謂的紅光，很明顯的是指意味著光亮的「祿山」。

而天降有著亮光的物體，緊接著「奇人」誕生的情節，則讓人想起在將近五百年後的蒙古時代，成吉思汗的祖先、大名鼎鼎的阿蘭豁阿傳說。成為寡婦之後的阿蘭豁阿因為天上降下的光而受孕，而那個孩子便是未來統治蒙古的正脈祖先。

如文字所形容，締造了超廣闊疆土的世界帝國蒙古，汲取了以前歐亞各地的種種神話、傳說與傳承，創造出屬於自己的祖先神話、英雄傳說。或許與安祿山誕生有關的故事，最後也被蒙古所用，成為蒙古神話中某一類型的源流。反過來說，這類「光之子」的傳說或想像，不僅出現在耶穌基督身上，其實也散佈到了世界各地。安祿山誕生傳說的起源，很可能是當時祆教與伊朗的古代神話中，在突厥族等遊牧民族中廣為流傳「奇人誕生」的故事。

不僅在《安祿山事跡》中有這樣的傳說記述，《舊唐書》中也有大致相同的內容，甚至《新唐書》也沿襲了《安祿山事跡》的記述。范陽節度使張仁愿，認為帶著祥瑞徵兆誕生的孩子是危險人物，搜索了安祿山母親的氈帳，並且不分老幼地趕盡殺絕，但安祿山因為被藏起來，躲過被殺的命運而活了下來，這樣的故事被反覆記述在上述的書中。有意思的是，只有《新唐書》裡提到「范陽節度使」，我認為很明顯的是在為後來安祿山任范陽節度使時展開「大叛亂」做鋪陳，北宋期間還有將視安祿山為英雄人物的氣氛。

雖然這是繼承了「聖血」的嬰兒陷入險境之中後，好不容易虎口逃生的典型故事，但也是傳承自突厥的祖先，並且流傳到蒙古時代的傳說。事實上，在唐王朝的末期，成為安祿山根據地的范陽一帶，還有供奉安祿山與其盟友史思明的「二聖」廟，可見安祿山在那個時期是受到尊敬的。據說曾有地方官覺得不適宜，想要拆了「二聖」的廟，但卻引發了士兵們的反抗。

關於安祿山的「英雄傳說」，且不管故事本身的真偽如何，不得不說這個傳說有其代表的意義與反映了現實的部分。因為凡事以唐朝為本位，以中華為首要，是官方撰書的優先原則，所以才會那樣寫的。

「安」家的養子

幼年喪父的安祿山跟隨母親在突厥的環境裡成長，也就是說，突厥語是他的母語，他也因此具備了騎馬、射箭等遊牧民的基本能力，更熟悉突厥人的生活習慣與風俗。當東突厥還存在的時候，因為母親出身自阿史德氏，所以幼年時期的安祿山，生活應該不致於貧困。

安祿山的母親後來嫁給在唐為官的「胡將軍」安波注之兄——安延偃，成為安延偃的繼室。延偃、波注兩人，一個效力於突厥，一個在唐為官。安波注是在唐朝做官的粟特人將軍，安延偃掌管突厥的政治、經濟、文化，很可能也有負責軍事上的事務。突厥帝國自西元五五二年建國以來，便與中亞的粟特人相互提攜，突厥的軍事力與粟特人的經濟力，是突厥國家存在的兩大支柱。東突厥雖然沒有直接統治中亞的粟特人根據地，但有不少突厥人居住在蒙古高原一帶。前夫是粟特人的母親，帶著兒子再嫁，對象是有權勢的東突厥帝國粟特人。阿史德氏的女性嫁給有權勢的粟特人，可以說是名門之間門當戶對的婚姻。

就這樣，安祿山成為「安」家的養子。根據《新唐書》的說法，安祿山原本姓「康」，是撒馬爾罕的粟特人漢姓。如果確實如此，那麼安祿山其實是「康祿山」，成為「安」家的養子後，才成為安祿山。

如此說來，在安祿山的誕生故事中，說安祿山之名是採自軍神軋犖山之名的說法，應屬後來添加的虛構情節了。不過事實如何，誰也不敢斷言。總之，從史思明在安祿山死後所立的「祿山墓誌」中，記其「祖」之名為「逸偃」，推測「逸偃」與安延偃應是同一人物，由此可以確認安祿山曾經做為「安」家養子之事。

安祿山的不幸，應該是之後才開始的。開元年間（西元七一三至七四一年），安延偃一族不知因何原因「破敗」了。於是安祿山便與在唐為官的「胡將軍」安道買（或為賈）之子安孝節、安波注之子安思順、安文貞（或為真），一起逃離突厥，進入唐的領域，投奔在山西地方擔任嵐州別駕官職的道買次子安貞節。此時的安祿山已經十幾歲了。

在唐為官的安貞節因為祿山、思順與自己的兄長孝節一起來投奔，便與祿山、思順結盟為「兄弟」，據說安祿山便是從這個時候開始姓「安」的。也就是說，在突厥的「安」家發生危機時，隨著逃出突厥之舉，祿山才成為「安」祿山。由此回頭看，可見之前即使生活在「安」家，安祿山並沒有被認同是「安」家之人；但也或許祿山那時並不想姓「安」。這暗示了安祿山與水火不容的對手安思順，及「安」家人的不和睦。

突厥那邊的「安」家逃離突厥的原因，與開元四年（西元七一六年）東突厥發生繼承人之爭，最後毗伽可汗繼位，其弟闕特勤鎮壓、肅清反對派有關。「安」家的危難恐怕就是因此而起的。另外，契丹族也在這個時候脫離突厥，轉為臣服於唐。不過，這只是表面上的情形。

國際市場的仲介

如此看來，「安」家在東突厥與唐，都紮下了一族的根基，而且這種情形恐怕自西魏、北周的時候，也就是從六世紀中葉起就已經存在了。包含「安」家在內的粟特人給世人的形象，因這一點而改變，他們不僅擅長經濟、通商、文化與信息交換，在軍事與政治方面，也有很靈活的手段。可說無論南、北「安」家哪一邊有了危險，另一邊就成為可以投靠的避難處。一個家族有兩個基地，這是保護家族不致於被滅亡的安全策略。而對突厥和唐來說，雖然知道這種情形，卻還持續容忍這種情形的存在，推測是因為粟特人擁有多方面的才能，是不可欠缺的人才之故。也可以說，粟特人超越了政治與國境的界線，是一個不能消失的存在。

安祿山後來成為「諸蕃互市牙郎」，是處理各種非漢族與唐朝方面進行交易的國際仲介，據說他懂「六蕃語」甚或是「九蕃語」，所以在商場上極為活躍。說到六種或九種非漢語，那麼就是突厥語、契丹語、奚語、粟特語（波斯語）、渤海語、古代朝鮮語……等等。擁有驚人能力的安祿山，過著每天都與不同種族打交道的日子。

生產、流通、交易、信息交換，還有討價還價。安祿山後來與唐朝或各國官員應對時所使用的種種嫻熟、靈巧的手段，恐怕就是在擔任「諸蕃互市牙郎」時培養出來的本事。最可靠的東西，就是自己的能力，和真正能夠信賴的「朋友」。而讓安祿山的青春得到活躍之處，就是營州柳城。安祿山在那裡時雖是「雜胡」，但該地卻是他貨真價實的原點。

然而，安祿山的命運突然改變了。張守珪成為了范陽節度使，管理營州南邊，中華領土的北境一帶。安祿山因為偷羊被捕，就在差點被懲罰的棍棒打死之際，他突然大喊：「大夫不欲滅奚、契丹兩蕃耶？而殺壯士！」

名將張守珪因為安祿山的這番話與他的相貌而稱奇，便放了他，並讓他在軍中當跑腿。就這樣，安祿山與早自己一天出生的同鄉史思明，一起成為「捉生將」，也就是捕快隊長。安祿山的新人生就從這裡正式開始，走上武功與成功之路。

歐亞大陸中的「安史之亂」

天下動亂

天寶十四載（西元七五五年）十一月九日，安祿山在根據地范陽起兵。范陽是節度使的所在地，其治下地區的首邑是幽州，而此處也是現今中華人民共和國的首都——北京。幽州本來是位於中華本土東北角的邊境城鎮，後來逐漸成為軍事上的據點都市，地位越發重要。此後，范陽跨越了「華夷」的界線開始冒出頭，正式成為政治中心，不久後又成為契丹（遼帝國）的副都「南京」、女真的金帝國首都「中都」，更成為蒙古世界帝國的帝都「大都」，一步步朝向成為現代的北京邁進。安祿山的舉兵，成為從根本上扭轉了中國史的關鍵，就結果論，也是范陽乃至於幽州的新起點。

跟隨安祿山的部隊，是來自同羅、契丹、室韋的八千騎兵精銳部隊，他們是安祿山的中堅部隊。此外，還有他在任職范陽、平盧、河東節度使時，其任地的各兵團，再加上范陽轄內的幽州、薊州的兵力，全部騎兵、步兵加起來，約有十萬人乃至於十五萬人之多。這些人平時自稱「父子軍」，像是要誇示彼此結成親子之情、養成銅牆鐵壁般的互信關係。

在這之前，安祿山先攻打了位於自己根據地背後的契丹族，及其近族——奚族。為了舉兵與南進，首先便是要斬除後顧之憂。據說此時他能動員的士兵人數有十五萬或二十萬。也就是說，在打敗唐朝，建立新的國家時，並非所有的軍力都是由安祿山親自率領。

安祿山將以契丹族為首的遊牧騎兵納為自己的親衛隊，並且把此親衛隊當做「王牌」來使用，這應該是因為他很了解這支「王牌」的威力與破壞力非同小可。安祿山給次子安慶緒留下不少部隊，這是為了確保根據地范陽能繼續做為作戰的策動根據地，配合防備北邊的戰事，是理所當然的策略。

安祿山帶領著直屬於他的多種族混合部隊，為剷除把持唐朝朝廷的楊國忠，以「清君側」為名義興兵，擊鼓聲討楊國忠，首先以東都（洛陽）為目標揮軍南下。安祿山的軍隊夜間行軍，黎明進食，日行六十里，也就是說一天行軍約三十三公里。帶著軍隊裡的各種物品，配合步兵的行軍，這種速度可以說是很快的了，更何況還是十萬到十五萬的龐大軍團行軍，可說是快速進擊。

如果可以的話，筆者也想詳述戰爭的展開與戰線的擴大情形，可惜這裡篇幅有限。唐朝方面儘

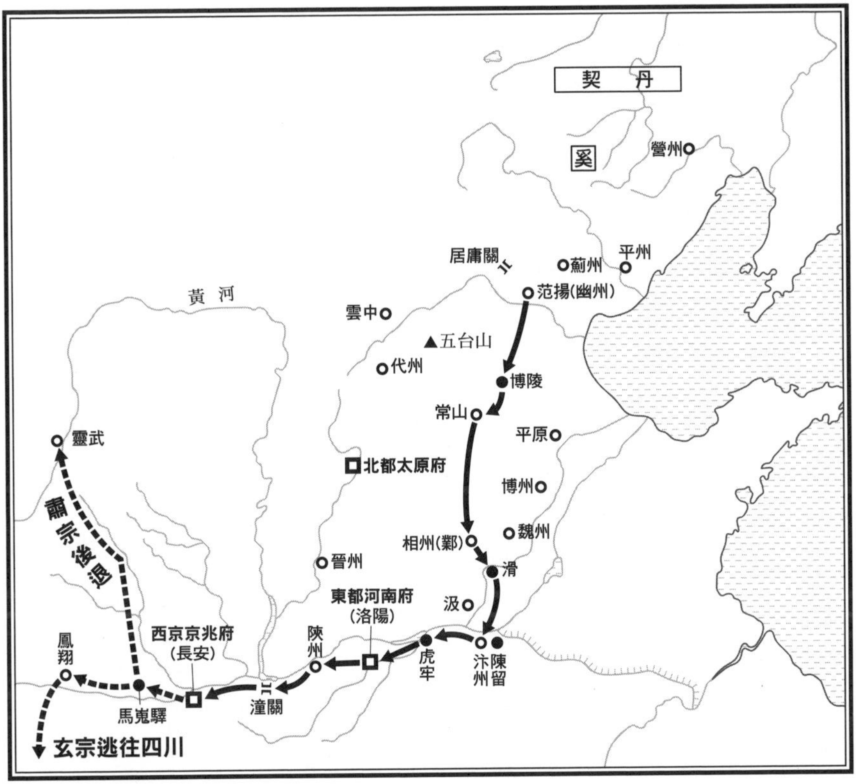

安史之亂關係圖❶　安祿山的進擊路線。

管早就對安祿山感到不放心而有所警戒，但是河北各地的唐朝部隊卻幾乎沒有抵抗地就投降，可以說是敗得極為難看，只能說唐朝方面太習慣於「和平」了。

而安祿山卻早就為了這一天調整好態勢，做了充足的準備，也徹底進行了行軍路線的事前調查，完成必勝的布陣。而且，知道舉兵日程和作戰構想的人，除了安祿山外，只有五個人，可以說是保密到家。在如此周到、萬全的準備下，就像拉滿弓射出的箭般，安祿山的軍隊以壓倒性的優勢擊敗了唐軍，或許也是理所當然的。

再加上經歷長年與契丹族和

奚族的戰事，安祿山的軍隊已經習於征戰了，他們在戰場上不僅經驗豐富，並且是功夫了得的勇猛之士。而因應不同戰況，如果有必要的話，機動性強的騎兵部隊也能投入戰場；尤其是在進行開闊空間的平原戰時，快速的行軍前進力，有著決定性的作用。不管怎麼說，這場戰爭的最初舞臺，是由安祿山這邊開啟的。

無法理解的變調

安祿山舉兵才一個多月，十二月十二日，洛陽便淪陷了。安祿山軍隊的前進速度，實在快得驚人，而唐朝這邊也實在太軟弱了。如果安祿山按照這樣的態勢持續下去，唐王朝應該很快就被瓦解，留下不足一百四十年歷史的記錄。

但安祿山卻沒有那樣做。然而，平白錯過可以一氣呵成滅了唐朝的絕佳機會，原因竟然出在安祿山自己身上。安祿山病了，逐漸喪失視力，身體變差，精神狀態更是嚴重失常。

安祿山不僅高大魁梧，還是個兩百公斤的大胖子。曾經敘述過安祿山生平的日本史學者藤善真澄說過，安祿山有糖尿病，而且症狀嚴重。藤善真澄所言應是事實，根據史料的記載，安祿山進入洛陽後，即位不久就發病了。但是，事實確實如此嗎？

因為「稱帝」而遭受天譴的說法，未免過於馬虎了。事實上，安祿山早就有病在身的可能性，比所謂的天譴之說更能讓人接受。舉兵是為了早一日實現夢想，是他在對病情有所覺悟下所做的決定。安祿山進入洛陽後的行動所反映出來的，好像只是為了讓自己即將迎向最後的人生顯得更風光而已。

洛陽是一個特別的地方，自古以來被認為是「土中」，原意是指大地中央，因此洛陽便是中華之中的中華，是絕佳的地點。從唐的國家觀點來說，西京長安是王朝的基業之地，是政治、軍事的要地，但相較之下，且不說政治性，洛陽在經濟、交通、文化等許多方面上，其重要性都遠比長安來得更高。武則天尤其重視洛陽，原因除了想讓自己的女皇帝立場正當化外，她還想讓洛陽成為新王朝的中心、成為美麗的神聖王城。

自北周、隋朝以來，長安一直是舊的「王權」所在地，而洛陽則是充滿多種族、多文化的國際性東方世界的中心都市，確實更適合做為宣告新國家誕生的地方。

隔年（西元七五六年）的正月元旦，安祿山在洛陽登基為皇帝。一月一日也是安祿山的生日，選擇在這一天登基，讓這一天成為雙重的「神聖日」，或許是特意的決定吧！

建國與猝死

總之，安祿山在入城後，不到十八天便登基為帝了。因為時間短促，登基的儀式是否做得足夠周全、隆重，實在值得懷疑。至於為什麼要如此急著登基？只能推想應該是有什麼不得不的苦衷。

安祿山的根據地古名為「燕」，便以「燕」做為新立國家之名，是為「大燕」，又以「聖武」做為年號。這個年號讓人想起他在長安的舊主，也就是他必須打敗的玄宗皇帝的尊號「開元天地大寶聖文神武證道孝德皇帝」，安祿山特別喜歡「聖武」二字。

順帶一提，日本的聖武天皇在此時的七年前，讓位給女兒孝謙天皇，他被謚以「神武」之號，是在天平寶字二年（西元七五八年）。一般認為「神武」二字便是取自玄宗皇帝尊號中文字。後來，被視為「叛亂者」的安祿山以「聖武」為年號的消息傳到日本時，當時的淳仁天皇及宮廷政府，還因此陷入慌亂之中。

此時，安祿山的軍隊已不再快速進擊，說得明白一點，當軍隊一進入洛陽，進擊便戛然而止了。隨著登基即位、建國、建元等等儀式的進行，安祿山本人也病倒了。首腦人物一旦失去了統制能力，手下的將兵們便耽溺於洛陽市街當中。就這樣，以天下要衝潼關為界線，洛陽的安祿山與長安的玄宗政府，處於相互對峙的狀態。此時與當初玄宗初聞安祿山之變，慨嘆「河北二十四郡，豈無一忠臣乎」時大不相同了，雙方的戰爭陷入膠著。

平原太守顏真卿與常山太守顏杲卿是堂兄弟，他們二人在河北與安祿山對抗的事跡名留青史。唐朝這邊採取的戰略，便是儘量避開遭遇戰，以退回城內、固守陣地為主。如此一來，安祿山的軍隊就無法輕易地一一擊敗唐朝的軍隊，於是陷入苦戰之中。可是即便如此，唐朝也無法擁有主導權。

同年的六月八日，就在雙方僵持不下的局勢中，鎮守潼關的哥舒翰率領了多種族組合而成的二十一萬八千大軍，加入了戰局。哥舒翰的父親是突騎施人，母親是伊朗人或粟特人，是一個混血兒，也是安祿山的競爭對手。身經百戰的哥舒翰固守潼關是最重要的一著棋，但是畏懼哥舒翰的楊國忠卻慫恿玄宗，命令哥舒翰出擊。結果勉強出擊的唐軍果然大敗，打破雙方僵持的平衡局勢，長安很快地淪陷了。六月十六日，玄宗逃往四川；途中，楊國忠等人被殺，楊貴妃被縊死。

唐朝至此幾乎就要滅亡，在河北、河東展開戰事的郭子儀與李光弼也撤退了。由於唐朝瀕臨破滅，曾經面臨窘況的安祿山應該可以趁此機會一舉消滅唐朝，但事實上並非如此。

這一次的問題出在安祿山的陣營這邊。接近精神錯亂狀態的安祿山，在隔年（西元七五七年）正月五日的晚上，被感覺到自己繼承人地位不保的兒子安慶緒等三人，暗殺於洛陽的宮廷寢室之中，實際動手的人是來自契丹族的近衛李豬兒。根據《安祿山事跡》的記載，此時的安祿山是五十五歲，從起兵到被殺，其間不到一年兩個月。

回鶻的野心

就像失分遊戲般，安祿山軍與唐軍輪流失分的結果，演變成兩個第二代對立、相爭的局面，一個是在洛陽的安慶緒，另一個是在靈武（現在寧夏回族自治區的銀川）成立臨時政府的玄宗之子肅宗。此時，安祿山的手下驍將、極高威望的史思明，也在范陽獨立了。然而，除了這三股勢力外，其實還存在著別的勢力，那就是建國第十三年、並以蒙古高原據點的回鶻遊牧國家。從純軍事觀點來看，那時回鶻的勢力比范陽、洛陽、靈武都來得強大，而最重要的關鍵便是：勢力最大的一方會和誰聯手。

根據記載，在此之前、也就是安祿山還在世的西元七五六年陰曆九月，在靈武的肅宗政府，為了求得回鶻的援軍，派遣唐王室的敦煌郡王李承寀，與突厥系的驍將僕固懷恩北行，於翌年十月抵達回鶻的本營，位於鄂爾渾河畔的窩魯朵城，與第二代的回鶻可汗磨延啜（回鶻語：Moyunchur），訂下合作之約。在這個約定下，首先，回鶻的兩千名特別行動部隊襲擊了安祿山的根據地范陽。同年十二月，磨延啜親自率兵南下與郭子儀會合，一起壓制了河曲方面的安祿山軍。不過，關於磨延

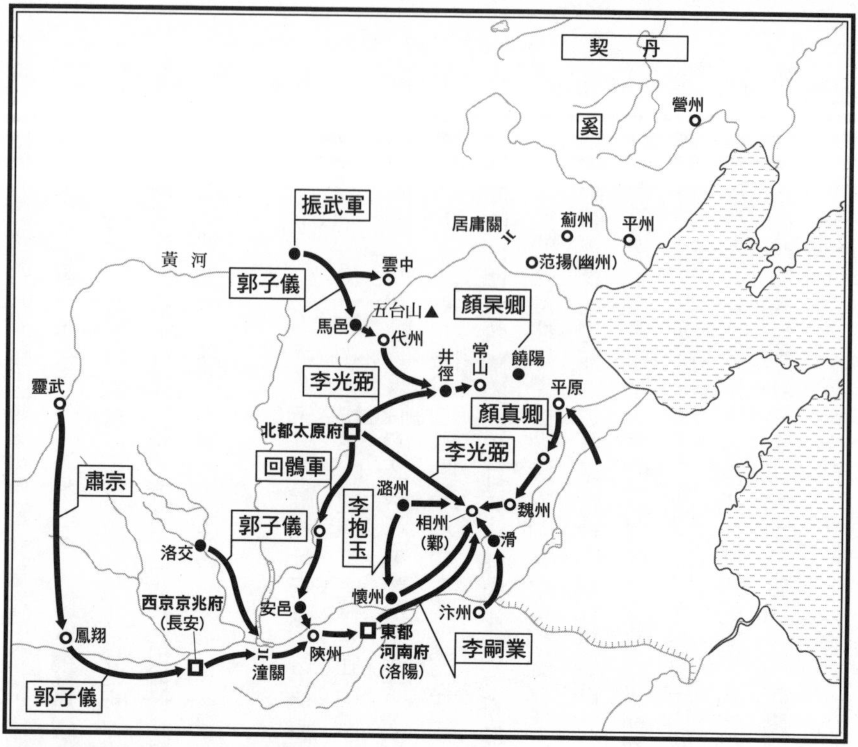

安史之亂關係圖❷　唐軍的反擊路線。

啜南進之事，還有難以確定的部分。

上面所說的記載，是指以唐朝的立場編述出來的漢字文獻。按照這樣的文獻可知，回鶻軍隊正式站在唐朝這邊展開行動，是從安慶緒、史思明、肅宗形成三足鼎立之勢的西元七五七年陰曆九月開始。也就是說，是磨延啜可汗派遣太子葉護（葉護：Yabyu。非人名，是王號的一種）率領四千餘騎兵，以幫助唐朝收復長安為目標，加入唐軍的陣營。結果，同一個月從鳳翔出發的唐軍，在回鶻軍與僕固懷恩的奮戰表現下，打了大勝仗，並且在同月（九月）就收復長安；緊接著，回鶻軍與郭子儀軍又進攻潼關、陝州，安慶緒只好放棄洛陽，後退到河北。在回鶻軍的支援下，唐軍很快地就在十月完全收復長安、洛陽二都。

話雖如此，這是基於漢文史料的結論。研究回鶻史的日本學者森安孝夫先生以回鶻文的文書史料為線索，重新研究這段歷史時，發現回鶻當時不僅和唐朝方面有往來，和安、史方面的勢力也有所交涉，謀求自己的最大利益。此外，當時的回鶻同樣抱有入主中華地區的野心。

西元七五九年陰曆四月，磨延啜去世，他的么子移地健在幾經波折後，即位為牟羽可汗。西元七六二年，史朝義取代了史思明，向回鶻求援，於是牟羽可汗便親自率領舉國十萬大軍南下。當時回鶻軍的動向，是影響局勢的最大因素。不理會唐朝的請求，大軍南下中華本土的回鶻軍，確實令人不寒而慄。唐朝極盡籠絡之後，好不容易才扭轉回鶻的心意。回鶻軍一旦站在唐朝這邊，史朝義的氣數便盡了，在回鶻軍與僕固懷恩之子的攻打下，很快就滅亡了。所以說回鶻軍的行動，左右了當時的局勢。

森安孝夫認為，在磨延啜與牟羽兩位可汗在位時的回鶻遊牧國家，對中國抱有企圖心。尤其是西元七七九年時，牟羽可汗有意征服中國，但因其國內發生了軍事政變，挫折了他征服中國的野心，這是很有可能發生的情況。總之，「事實的真相」如何，是很難掌握的，面對所有訊息來源幾乎全是漢文史料的現況，後世的我們必須更加謹慎地看待這段歷史。

即便如此，下文所述與安祿山、史思明有關的記載，更是完全表現出唐王朝的主觀立場，關於回鶻的記載，當然也是如此。對唐來說，記載對自己不利的事跡，明顯是很困難的事情。不過即使如此，還是留下了一些記錄，例如安祿山在洛陽稱帝那一年的五月，也就是安祿山最風光的時候，契丹與奚族從北南下襲擊了范陽。契丹與奚族的行動，似乎給安祿山陣營相當大的打擊；然而，這到底是突發的事件，還是有計畫的行動呢？

戰功顯赫、出類拔萃的唐朝名將李光弼，其實是契丹族出身。那時他正好從河東——也就是山西出擊，然後轉戰到河北，從南伺機攻打敵人的根據地范陽。如果說李光弼和契丹與奚族之間沒有連繫，恐怕很難做到這一步吧？

不管是安、史還是唐朝，主要成員都是多種族的混合體。在潼關一敗塗地的哥舒翰此時半身不遂，已經不再懷有野心，但是，如果當時他的身體還很強健，那麼又會出現什麼樣的局面呢？還有，他的部下朱邪人或沙陀人，則是即將浮上檯面的未來之星。至於安祿山這邊，擁有突厥王族血脈的阿史那從禮在占領長安後，便計畫獨立，脫離了安祿山的陣營後，受到嚴重的攪亂。還有，原本可以說是唐朝與回鶻牽線人的僕固懷恩，也表露了個人的企圖心，最後舉兵叛唐。

如此看來，不要說是回鶻，包括舊突厥勢力、契丹（幾乎等同奚族集團）、朱邪（沙陀的其中一姓）等等，各個大小的不同族群，都各自成立了相應的政治單位，進行著軍事活動。而安祿山或哥舒翰，可以視為其中較為突出的「領袖」人物。從這一點看來，草原與中華的區別，是否確實存在呢？以此為前提的討論本身，恐怕就是一件愚蠢的事情。

歐亞大陸史的地平面內

不管怎麼說，這段歷史發生的地點，就是在亞洲的東方地區。不過，整個過程中事實上也擴展到更大的範圍。安祿山死後，包含實際上繼承安祿山衣缽的史思明之新國家運動，及一直以來從中華的觀點稱之為「安史之亂」的大動亂餘波中，以西藏高原為中心，形成「王國」或「帝國」版圖的吐蕃，也趁亂由西進發，甚至曾一度占領了長安，讓唐朝變得有名無實，這是一目瞭然的史實。

但是，來自西方的力量，不是只有吐蕃。安史之亂時，據說還有阿拉伯的軍隊支援唐軍。提出這個新見解的是稻葉穰先生，他收集漢文史料——也就是唐朝這邊片斷的記載，並且關注當時中東伊斯蘭教的情勢，將中亞、中東歷史，及印度次大陸歷史也納入研究領域。

回過頭來看安祿山舉兵前四年，也就是七五一年時，高仙芝率領的唐朝軍隊，在中亞天山北麓的怛邏斯河，敗給了阿拉伯伊斯蘭教軍。中國的造紙技術，就是因為這一次東西雙方的勢力衝突傳入西方的，這是非常有名的戰役。這場戰役本身及之後雙方有何結果，幾乎沒有留下任何記載，被當做歷史上的許多逸事之一，被一語帶過了，然而事實似乎不是那樣。還有，出身朝鮮半島的將軍高仙芝，在安史之亂的洛陽攻防中，敗給安祿山軍而戰死。

唐朝這邊不僅有回鶻遊牧國家和阿拉伯的援兵，也有來自其他不同種族、不同地域的援兵。然而，正如前文一再提到的，漢文的史料中，對於安、史的援兵等等「利敵」的內容，基本上是不會提及的。所以說，阿拉伯等其他國家的援兵，是否只提供給唐朝這邊呢？這實在很難斷言。還有，前文提到的吐蕃入侵，也真的是吐蕃的單獨行動嗎？總之，關於安史之亂引發的動亂，若以現代的說法來形容，可以說那是「國際戰爭」色彩濃厚的大動亂。

另外，這場大動亂的前後還有其他值得注意的事件，那就是中東伊斯蘭教世界也處於大震盪中，指的是反抗倭馬亞王朝運動（所謂的「叛亂」）獲得成功，建立了新的政權阿拔斯王朝。薩法赫是先知穆罕默德的叔父阿拔斯的後裔，他得到什葉派的支持，成為反抗倭馬亞王朝運動的領導者，並且以此為契機，大力推動伊朗東部呼羅珊地方的宣傳工作，把被解放的伊朗奴隸阿布・穆斯林[5]送去呼羅珊，宣傳阿拔斯家的正統性。

就這樣，以呼羅珊的伊朗系人為中心的革命軍被組織起來了，並且一下子就席捲了伊朗，還攻向伊拉克，擊敗了倭馬亞王朝的軍隊。西元七五〇年，推翻倭馬亞王朝的革命成功了，薩法赫建立了阿拔斯王朝，是阿拔斯王朝的第一代哈里發[6]。順帶一提，阿拔斯王朝建立後，隔年便匆促地與唐朝爆發怛邏斯河之役。

這場世界史上赫赫有名，發生在伊斯蘭世界的大變動，與五年後在東方爆發的安祿山建國行動，有著相當的關連性。這兩場變動，都是以伊朗系為主體的人們所引發的革命運動，但能夠直接說明兩者有關的史料，至今尚未出世。不過，在阿拉伯的伊斯蘭軍隊攻打呼羅珊地方時，曾經的薩珊帝國瓦解了，雖然王族和貴族形成了「亡命政權」，但這個政權卻也維持不了薩珊帝國，大批的伊朗系人們便往東遷移。在唐朝治理下，伊朗風的文化特別盛行的原因，除了原來就有伊朗系、粟特系的基礎外，薩珊帝國瓦解，造成大量伊朗系人們東移，也是一大原因。

此外，可以說是阿拔斯王朝革命「發起人」的阿布・穆斯林，在阿拔斯王朝革命成功後，仍舊握有呼羅珊，很可能也獨立，建立屬於自己的「王國」，巴格達的新哈里發政權，恐怕控制不到他。這個以伊朗系的人們為中心的「呼羅珊權力」，對從阿姆河到東邊東粟特地區的中亞，到底有什麼樣的影響力呢？很遺憾的，目前還無法確定。還有，加入唐朝戰力的「阿拉伯兵」的來歷到底如何？或許都要從這混沌的漩渦中去尋找。

西方阿拔斯王朝的出現，與東方安祿山、史思明的新國家運動，前者成功了，但後者以失敗告終。只是，亞洲的東方、中東、北非等等地方，也在此時開啟了新時代的門。可惜就連在東西文獻的縫隙裡，也找不到可以證明這種東西方連動現象的史料。不過，像這樣極可能存在的歷史現象，即使找不到史料的證明，還是引起了我們的注意。

走向分權化的漫長時期

非常抱歉，為了進行確認，要在此反覆做回顧了。史思明在擊敗安慶緒後，接收了安慶緒的勢力，在范陽自稱為「大燕皇帝」，這表示他認為他與安祿山、安慶緒都是同一個「新國家」。之後，史思明又與契丹族的李光弼開戰，於西元七六〇年「收復」洛陽，定洛陽為首都。

叛亂結束了嗎

但是，定都洛陽的史思明，卻在洛陽發生變故。史思明變得狂躁、蠻橫，大失人心，又想立庶子為繼承人，與長子史朝義失和，最後被部下勒殺。自稱大燕皇帝、攻陷洛陽、不可思議的改變、與兒子的爭執、被暗殺等等，都發生在短短的一年之內。說起來，這樣的人生遭遇，幾乎與他的盟友安祿山如出一轍。這種情形應該說是歷史的巧合？還是唐朝這邊在做歷史記載時有意作為呢？

唐朝這邊在一年多後，又從史朝義手中奪回洛陽，但如前文所述，是因為回鶻軍之助。另外，被驅回北方根據地的史朝義，也因為部眾的叛變而自取滅亡了，當時是唐朝寶應二年（西元七六三年）正月。從安祿山舉兵七年多後，「叛亂」終於落幕了。

若從所謂的王朝史觀來看，或許可以說是「叛亂」結束了。但是，事實確實是那樣嗎？「事情」真的結束了嗎？

以安史之亂為分水嶺，局勢變得完全不一樣了。首先，在動亂之中頻頻新設節度使，而他們擁有獨自的軍事能力，後來便各自割據一方，不受朝廷的指揮。以河北三鎮為首，世襲化的中小權力集團以「藩鎮」之名而軍閥化，唐朝則一邊要與這些獨立勢力的藩鎮和平相處，一邊還要維持名分上高於藩鎮的朝廷尊嚴。那是全體披上「唐朝」的外衣，外衣下則分散為各個獨立勢力；或者說，那是在一塊「唐朝」的門牌下，形成「大雜院」或「公寓大樓」，而那些不同的權力集團，都各自蠢蠢欲動。

底片的世界

「事情」至此，還沒有結束。唐朝本身已經極端地空洞化。軍閥領袖郭子儀成為實際上的獨裁者，他提供唐朝反抗安祿山的據點，並且擁戴肅宗，及其以下的代宗、德宗等唐室血脈。郭子儀擁有以党項族為首的軍事力量，握有名為「唐」的「地方權力」。唐的天子之位只是個虛名，哪一天被郭子儀及其集團取而代之了，也不足為奇——這種狀況已經固定下來了。

總之，郭子儀不過是挾其中等程度的軍事力，打著延續唐王朝命脈的旗幟，與各地實力相當的軍閥對抗，準備趁機站上王位而已。反過來說，就是郭子儀與其他軍閥們的實力，別說是趕不上安祿山，也不及史思明。

安史之亂以後唐朝的狀況，就是一群沒有決定性軍事實力的軍閥們相持不下的局面，就這樣動彈不得。或者，也可以說唐朝已經習慣國內發生叛亂了。名為節度使，實際上是「王」的人們，分別治理著大小不同的「國土」，共同存在於唐的國度裡，也就是說，「分立」已成為一種體系。

話雖如此，這是設定了「中華」這個框架的情形。現實上，不管是在中華還是在草原，「各國」相互之間的互動，基本上是平行、沒有高低區分的，其中最有決定性力量的國家，是回鶻遊牧國家。名義上的唐「政權」，及其名下分立集團的「國家」，事實上是回鶻的庇護國。

唐朝這邊在動亂的時候，為了籠絡回鶻，答應每年贈送兩萬匹絲綢；而回鶻在亂後，理所當然地派遣使者到唐，除了接受約定的兩萬匹絲綢外，還以帶去的馬匹交易絲綢，將獲得的絲綢通過自己掌握的內陸交易路線，進行國際貿易。關於這一點，雖然好像帶有諷刺的意思，但是世人所謂的「絲路」交易，或許是史上少見的名符其實的交易形式。

不過，回鶻帶來交易的馬匹，經常是老馬、瘦馬，如果唐朝拒絕交易，回鶻就會以威嚇、侵攻的方式為手段，來逼使唐朝同意交易。但是唐朝和其他各地的軍閥，都無法對此做出反抗。

關於這件事，過去人們總習慣以唐朝的立場來做評斷，指責回鶻過於蠻橫，並且給唐朝帶來財政上的負擔。然而，正因為有回鶻的軍事力做為靠山，唐朝的命脈才得以延續，可以說唐朝的支柱就是可怕的回鶻。做為軍事等價交換上的支出，唐朝當然必須接受那樣的負擔。

這樣來看的話，所有的事態都讓人感到有如在看底片的世界。把事實和明暗顛倒過來的畫像，當做歷史上的群像，這種錯覺實在是太可怕了。唐代後半期的時代，真的是「唐代」嗎？從文學的角度來看時，中唐、晚唐那樣的區分，是可以理解的。還有，以唐王室和其周邊為中心來看時，唐代的後半期看起來確實也像唐代。因為正史或其他的文獻、記載，都是從「中央」的觀點與價值觀來記錄的。但是，從國家、從社會的角度來看時，實際的情形會是如何？各位有沒有好好思考過這一點呢？

回鶻的相對性強大

回鶻是具有決定性力量的遊牧國家，在草原上建立了窩魯朵八里這個小型的都城，把「城鎮」的型式帶入純遊牧的世界裡，但卻一直沒有直接占領中華地域或農業地帶的城鎮。「安史之亂」時，或許回鶻的最終野心只在間接管理中華地區，所以才沒有大張旗鼓地去管理農地與都市。雖然再多的推測，也都只是推測而已。但這與匈奴帝國的冒頓單于在掌握漢高祖劉邦與其國家命運時，也滿足於「屬國化」的狀態，在意義上來說是相同的。突厥也一樣，在與北周、北齊的華北爭霸戰爭中，甚至到了唐朝建國，其野心也只是華北國家的「屬國化」。

或許我們應該理解為那是草原國家的傳統，以回鶻遊牧國家來說，能夠得到漁翁之利，又能立於唐室及其之下的中小權力之上；能持續保障本身的安全，還能繼續擴大國家經濟利潤，這樣不是就很足夠了嗎？回鶻遊牧國家還阻止了成功建立「大燕」國家的安、史集團成為強大的軍事威脅，也避免讓唐室重振聲勢完全復活，更阻止了曾被自己打敗的突厥王朝重捲土重來。和在「玄宗王朝」時處於下風的東突厥比起來，回鶻明顯是比較厲害的。對回鶻遊牧國家來說，是應該感到心滿意足。

那麼，是否可以說那個時代就是回鶻的時代呢？不，未必能那樣斷言。因為回鶻雖然強大，卻不是特別明顯的強大，只是在眾多中小型的權力集團中，相對性地顯得比較強大而已。而且就算和其他勢力比起來，有「帝國」般的壓倒性力量，卻仍然沒有可以一手掌控東亞的力量。在草原與中華都處於「多樣化」的局勢裡，在各個勢力可以維持輕鬆並存的罕見時代裡，回鶻遊牧國家享受了自己獨有的好處。

草原世界還有其他的族群，例如契丹、奚族，他們也與安、史造成的動亂有直接或間接的關連，但他們不屬於唐的旗下，也不受回鶻的統治，擺出了選擇第三條路的姿態。具體來說，他們把安祿山等人的「原鄉」——營州一帶，及大淩河、老哈河流域，乃至西拉木倫河所在的蒙古高原東南部的優良遊牧草原一帶，當做只屬於自己的「固有土地」，在那裡準備自己不久之後要走的路。

在這樣的形勢中縱覽整個亞洲東方時，會發現占據西藏高原的吐蕃，竟成為回鶻的對抗者。吐蕃自「玄宗王朝」開始後，就頻頻侵擾唐的西邊疆域。

吐蕃的崛起

建國時間略晚於唐朝，終於迎來成為「國家」發展期的吐蕃，是聚集了漢字統稱為「羌」的西藏系人們，在正式擴大領域後所建立起來的國家。在此要提出的是，在那種情況下，唐朝和吐蕃到底哪一方是「進犯者」，實在很難斷言。不過，這個問題的本身似乎是沒有意義的。

回頭來看前文提到的混血兒大軍閥哥舒翰，他在長期與吐蕃對抗的戰爭中嶄露頭角，是一位赫赫有名的人物，而他所率領的，便是一支包含吐蕃系在內的多種族部隊。「以夷制夷」向來常被說是中華的傳統智慧，然而，唐朝本身的出身就是鮮卑族的跖拔氏，毫無疑問的就是「夷」。如此說來「以夷制夷」這句話，幾乎就變得沒有意義了。總之，這個時期的亞洲東方，根本就是一個多種族交互生活在一起的世界。

對於計畫擴大自己勢力的吐蕃來說，因為高仙芝率領的唐軍，在西元七五一年的怛邏斯戰役中，敗給了齊亞德．伊本．薩里所率領的阿拉伯軍隊，唐對中亞的經營一旦解體，就是吐蕃經營中亞的大好機會。再加上安、史造成大動亂，唐朝根本沒有餘力去防備吐蕃；西方的邊境防衛益發薄弱，很快就會變成毫無防備。為了阻擋安祿山軍隊的快速進擊及接下來對長安的侵襲，唐朝方面不得不征調廣泛佈署、屯駐在河西和隴右等腹地的多種族軍隊，讓他們前往東方的前線。

對唐來說，那是不得已的策略，但對吐蕃卻是天賜良機。吐蕃的視野因此大開，不僅中亞方面，連整個吐蕃的東方境域，也就是包括現在的甘肅、寧夏、陝西、青海、四川等等地方，都進入吐蕃的視野之內了。

唐朝的動亂期變長後，吐蕃對向外邦請求援兵的唐表達支援的意願。此時的唐朝甚至向渤海國求援，可見國勢確實衰微了。

兩強的衝突

唐是為了解燃眉之急而顧不得其他，明知危險，還是不得不接受了吐蕃的提議。於是，吐蕃公然地出兵河西、隴西、四川，最後還如前文說過的占領了長安。

唐朝無能為力，只能任吐蕃為所欲為。最後吐蕃雖然撤出長安，卻也完全了解到唐朝的軟弱，此後便肆無忌憚地擴大自己的勢力圈。在甘肅方面，吐蕃軍進駐了從涼州到長安眼前的隴州一帶；在塔里木盆地方面，從敦煌到現在的木孜塔格一帶，也成為吐蕃的領域。

從西元七八九年到西元七九二年，吐蕃與回鶻在天山往東延展的博格達山北麓的要衝別失八里一帶，發生了衝突，漢語標記該地名為「北庭」，位於吐魯番盆地北邊的遼闊草原地帶，是東西交通的要道，突厥語音為Bish baliq，意為「五城」，其地的城市也以此名稱呼。

此處原是回鶻遊牧國家的西陲，也是吐蕃王國的北方邊境。以蒙古高原為根據地的回鶻與以西藏高原為根據地的吐蕃，為了天山北麓的歸屬，展開了爭奪之戰，那就是「時代」的現實。從唐與阿拉伯、伊斯蘭教國家的衝突以來，大約四十年後，所有的局勢幾乎全變了。

雙方衝突的結果，回鶻獲得勝利，得到天山東部地方；而河西、塔里木盆地南邊、帕米爾屬於吐蕃，各自掌控屬地，雙方休兵，安定下來。這樣的局面直接地說明了回鶻與吐蕃，是當時亞洲東

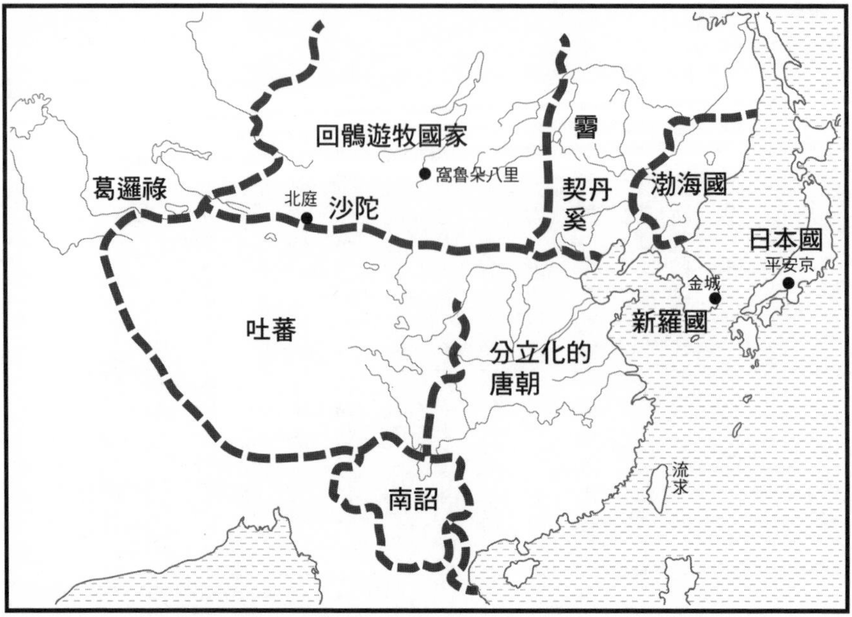

回鶻與吐蕃的勢力分布圖

方兩大勢力，也就是說，那個時代是兩強的時代。

兩強時代的結果之一，便是從河西以西的區域，在十三世紀的蒙古帝國與大元兀魯思出現之前，都不在「中華」的版圖之內。或許這可以說是「中華」跨越時代的「失落」，或是歷史大圖表中的一個空白格。

還有一個不能忽視的結果。長安本應是唐王朝的根據地，卻因為後來不斷有來自西方的威脅侵擾，變成一個不安全的城市。如此一來，長安便不適合再度成為「帝都」，只能逐漸變成一個邊境的據點城市，這是自然而然的結果。

回鶻瓦解

至此，唐朝的「時代」便已遠去了。講白一點，就是不論是從唐朝的實際情況，還是從中土內外的情勢，或歷史的趨勢來看，再用「唐代」來表示那個時代，都是有點偏離歷史、有點偏離現實的表現了。

可以說，「唐代」不過是方便上或習慣上的用法罷了。書中已經反覆提及，「唐代是擁有三百年歷史的偉大王朝」這種說法，不過是為了引人注意，但是卻誤導了史實的說詞。因為名稱，或者說是命名所造成的錯覺，意外地根深蒂固，並且可怕。在中國史與亞洲東方史上，這一點或許尤其明顯。

可以做為唐朝代表的「某個事物」，雖然已經衰微弱化了，但就在唐朝仍然苟延殘喘地頑強延續命脈之際，亞洲東方又發生了進一步的變動。中華之外的兩個強權：回鶻與吐蕃，在內陸亞洲世界展開霸權之爭，後來又相繼敗亡。這導致亞洲世界的更加細分化、多向化。

回鶻首先出現動蕩。西元八四〇年，因為之前蒙古高原天災頻頻，牧民們的心變得浮動不安，再加上接二連三的內訌，使得原本團結的遊牧民族聯盟出現了裂痕。而位於蒙古高原西北部的黠戛斯聯盟，就在此時襲擊了回鶻國家的中心地帶——鄂爾渾河與土拉河匯流之地。失去權力中心的回鶻遊牧國家，經此一擊而崩潰了。

這種驚濤駭浪般的國家潰敗實屬史上少見，回鶻遊牧國家的繁榮，前後短短不到百年就結束。原本在回鶻名下，由多個族群組成的聯合體國家，各個族群勢力為了自身的安全與生存，紛紛離去，回鶻遊牧國家便就此瓦解。要在蒙古高原繼續生存，就必須面對艱難的環境與政情。

原本構成回鶻國家核心的人們，分成了幾個部分，在南邊的進入中華的北境，在西邊的則遷移

回鶻文寫就的《彌勒會見記》殘本　於新疆哈密脫密爾地佛寺遺址出土，是維吾爾族的第一部戲劇文學，內容講述彌勒佛生平事蹟的一部劇本。由書中的跋可知，最早是由聖月菩薩大師從印度語譯為吐火羅語，再由智護法師譯為回鶻語。

到河西地方或往天山。其中，以河西的大綠洲甘州為中心的甘州回鶻王國，與橫跨了博格達山、擁有北麓的別失八里一帶及南側的吐魯番綠洲的高昌回鶻王國（或稱為天山回鶻王國），是在遷徒之前就重新編組起來的牧農複合型中小國家。

就這樣，遊牧民族遷移到「城市」了。或許可以說這是由「面」的畜牧與「點」的都市組合成的新形態，在歷史上留下足跡。

這個值得注意的新形態，形似與以前鮮卑拓跋集團在蒙古高原南邊的中華北域「農」、「牧」接壤地區形成的生活形態。拓跋集團便是以那裡為根據地，逐步南進、壯大後，終於開創出自北魏至隋唐的「華夷」混合政權。不過，從現在內蒙古的呼和浩特與陰山一帶到大同北側，以邊鎮為名的「城市」與畜牧的組合，都是跨越數個世紀才形成的都市。像回鶻那樣的大規模地移動生活圈，並且在短時間內完成轉變的變動，與上面所說的邊鎮都市，在意義上根本不同。

從其他角度來觀察這個事件的話，擁有慢慢組織起來的龐大兵團機動力的回鶻遊牧國家，將國家的規模小型化，從一個大國家分立成數個小國後，確實能夠轉為可以貫穿內陸通道，進行東西交易的通商國家。另外，在歷史的大圖表中不能忽略的，便是這個地方所發生的種種變動，後來成為歐亞大陸「撞球現象」的導火線，連同突厥族的西進行動，讓「突厥伊斯蘭時代」的歷史時代來臨，這個時代橫跨千年之久，並且貫穿中亞和中東世界。以歐亞的角度來審視這個時代的話，可以說根本就是歷史的一大轉折點。

【附記】

關於成為回鶻解體前提的一連串天災，其根本或許就是一些環境的變化。但遺憾的是，目前還無法徹底理解那些環境變化的輪廓。雖然近年來「歷史環境學」的研究有了些發現，但關於歐亞中央地域的發現，現在處於才正要開始的階段。

例如，西元二〇〇一年，做為大學共同利用機構而新設在京都的綜合地球環境研究所（簡稱地球研），就進行了多種研究。筆者也忝為其中的一員，參與了二〇〇〇年度在歷史時間軸中、人類與自然的相互作用的研究，那是真正綜合了文科與理科的新研究。從中國的甘肅到內蒙古，是沙塵的源頭地，也是乾燥化與沙漠化最嚴重的一個區域。探索祁連山與額濟納之間的冰河的綠洲、沙漠、湖泊等，一連串變遷的計劃（簡稱為綠洲計劃），就是這個機關的第一項研究。而以流經天山一帶與該地的伊犁河為中軸，對這歐亞東西重點的中央區域，進行人類史上首次綜合性的科學與學術探討，是接下來的計劃（簡稱伊犁計劃），也是以前沒有做過的新嘗試，具有劃時代的意義。這樣的挑戰裡充滿了種種困難，但這就是從根本改變學術研究方法的開始，希望將來提出展望與成果時，能成為對人類史與未來的地球社會共同智慧的基礎。

回頭來看回鶻遊牧國家戲劇性瓦解的歷史。關於這段確實存在的歷史事實，由冰雪核的抽樣分析為首的廣義理科系研究所得到的數據資料，到底能與歷史文獻資料有多大程度的連結？又能證實什麼呢？重點就在這裡了。舉例來說，那些連結能證實至今我們尚無法得知的環境變動的存在嗎？或是能告訴我們以遊牧為基本的社會與經濟是「脆弱的」？還有，能否提供我們除了歐亞大陸國家興亡的歷史真相外，還有對現代與未來的環境變化與和人類社會有關的因應之道呢？總之，現在的研究計劃很可能就是下一步研究計劃的踏板。

不能把過去的事情，單純地視為「已經死了的過去」，應該讓人類走過的經驗復甦，成為智慧的寶庫，成為今後可以活用的工具，這是非常重要的。歷史研究本身存在的意義之一，明顯就在於此。還有，這裡所說的歷史研究，是跨越文理的框架，運用所有可用的數據與方法、手段來進行研究的綜合學術。

吐蕃的墜落

對唐朝這個由多個分權勢力併合在一起、徒具虛名的國家來說，這真的是意想不到的發展。壓在頭上的回鶻突然瓦解，這當然是恢復失落威信的大好機會。唐室在苦思如何處理從蒙古高原來的大批舊回鶻難民時，審視情勢之後，決定和黠戛斯聯手追擊與壓制回鶻。

但是，不管是唐還是黠戛斯，終歸力量不足。能夠控制草原世界，有統合草原凝聚力的勢力，始終沒有出現。在那個勢力出現之前，回鶻國家的影響圈及其周邊的諸民族，除了自保，沒有別的路了。草原的世界又回復分散割據的時代。在這樣的情勢下，不久後，契丹族成為後繼者、逐漸崛起。契丹準備好了。

就像追隨回鶻遊牧國家的滅亡之路一樣，吐蕃的國內也發生了變動。吐蕃王朗達瑪因為推崇苯教而鎮壓以往的佛教、也就是西藏佛教，結果招來佛教方面的反擊，朗達瑪最後被暗殺了。不僅統治了整個西藏高原，還占領了高原周圍大部分區域的吐蕃，確實擁有可以稱為「帝國」的領土。但這樣的吐蕃在朗達瑪的兩個兒子手中分裂，並且快速地衰敗，西藏高原從此失去了統一的局面。

吐蕃分裂的結果，就是原本被納入吐蕃旗下的藏系諸族群，開始自尋出路。其中的彌藥——也就是党項族，建立了後來的西夏。另外，後來以青唐（現在的青海省西寧市）為中心，從「安多」（藏語，指青海方面）到黃河的上游一帶，還出現與西夏競爭，被稱為「青唐王國」的佛教國家。青唐王國也是藏系的族群，主軸是宗喀族。整個西藏世界，就是一個多元化的世界。

就這樣，到了九世紀中葉時，曾經的統合性大勢力從東方的亞洲消失了。各個區域、地方的各個種族、部族、族群，各自成立政治體，廣泛地並存著。多元並立化達到極限，形成大家都在等待著「什麼」的局面。

日薄西山的唐朝名下

回頭來看，唐室的衰敗也已經到了回天乏術的狀況。其間，會昌五年（西元八四五年），血氣方剛的青年天子武宗，發動了「三武一宗法難」之一的鎮壓佛教行動，加速了唐室的混亂。那個時候，祆教、基督教聶思脫里派（又稱景教）、摩尼教等其他宗教，也同樣遭受了各種壓迫與禁止，被視為是類似佛教的宗教。

隨著武宗的去世，鎮壓行動終於停止了，但唐室僅存的一絲權威也隨之落地。好不容易平息了因為鎮壓宗教行動所引起的動亂，民眾揭竿而起的叛亂又開始了。西元八五九年，浙東發生了裘甫之亂；西元八六八年，徐州發生了龐勛之亂。

於是已經軟弱無力的唐室，便命令突厥沙陀部的首長朱邪赤心去平定龐勛之亂。沙陀部族屬於突厥系，而朱邪氏的集團在平定安祿山之亂時，曾經是哥舒翰麾下的一支部隊。沙陀族原本是西突厥分支的處月系，以東部天山的巴里坤湖東邊為據點，那裡因為有「大磧」[8]，所以被稱為沙陀，號稱沙陀突厥。在回鶻遊牧回家與吐蕃王國的北庭等爭奪霸權的戰爭中，沙陀曾經隸屬於吐蕃，並且短暫地成為吐蕃的先鋒部隊，以擁有精銳的勇猛騎兵聞名。後來因為被吐蕃懷疑而脫離，有三萬帳之多的部落集體遷移到河套，也就是黃河屈曲部的鄂爾多斯一帶。附帶一提，沙陀此舉讓吐蕃贊普（吐蕃王）大怒，便派兵追擊，甚至攻打到了中華地域。

或許臣從對象的選擇權，在他們那一方。用身經百戰的武力集團與騎兵威力來對付小勢力林立的中華本土，是非常有效的。唐室任朱邪赤心為與遊牧地域接壤的山西之北、也就是代北之地的節度使，並且賜給他國姓，朱邪赤心也就改名為李國昌。原本只是突厥流浪部族軍團的朱邪赤心部隊，在得到成為唐室一族的名分與安定的根據地後，一下子躍為足以左右政局的勢力。下一個時代的新「芽」，在這個時候已經形成胚胎了。總之，相對於回鶻的瓦解是契丹崛起的要因般，吐蕃與回鶻爭霸後的衰敗，就是帶動沙陀站上舞臺的因素。就這一點來說，不管是契丹還是沙陀，都可以說是時代運行下的產物，兩者的命運也意外地相似。

西元八七五年，買賣私鹽的黃巢與王仙芝造反了，帶來了一場把大半中華本土捲入戰爭中的大動亂。黃巢的作為尤其可怕，他帶領大軍南下華中、華南，在廣州進行大殺戮，連外國人也難逃其毒手。接著他又轉頭北上，西元八八〇年攻克了洛陽、長安，然後便自己稱帝，國號「大齊」。逃到四川的唐室，此時起用了李國昌的兒子李克用。李克用率領以「鴉軍」[7]為主力的戰鬥部隊，西元八八三年時，從山西南下，突破黃巢軍，奪回長安。但是，唐朝此時卻重用了黃巢的叛將朱溫來與李克用抗衡。朱溫被賜名朱全忠，同年任汴梁節度使，也就是開封的節度使。已經名存實無的唐室，終於在朱溫手中結束了。

「時代」的姿態

如此，回顧安史之亂後的種種變動，可以看出那個時代確實處於分權化之中。而且，那樣的分權化現象不僅出現在中華本土，從草原世界到亞洲東方，也都處於分權化的狀態。也就是說，八世紀中葉以後，波濤洶湧的歷史潮流，走向多元並立化、分極化了。

而這多元並立化、分極化的趨勢，即使在唐朝滅亡後，也持續進行，這是不容忽視的重點。如果把「五代」這段約半個世紀的時間也算進去的話，可以說這一「分權化的時代」長達二百年左右，存在於包含中華在內的廣域世界裡。正是因為「五代」的關係，所以唐與宋之間很自然地有著年代上的落差。把唐朝巨大化，而把兩宋視為同一個時代的奇怪思維，或許正好說明了中國正史的王朝史觀心態。

「唐代的命脈延續約三百年，兩宋的歷史也超過三百年」，這種認知與歷史的現實相去甚遠。在中華框架下的歷史發展樣態是什麼樣的？這必須從根本來探討。我們想看的並非想像中的中華，而是歷史的事實。

如此，成為中華的輪廓與內容，及中國史的實際樣貌，或許才會更接近真實。還有，這樣才能把中國的歷史，好好地定位在人類史的脈絡上吧？就以此做為這一部分的小結。

註釋

1 因為習慣上會把隋朝與唐朝放在一起談論，所以也有「隋唐世界帝國」的說法。但是，隋朝的成就實在離「世界帝國」的稱謂太遙遠，因此，把隋朝也說成是「世界帝國」，這純粹是誤解吧？

2 【編註】闕特勤碑為第二突厥汗國時期的毗伽可汗所立，以他的立場敘述突厥復國的征戰過程，緬懷征戰一生、甫去世的弟弟闕特勤，以及對唐朝和周邊部族的關係。石碑共四面，其中一面為唐玄宗親撰的漢字碑文，另外三面是突厥文。這塊石碑在中國史料中幾乎不存在，僅有元朝宰相耶律楚才之子耶律鑄曾提過闕特勤碑。

3 【編註】唐玄宗所撰內容為「修邊貢，爰逮朕躬，結為父子，使寇虐不作，弓矢載櫜，爾無我虞，我無爾詐。……且特勤，可汗之弟也，可汗，猶朕之子也。」不過，毗伽可汗所撰寫突厥碑文的內容，則是訓誡突厥子民，中國（唐朝）是敵人。

4 【譯註】布哈拉在唐代稱為安國，王姓昭武，是昭武九姓之一。

5 【譯註】《新唐書》中稱為「並波悉林」。

6 【譯註】伊斯蘭教國家的最高權力者。

7 【編註】《舊唐書》、《新唐書》、《資治通鑑》皆稱他為達磨，是吐蕃最後一位贊普（全稱「聖神贊普」），是吐蕃帝國統治者的頭銜，為吐蕃的最高領袖）。

8 【譯註】磧，指地理學上指由冰河帶來的礫泥和沙礫等堆積物所形成的地形。

9 鴉軍，也就是身穿黑色的裝束，被稱為「烏鴉軍」的騎兵部隊。

第二章　邁向契丹帝國的道路

橫越海洋的無形之線

日本天慶二年（西元九三九年），平將門[1]在坂東發動「叛變」。一般認為這個「叛變」，是為了打擊在京都建立新權力的日本朝廷。也有人認為可以從這個「叛變」，看到日本新國家運動的影子。

《將門記》的內容

《將門記》是平將門的一生傳記，留下了令人驚訝的記述。以「新皇」之姿舉行即位儀式的將門，在寫給當時的攝政太政大臣藤原忠平的四子——左近衛少將藤原師氏、簽署日期為天慶二年十二月十五日的奏狀上，為自己的血統與擁有半個統治國家的正統性辯駁，稱「將門已柏原帝王五代之孫也，縱永領半國，豈謂非運」，並頒佈了如下的詔令。

「今世之人，必以擊勝為君，縱非我朝，僉在人國，如去延長年中大赦契王（原文作「赦契」，應為「契赧」之誤），以正月一日，討取渤海國，改東丹國領掌也，盍以力虜領哉。」

上文的意思是：今日的世人，都以靠武力得勝的人為君主。即使事情不是發生在我們國家，但在人類所建立的國家裡，均是如此。例如過去延長年間的大契丹王，在正月一日討伐渤海國，將其更名為東丹國，納入自己的領域，能說這不是盡力奪取來的嗎？

所謂的「大契赧王」，就是契丹帝國的建國者耶律阿保機。在前一年的十二月時，耶律阿保機領兵親征，並於天顯元年（西元九二六年）正月攻陷渤海國，迫使國王大諲譔投降。翌月，阿保機將渤海國更名為東丹國，並冊立太子突欲（契丹語為何不詳，要之音近toyo。漢名為倍）為「人皇王」，做東丹國的國主。由此可以證明，《將門記》所敘述的內容為事實。

將門想說的話很清楚，他自立為「新天皇」，是因為自己是桓武天皇的五代孫，有血脈的正統性，所以即使統領了日本國的一半江山，「也不能說是運氣」，這不是偶然，而是理所當然。更何況，現在是實力主義的時代，不論是本國或外國，都是一樣的。以大契丹王為例，他消滅了與我們國家和睦的渤海國，改為東丹國，若這不是靠著實力的奪權，那又是什麼。

與桓武天皇的神聖血脈相連，是內在的正統性；藉由實力去奪取勝利，是跨越海洋時代的趨勢，是外在的形勢。而成為此根據的實例，就是契丹帝國耶律阿保機的作為模式。合理的論述極為明快，非常容易了解。

記錄與真實，還有……

關於《將門記》這一充滿趣味性又吸引人的文獻，一直以來備受討論。《平將門資料集》[2]的編輯者福田豐彥先生表示，有人認為《將門記》是在將門之亂發生後不久，住在東國的人所寫的實錄；也有人認為是事件發生很久以後，人們根據調查整理，所完成的文學性作品。這兩種見解的差異實在不小。總之，《將門記》是根據確實的資料所做的記述，做為將門之亂的第一手史料，應該毫無疑問的。不過，《將門記》既不是現場目擊者的見聞錄，也不是根本性的「原始資料」，這是上述兩種見解的共同之處。

至於《將門記》的完成年代，一般認為不早於十一世紀的前期，不晚於十一世紀的末期。因為《將門記》最主要的抄寫本——「真福寺本」，被認定完成於承德三年（西元一〇九九年），所以完成年代不可能晚於西元一〇九九年。

話說回來，那麼從亞洲史的立場來看的話，又是如何呢？「大契丹王」耶律阿保機的統治時期是西元九〇七年到西元九二六年，而他征討渤海國，在渤海國建立東丹國，是在統治時期的最後一年、也就是西元九二六年的事。將門之亂發生於西元九三九年，其間僅僅十三年，所以無法斷言將門的「叛亂」沒有受到契丹帝國與阿保機的影響——這是第一點。

其次，即使《將門記》完成的時間是上述所說的不晚於西元一〇九九年，也與此幾乎沒有直接關係。關於耶律阿保機的崛起與其征服其他國家的事蹟，尤其是征討渤海國一事，平安朝時的日本對此早就有相當程度的理解了，所以知道渤海國被滅的正確年月、東丹國這個新國家的建立，及「大契丹」這個可怕勢力的正式國號。

再者，就算從故事或文學作品的角度來看《將門記》，可以看出極為重要的一件事，那就是耶律阿保機與契丹國的出現，所帶來的「衝擊」，而將門更以此為例，來「合理化」自己的說詞。換言之，耶律阿保機與他接收渤海國的歷史性事件，不僅《將門記》的作者熟知，閱讀《將門記》的讀者也是知曉的。因為若不是這樣的話，這一段記述就變得沒有意義了。

此時，正是公開反抗京都朝廷的時代。在那種情況下，將門舉「非我朝」、「以力虜領」的語句來為自己辯駁，就是因為知道這種說法是非常具有說服力的。

> 契丹滅了渤海國——日本國也非常清楚發生在大陸區域變動的原因，是由於史料上明確地記載了這樣的事實與背景。那是發生在醍醐天皇長期統治的第三十三年，也就是延長七年（西元九二九年）的事，比平將門引發的「天慶之亂」，正好早了十年。

東丹國的使者

那一年年底的十二月，東丹國使者來到日本的丹後，使節團團長裴璆，曾於延喜八年（西元九〇八年）與延喜十九年（西元九一九年），以渤海國使者身份來過日本。一開始，日本依照往例，以來使的禮儀接待裴璆。但是，裴璆說自己雖然是渤海國人，但已投降東丹國，現在是東丹國的使節，裴璆還在言談中批評了「契丹王」的罪惡之事。對於裴璆的言行，太政官指責他「不是做為人臣該有的行為」，還讓裴璆立下「悔過狀」。此事被記載為「東丹國失禮儀」（《扶桑略記》延長八年四月一日條）。

由此可以確知，日本國至少在此時就已經知道契丹滅渤海國之事了，而且知道東丹國就是渤海國的取代者。此時，日本方面對裴璆所採取的冷淡態度，有人說那是為了迴避「國家問題」，當時日本宮廷便採取了冷處理的外交方針。不管事實是否如此，到了這個時候，日本對契丹這個新勢力及其迅速擴大情形，會一無所知嗎？

關於這件事，有幾個必須思考的「狀況證據」。例如在朝鮮半島西南部建立後百濟二十餘年的風雲人物甄萱，在東丹國派遣使者來到日本的七年前，也就是延喜二十二年（西元九二二年）時，就已經派遣使者到日本，尋求與日本和好，建立同盟關係。當時的朝鮮半島上，除了舊王權的新羅國外，還有獨立的高麗和後百濟，處於「後三國」相爭的戰爭狀態。當時的甄萱想透過日本，讓「國際上」認同自己不是新羅國內的叛變者，而是後百濟之「王」，好在戰局上站在有利的立場。但日本並未回應他的要求。

是甄萱的使者來日本交涉時，沒有提到大陸那邊的局勢嗎？還是日本方面在完全不知道大陸的動蕩下，與這個野心家的使者虛應故事呢？至少那時的甄萱，是「後三國」中最有實力的人。

甄萱的選擇

與此同時，耶律阿保機所統領的契丹國家，頻頻出兵占領四周之地，已經形成龐大的勢力圈，是東方亞洲的最大國了。另外，在動亂中的華北政局這邊，居於中心的沙陀軍閥後裔李存勗，從前一年（西元九二一年）的年底，就踏入河北之地，展開反覆的浴血奮戰。南北雙雄所引發約三年的戰爭，對草原、中華，以及包括朝鮮半島周圍的人們來說，絕對是關係到未來局勢發展與自己命運的重要事件。至少，甄萱絕對知道這一點。

與契丹的軍事對決，終於在西元九二三年有了大致的結論。代替父親李克用，繼承「晉王」名號的李存勗，終於在這個時候即帝位了，並且以「唐」為新的國號。因為接受了唐室所賜的「李」姓，所以讓唐「復活」，歷史上通稱李存勗的「唐」為「後唐」。那一年的十月，占有汴梁的朱氏後梁滅亡了。軟弱無力的唐室造成李克用與朱全忠對立四十年，這宿命的對立與抗爭，最後結果是沙陀取得最後的勝利，華北也因此成為沙陀族的天下。

對於這個新情勢，後百濟的甄萱做出反應了。不知是看到了李存勗的未來，還是機緣湊巧，甄萱派遣使者拜訪了繼承舊唐名號、成為華北霸主的李存勗。西元九二五年，後唐認可了甄萱「百濟王」的稱號。只是，這樣是否就能認為他領先於對手新羅與百濟呢？這是很難說的。這件事的重點在於，甄萱以此為背景，正式以「王」的身份，在東丹國的使者到日本尋求結盟的半年前，也就是西元九二九年的五月，就已經再度派遣使者到日本，尋求雙方友好往來的溝通。而甄萱的使者不可能在來日的時候，不提及李存勗的出現及大陸方面的情勢，與甄萱「受封」之事。

平安時代的日本，不知情嗎？

在這樣的情況下，如果說日本仍然不知道大陸方面的變動，那就太不自然了。平安朝的日本在接待外國來的使者時，是在明知國際情勢，卻避免捲入「國際問題」的情況下進行的？還是在什麼也不知道的情況下進行呢？兩者有很大的差距。

只拿可以直接舉證的記錄來理解「事情」，看起來好像是「實事求是」的態度，但或許也可以說這是一種「不加以思考」的態度，尤其在是處理攸關國家命運的外交大事上，或是判斷、審慎處理各種時局時，事實當然很難浮現在記錄的表面上，這是不管在任何一個時代都一樣的。

這裡還有不容輕忽的事實。耶律阿保機即位、建國八年後，也就是西元九一五年，阿保機進兵鴨綠江，對朝鮮施加壓力，一般稱之為「釣魚」。根據契丹方面的正史——《遼史》記載，「後三國」中的新羅與高麗（嚴格說起來，這個時候的高麗是指後高句麗），都曾派遣使者去晉見阿保機，還進貢了各式獻禮，這兩個國家早早就選擇歸附契丹了，後百濟的甄萱理應知道這種情況。正因為如此，所以甄萱才要藉沙陀軍閥的後唐之力，來給自己助威。

總之，在平安時代日本的周遭局勢，一點也說不上平安。除了隔著大海的日本以外，不管是半島還是大陸，每個國家都從根本發生變動。那是一個急遽變化的時代，日本不可能感受不到這些波動。

平將門以「叛變」的方式，表現出受到波動的結果之一，這一點也不足為奇。將門在「叛變」之前，曾經伺候過攝關家[3]，熟知聚集於京都的國內外訊息。契丹藉由武力而勢力大增、稱霸，及消滅了渤海國之事，包括將門在內的許多人都心懷警戒的觀看，並且感同身受，有這種想法是可以理解的。藤原純友的「叛變說」，也在這個想法的脈絡中。因此，《將門記》這個故事已經超越傳達故事的功用，或許《將門記》想傳達的是「原始的真相」。

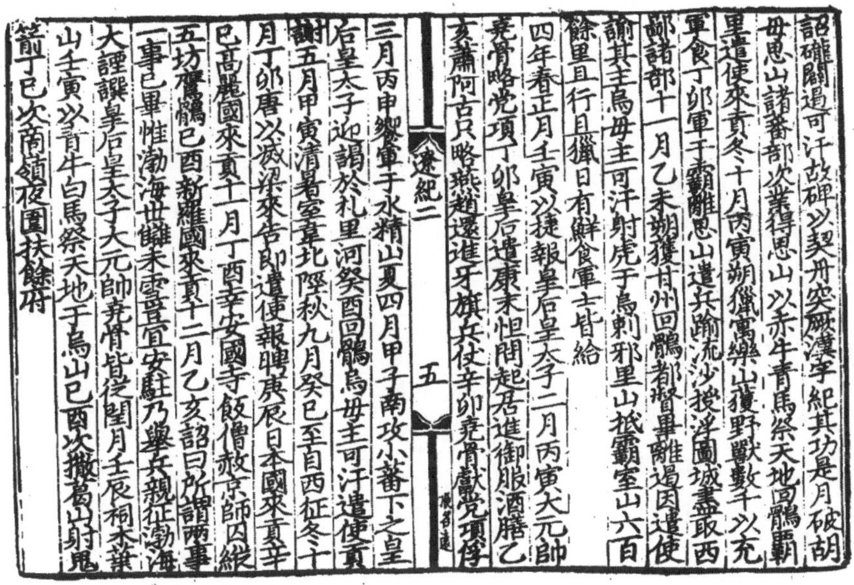

詔礲闢遏可汗故碑以契丹突厥渤海字紀其功是月破胡
母思山諸蕃部次業得思山以赤牛青馬祭天地回鶻霸
里遣使來貢冬十月丙寅朔獵寓樂山獲野獸數千以充
軍食丁卯軍于霸離思山遣兵踰流沙拔浮圖城盡取西
鄙諸部十一月乙未朔獲甘州回鶻都督畢離遏因遣使
諭其主烏母主可汗射虎于烏剌邪里山抵霸室山六百
餘里且行且獵日有鮮食軍士皆給
四年春正月壬寅以捷報皇后皇太子二月丙寅大元帥
堯骨略党項丁卯皇后遣康末怛問起居進御服酒膳乙
亥蕭阿古只略燕趙還進牙旗兵仗辛卯堯骨獻党項俘

遼紀二　五

三月丙申饗軍于水精山夏四月甲子南攻小蕃下之皇
后皇太子迎謁於札里河癸酉回鶻烏母主可汗遣使貢
謝五月甲寅清暑室韋北陘秋九月癸巳至自西征冬十
月丁卯唐以滅梁來告即遣使報聘庚辰日本國來貢辛
巳高麗國來貢十一月丁酉幸安國寺飯僧赦京師囚縱
五坊鷹鶻己酉新羅國來貢十二月乙亥詔曰所謂兩事
一事已畢惟渤海世讎未雪豈宜安駐乃舉兵親征渤海
大諲譔皇后皇太子大元帥堯骨皆從閏月壬辰祠木葉
山壬寅以青牛白馬祭天地于烏山己酉次撒葛山射鬼
箭丁巳次商嶺夜圍扶餘府

《遼史》太祖本紀裡的「日本國來貢」　三十年前初次接觸《遼史》，看到此段記載時的驚訝感受，至今記憶猶新（左頁第四行下方）。

日本真的曾經派遣「遣遼使」嗎？

轉換視線，來看看與耶律阿保機有關的根本史料——《遼史》。《遼
史》開頭的太祖本紀雖然短，但對日本來說，其中卻有著極為重要的記載。契丹的天贊四年（西元九二五年）冬十月庚辰條中，出現了「日本國來貢」幾個字。這幾個字是什麼意思呢？莫非日本派遣的不是「遣唐使」，而是「遣遼使」嗎？

根據《遼史》，日本來朝貢的前一個月，契丹帝國的皇帝耶律阿保機甫結束從前一年夏天起，果斷對韃靼、党項、吐谷渾、甘肅回鶻等展開的大規模軍事侵略行動，回到契丹本土。阿保機一年多的西征，大大拓展了契丹帝國的版圖，讓契丹的領土越過蒙古高原，遠達中亞、河西走廊一帶，和八十幾年前瓦解的回鶻遊牧國家領土比起來，契丹帝國的領土明顯

大了許多，可以說是陸地霸主了。似乎是祝賀契丹的成就般，日本也派遣使者來朝貢。

這裡還有件令人感興趣的事。記載著「日本國來貢」的這個詞的前後文，也非常引人注意。「日本國來貢」之前的文字，是李存勗來告知後唐滅了後梁，而契丹這邊也遣使報聘的記錄。如果將這段文字的記述照單全收，那就表示，西征回來的耶律阿保機，竟然對兩年前還在華北戰場與自己爭霸的敵人李存勗滅了後梁之事，表達了祝賀之意。關於這件事，應該如何理解才好呢？

因為雙方都是「皇帝」，所以形式上地表達祝賀之意，這也是理所當然的事。但是，已經解除後顧之憂的阿保機，理應可以回頭再次攻打華北，他卻沒有這麼做。做為阿保機沒有回頭再度攻打華北的一大可能性，恐怕就是阿保機與李存勗都已意識到「契丹與沙陀兩強相爭，是愚蠢的行為」，所以從西元九二三年的春天到夏天時，雙方便達成分占南北的協定吧？所以阿保機才能放心地展開西征，而李存勗才能集中力量滅了後梁。也就是說，雖然不知南北兩強到底達成了什麼默契，總之雙方應該有什麼合作關係。

要北行還是南行？

另外，關於「日本國來貢」之後的記述是「高麗國來貢」；而且「高麗國來貢」還是在「日本國來貢」的翌日，也就是辛巳日。還有，翌月（十一月）的己酉日，「新羅國來貢」了。這不就正好說明了日本列島與朝鮮半島上的三個國家，都向契丹朝貢了嗎？

不僅如此，上述的記錄還讓人不得不認為，日本與在朝鮮半島上相互競爭的高麗國、新羅國，在相同的時候派遣了使節到契丹帝國。高麗和新羅到契丹帝國的根據地直接朝貢，是很可以理解的事情。至於日本，除了上面提到的內容可以看到「遣遼使」的痕跡外，日本國內幾乎見不到與「遣遼使」有關的文獻記載。關於這一點，應該如何去思考呢？《遼史》的記載所拋出來的內容，不管是對日本史或對亞洲史來說，都絕對不是小問題。

再說，甄萱的後百濟如前文所述，此時已經遣使到李存勗的後唐。對這一南一北兩位皇帝，日本、高麗、新羅等三個國家，選擇北行，遣使契丹，只有後百濟沒有北行。另外，高麗與新羅，也曾派遣使者到後唐。同時對南北雙雄示好，當然是一種「安全的策略」。話雖如此，位於朝鮮半島北部的高麗或東南部的新羅，不得不更加感受到契丹帶來威脅，而位於西南的百濟因為與高麗、新羅是敵對的，而只選擇遣使於後唐，這種情況說起來是很能理解的。不過，為何日本也會派遣使者前往契丹呢？很明顯的應該是受到某種提醒，所以也派遣了使者前去。

寬建法師的入唐

上述提到的《遼史》中的謎樣記載，是日本方面特別在意的敘述。根據《扶桑略記》卷二十四，醍醐天皇下卷五月二十一日條所述，在上述事件的一年後，也就是日本的延長四年（西元九二六年）時，興福寺的僧人寬建法師奏請朝廷，希望能搭乘停泊在修明門外的唐朝商人船，入唐求法，並到五臺山巡禮。醍醐天皇的宮廷政府不僅同意了寬建的奏請，還給了黃金小百兩做為路資。此外還讓寬建帶著菅原道真、紀長谷雄、橘廣相、都良香等人的詩集九卷，與小野道風的行書、草書各一卷，將他們的詩與書法推廣到唐朝。另外也派了三名僧侶、四名童子與兩名通事和寬建同行，並命當時的左大臣藤原忠平將此旨意傳達給大宰府。同年七月六日，敕賜寬建黃金五十兩。以上的敘述，是依據醍醐天皇的《御記》（也就是日記）寫成的。與寬建有關的記載，除了上述之外，還有《日本紀略》上的記述。《日本紀略》上記載，延長五年（西元九二七年）正月二十三日，賜寬建等人大宰府牒，命其前往大宋（應是「唐」的誤記）國的福州——這是前往五臺山巡禮的記載。上述記載的時間，是《遼史》所記「日本國來貢」的約半年後，也就是說醍醐天皇政府派遣寬建等十人，在延長五年正月搭中國船隻，渡海前往南中國的福州。在冬季季風的幫助下，那是一次順利的航程。

上面兩種來源記載中所提到的「唐」，不敢說一定就是當時在華北成立的「後唐」，但可以說指的就是當時的中國。不知道寬建等人是否真的有到五臺山巡禮了，但五臺山位於山西的北部，是後面會提到耶律阿保機領導的契丹國家，與李存勗領導的沙陀權力展開激烈爭奪戰的「山後之地」，所以說到了五臺山，就等於到了契丹領土的跟前。還有，福州是當時形成的獨立王國「閩」的首都，從這裡往北走的話，還會經過同樣的獨立國「吳」乃至於「吳越」，才會抵達沙陀權力所統治的華北「後唐」。然而，吳越早已經由海路，與契丹國家建交，所以寬建也有可能直接搭著船，在契丹領土內或其附近的地方登陸。

總之，「五臺山巡禮」是觀察當時混亂的中華與草原現狀的絕佳藉口。西元九二六年尤其是多事之年，陰曆正月，渤海國滅亡了，同年四月，李存勗因為政變而死，耶律阿保機也在這一年的七月去世，整個中華地區處於混亂之中。如果日本是在這年的五月二十一日決定遣使的，那麼去了解渤海國滅亡與後唐混亂的情況，或許就是日本遣使的直接目的。當然，去探查快速崛起和成長的契丹國到底是什麼樣的國家，也是此行的重要目的。

把道真等人的詩與道風的書法推廣到大陸的「名目」，不用說也知道是勉強硬湊出來的貧乏理由或藉口。上述的兩個相關記載都提到的「五臺山巡禮」，其目的就是要直接探查包括契丹國家在內的大陸情勢，這是無庸置疑的。採取藉由佛教僧侶的求法與巡禮之行，與以文化交流做為「名目」的行動，不屬於正式派遣政府官員出使的形式。寬建巡禮之行儘管是醍醐天皇之下的政府要員出面授命，但醍醐政權對大陸的發展情勢非常在意，這是很明顯的事情。

若真如此，那麼《遼史》所記載的「日本國來貢」一事，或許是某人在藤原忠平等人的授意下，非正式的造訪了耶律阿保機，這種可能性應該是存在的。

莫名的死亡與命運的起伏

綜合以上的敘述，還有一件非提不可的重大事件。《遼史》中，緊接在令人印象深刻的三國（日本、高麗、新羅）來貢之後，便是十二月時契丹帝國的耶律阿保機下詔，宣佈親征渤海，並且帶著皇后述律氏、皇太子突欲、次子大元帥堯骨[4]，及權力中樞等等要員，進行了人生最後的遠征。前面已經說過了，翌年正月渤海國便全面投降。然而，阿保機卻在消滅了渤海國，獲勝歸國途中的秋七月，突然猝逝於扶餘府，享壽五十五。根據《遼史》的記載，阿保機猝逝的兩年前夏天誓師西征時，曾說：「歲在丙戌，時值初秋，必有歸處。」此一誓師的言論，似乎也預言了自己的死期。丙戌年就是天顯元年（西元九二六年）。

阿保機死後，契丹國家陷入繼承者之爭，籠罩在陰霾之中。而承接了舊渤海國的東丹國，也隨著君主東丹王耶律突欲的沈淪命運，逐漸消失了身影。在這段撲朔迷離的歷史展開之前，日本國與高麗、新羅就已向契丹帝國的「遼」朝貢，這一點是必須多加注意的。《遼史》只提供了最低限度的必要記載，與阿保機有關的太祖本紀所使用到的文字尤其精簡。也就是說，在那些精簡的文字裡，其實滿載了許多歷史信息，這是我們必需要有的想法。

至於沒有在當時向契丹朝貢的渤海國，後來便遭到契丹帝國的武力制裁，亡國的人民很多被契丹遷移到遼寧平原，也有相當多數的人流亡到朝鮮半島內。再說沒有選擇契丹的甄萱，也在西元九三〇年時被兒子甄神劍篡位；而甄神劍又於西元九三六年時被高麗所滅。於是，朝鮮半島就在隸屬於「契丹派」的高麗之下，再度形成統一的局面，命運的起伏明顯地有所不同。

裴璆的悲劇

如此看來，裴璆以東丹國的使者身分出使到日本前，說日本並不知道渤海國的悲慘命運，應是很難想像的。從日本嚴厲審視裴璆的言行，甚至讓裴璆寫下如同悔過書般的「過書」這件事看來，日本方面對裴璆的使節身分是存疑的。而事實上，裴璆也可以說是造成渤海國滅亡的當事人之一。

到底是要站在北方的契丹這邊？還是要站在南方的沙陀那邊呢？西元九二五年的命運選擇年時，渤海國選擇了南方的沙陀。而且成為使節的，竟然是讓渤海國走向滅亡的關鍵人物——裴璆。

那麼，為什麼渤海國沒有選擇與自己的領土直接接壤的強大契丹呢？或許是渤海國的當政者，深切地感受到近在眼前的契丹所散發出來的威脅感，所以選擇與雙雄中的沙陀結盟，形成與沙陀夾擊契丹的局面吧！那時國內局勢混亂的渤海國，如果不採取什麼手段應對的話，可以預見早晚會被契丹併吞，渤海國應該是在這種覺悟下遣使到沙陀的。

而阿保機對這樣的情況會有什麼反應，也是可想而知。在緩解了西征的疲倦後，阿保機便舉契丹全國之力，如狂風怒濤般地襲擊渤海國，而渤海國對契丹的襲擊完全沒有抵抗之力。渤海國如果也和日本，乃至於高麗、新羅一樣地做了正確的選擇，應該不至於走上滅亡之路，至少同樣在朝鮮半島上的高麗與新羅兩國是這麼想的。

裴璆以東丹國的使者身分出使到日本，可以說是讓自己身陷在極為複雜的境遇之中。早已知道渤海國滅亡經緯的日本，以嚴厲的態度對待裴璆，是理所當然的，裴璆本人一定也很鬱悶。受到日本方面的譴責，日本的《本朝文粹》卷十二裡，記載了裴璆留下悔恨與自責的文字，表示「未能救先主（渤海國王）於塗炭之間，又於兵戎之際逢迎新王，且為陪臣（東丹國）之小使，亂上國（日本）之恆規」。

到了西元九二九年時，不僅舊渤海國的人與東丹國之間的關係惡化，東丹國與母國契丹之間的狀態，也變得微妙而奇怪。裴璆在自責文中提到的「契丹王」乃至於「新王」，指的到底是誰呢？單純地說，應是指已經去世的征服者耶律阿保機吧？但也可能指的是直接統治舊渤海國人的東丹王突欲吧？或者是第二代的契丹皇帝，也就是曾經壓迫兄長東丹王與其國家（東丹國）的堯骨呢？裴謬說的到底是誰，確實沒人知道。

再回頭來看，《將門記》為何會把「大契赧王」——也就是耶律阿保機，拿出來做為以實力成為奪權者的例子呢？理由當然是如前面所說過的，阿保機消滅了渤海國，不僅建立了契丹帝國，還勢如破竹地壯大了契丹的勢力，這是很明顯的事情。再加上《將門記》成書時間的最晚年代是西元一〇九九年，契丹帝國在這段期間內一直宛若磐石般存在，是東方亞洲最強盛的國家。壓制了比它晚建國的南方文化之國北宋，與沙陀南北各據一方，是北方的軍事大國，平安朝的日本不可能不知道這點。

兩個重疊的人物影像

當時的日本，也正處於京都的宮廷文化與東國的武力對峙的局勢。雖然南北與東西有所不同，但兩者並存的這一點，是相似之處。這種兩者並存的局勢，對將門的叛亂到底有沒有直接影響，現在暫且擱置不論。但不管是將門方面還是藤原忠平方面，知道契丹國家與耶律阿保機的可能性很高。做為記錄、著作與故事的《將門記》一書中，雖然沒有說契丹王是將門的先行者，但是將門與契丹王之間，不是存在著某種想像的連結嗎？

連結他們的，或許是兩個人都是戰場英雄的形象，也或許是他們的世界裡都有武與文的二元世界投影。還有，如果進一步發揮想像力，耶律阿保機突然去世之謎，與一自立為新皇就突然死亡的將門，兩人的人生結局，其實也有著相似之處。隔著海洋的影像重疊背後，應該存在著其他事實吧？只是現在還不知真相為何。

奔向帝國之路的助跑

契丹帝國可以說就是耶律阿保機一生的「事業」。西元九〇七年唐室滅亡時，阿保機三十六歲，登上契丹的「可汗」之位，於西元九二六年、五十五歲時出人意外地突然離世，統領契丹約二十年左右。阿保機將以前鬆散的契丹部族聯盟結合在一起，建了契丹國家，他一再帶領部隊東南西北地征討，終於創建了跨越多個種族與地域的「帝國」。在他的世代裡，不只契丹，包括內陸草原地帶，乃至於亞洲東方，都發生了天翻地覆的變化。

被遺忘的英雄

把歷史上的特定人物定位為「英雄」時，應該特別慎重，甚至不應有那樣的行為——很多人發出了這樣的呼籲，以歷史研究者尤甚。以人類的進展過程為名的歷史，其核心便是人類群體的整體是處於何種狀態？做了何種改變？而且是因時因地而有不同的。然而，在歷史的進展過程中，確實也存在著「若不是這個人，歷史就會變得不一樣」的人，這是事實，不必怯於承認。

耶律阿保機就是這樣的一位英雄人物。只是，即使他是英雄人物，他的事蹟、人物形象，還有他存在於歷史上的意義等等，是否得到了相應的適當評價？這就很難說了。儘管他的名字留在歷史上了，但他的人物形象卻不如名字來得被人熟悉。或許可以說，耶律阿保機是被遺忘的英雄吧！

與契丹同時期的「五代」

阿保機的人物形象會那麼不清晰的原因，大概還是因為中華王朝史觀的關係。或許可以更正確地說，是中華本土中心史觀的關係。對很多史學家來說，阿保機是「外」人。這種把中華和「塞外」分開來思考的史觀，直到現在都還存在著。

因此，比耶律阿保機的契丹帝國晚了半個世紀才出現的宋朝，毫無疑問地被視為三百年唐朝的後繼王朝，而契丹帝國卻只被視為不斷干擾宋朝北方的「野蠻外族」。這種史觀論調下的記述，以前是滔滔不絕，現在也仍然時而可見；那都是老式而千篇一律的記述，就某個意義來說，也是可笑的見解。不過，歷史的事實到底如何呢？

稍晚於《遼史》、《金史》、《宋史》等三史的編纂，陳桱的《通鑑續編》於接近蒙古時代末期時問世了。《通鑑續編》按照時期順序，總述了唐室即將滅亡的前後到蒙古取代南宋，期間約三百八十年的國家興亡洪流，是一部龐大的通史。嘗試這樣的撰述所完成的書籍，本身就是歷史上值得注意的事，況且這本書是以耶律阿保機的出現與契丹帝國的形成為基本開始敘述的。這本書蘊涵了強烈而明確的歷史觀和訊息。

《五代史補編》的作者陳桱，對一般中國史中的「五代」歷史非常專精。他在《通鑑續編》裡，從阿保機開始，以契丹帝國的歷史為中心，首先詳細地敘述了「五代」的興亡。在「五代」的部分告一段落後，做為下一階段歷史的展開，陳桱另起一卷，講述西元九六〇年趙匡胤篡奪後周王權，利用政變即位，建立了北宋的事蹟。

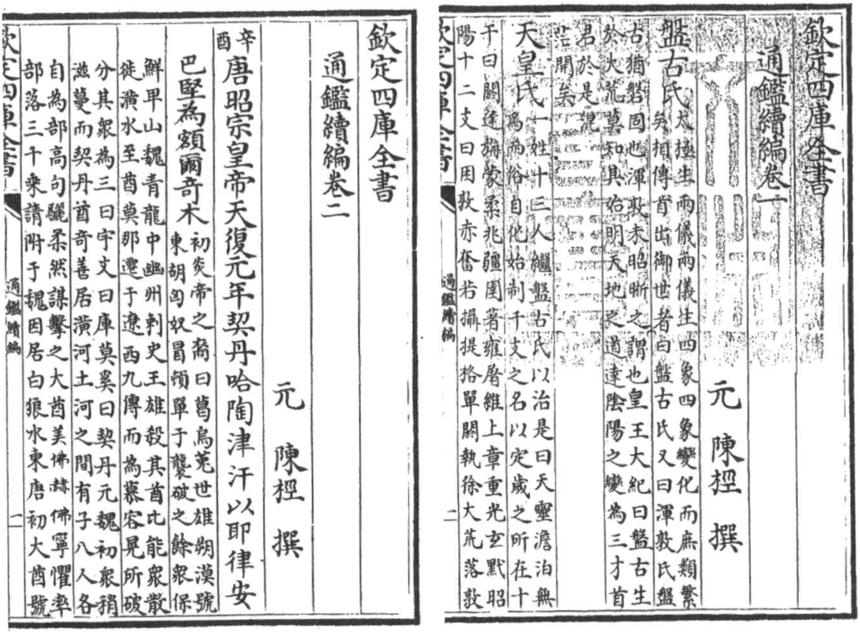

欽定四庫全書

通鑑續編卷二

元　陳桱　撰

辛酉　唐昭宗皇帝天復元年契丹哈陶津汗以耶律安巴堅為額爾奇木　初炎帝之裔曰葛烏菟世雄朔漠號鮮卑山魏青龍中幽州刺史王雄殺其酋比能衆散徙潢水至酋莫那遷于遼西九傳而為慕容晃所破分其衆為三曰宇文曰庫莫奚曰契丹元魏初衆稍滋蔓而契丹酋奇善居潢河土河之間有子八人各自為部高句驪柔然謀擊之大酋美佛赫佛寧懼率部落三千衆請附于魏因居白狼水東唐初大酋號

欽定四庫全書　通鑑續編　二

欽定四庫全書

通鑑續編卷一

元　陳桱　撰

盤古氏　太極生兩儀兩儀生四象四象變化而庶類繁矣相傳首出御世者曰盤古氏又曰渾敦氏盤古猶磐固也渾敦未昭晰之謂也皇王大紀曰盤古生於大荒莫知其始明天地之道達陰陽之變為三才首君於是混茫開矣

天皇氏　一姓十三人繼盤古氏以治是曰天靈澹泊無為而俗自化始制干支之名以定歲之所在十干曰閼逢旃蒙柔兆彊圉著雍屠維上章重光玄默昭陽十二支曰困敦赤奮若攝提格單閼執徐大荒落敦

欽定四庫全書　通鑑續編　二

《通鑑續編》的目錄與卷二的開頭（臺灣國家圖書館藏）　共二十四卷的《通鑑續編》在序中敘述了編纂的方針後，第一卷簡單講述了盤古以來的神話時代，第二卷起就進入正文，敘述了契丹到五代的歷史，傳達的信息非常清晰。

就如陳桱在自己這本歷史書開頭的「書例」所言，本書的一貫立場，就是「尊華夏」。也就是說，在朱子學說已普及、成型的蒙古統治時期，在學說所提倡的大義名分論影響下，偏重北宋、南宋的「中華主義」成為最高的標竿。而《通鑑續編》便是在這個標竿下編纂而成的。

歷史理念與事實主義

敘述歷史，除了看歷史的事實外，別無其他。做為歷史的敘述書，《通鑑續編》在這一點上可以說是做到極致了。

在此要特別一提的是，陳桱自己宣稱要重視與北宋有關的敘述，但是對北宋的第一代皇帝趙匡胤（宋太祖）時代，到弒兄奪權的第二代皇帝趙匡義（宋太宗）時代的太平興國三年（西元九七八年）為止，陳桱僅以「與五代無異」做交代，沒有把這段時期劃入「北宋時代」中，而是把太平興國四年（西元九七九年）開始征討北漢，做為「北宋時代」的起點。征討北漢後雖然未竟全功，沒有完全統一中華，但也占領了華北的大半領域，北宋自此成為真正的王朝國家。做為史學者來說，這是非常能夠被認同的做法。陳桱表現出理念與主義是兩回事，觀察歷史的眼睛是事實主義者。

將耶律阿保機與契丹帝國「不恰當」地貶損，相反的，北宋卻被「過度地」提高地位，思考這樣的背景，恐怕會牽涉到中日兩國之間的文化論和文明論問題。且不論向來的中國史以「實證」之名，要求單一處理的細部觀察情況，中國史在歷史大方向的理解上，經常容易偏於理念性與思辨性、觀念性。而日本，如日本史學家宮崎市定先生曾經說過的，朱熹的《名臣言行錄》在江戶時期的幕藩體制中，成為儒學教育的「教科書」，那些北宋「名臣」們，在朱熹的「推崇」下脫離現實，變成「偉人」、「聖人」，受到後世崇拜。對腦子裡被灌輸了這樣的教育，且成為教養基礎的人來說，北宋與北宋的士大夫們，必定就是盛開著華麗的文化之花的大國，與英雄豪傑們的世界。

不得不說，出現於後世的歷史，是創作出來的過去，或是純樸的心所生成的「信仰」。這樣的情況下，不管是阿保機還是契丹，不僅變成是微不足道的存在，或許還無可奈何地被視為是困擾北宋王朝的「野蠻民族」，或是「對文明的侵略者」。那是橫流的文明主義，被認為是美麗的浪漫，並且是古老而美好的時代所發生的事。

夷離堇的立場

《通鑑續編》的記述開頭，始於唐室倒數第二個皇帝唐昭宗天復元年（西元九〇一年），契丹部族聯盟的首長痕德堇可汗，任命耶律阿保機為「夷離堇」。對亞洲東方來說，西元的第十世紀是一個「變動的世紀」，各國都處於變動之中，耶律阿保機在這個世紀的第一年，躍上了歷史的舞臺。

「夷離堇」大概就是突厥的「俟斤」，是遊牧民官制中一個官名。根據《新唐書》，契丹曾經臣屬於突厥，那時產生契丹族君長的家族大賀氏，就是率領部民的「俟斤」。契丹的近族「奚族」也有「俟斤」，而且五部族各有「俟斤」領導部民。據《遼史》「國語解」所說，「夷離堇」是統領軍馬的大官，也就是最高軍事司令官的意思。《通鑑續編》也說明「夷離堇」的職務是掌管「部族、軍民之政」，是總攬遊牧部族團體及軍民的官。總之，可以把「夷離堇」視為是組織契丹聯盟的各部族之長，也是軍事、行政的指揮官。

與契丹有關的總整理史料是《遼史》，書中的太祖本紀明確地指出阿保機是「本部的夷離堇」。這裡所說的「本部」，指的應該就是阿保機出身的「迭剌部」。因為迭剌部是契丹族中的核心部族，而阿保機又是迭剌部的首長，並繼痕德堇可汗後，成為契丹聯盟的中心人物。此時的阿保機正好三十歲。在這個年紀開始「英雄」人物的一生，絕對說不上早。

不明確的前半生

回頭看阿保機的出生。阿保機出生於唐咸通十三年（西元八七二年），其母述律氏（述律氏是契丹王族的通婚對象家族，漢人稱為「蕭氏」）因夢見太陽墜入體內而懷孕。阿保機出生時，母親的屋內出現神光與異香；阿保機一出生，體型就已如同三歲小兒，並且很快就會爬行。阿保機的祖母覺得阿保機異於常人，便將他當成自己的孩子撫養，經常把他藏在別人的帳棚，還在他方臉上塗東西，不讓人看到他。阿保機三個月就會走路，也能流利地說話，還有預知能力。他說自己是有神人幫助、守護的人。

安祿山也有出生時出現「神光」和被藏匿在帳幕內等等的傳說，這是內陸世界廣為流傳的「異人傳說」。多數王朝的開國始祖身上，都被賦予了帶著神祕色彩的傳奇故事。這些傳說、傳奇的故事，想必有其存在的意義吧？

比起上述的傳奇說法，其實更有意義的，應該是說阿保機長大後，長成一個身高九尺的大漢，並且孔武有力，能夠拉動三百斤的弓。這才是能夠成為遊牧武士、軍事領導者的重要因素吧！我們所知歷史上遊牧國家的創建者，大都是高大健壯的男人。還有，能夠拉弓善射，更是成為王者不可欠缺的條件。阿保機就是這樣的雄偉男子，這一點意義十足。

除了上述的神祕故事，和阿保機幫助父親的兄弟、伯父述瀾建立功業的事，有稍微被提到，阿保機當上「夷離堇」之前的具體事跡很少被記述下來。如後面會提到的，推測阿保機曾經是契丹名門世家的紈絝子弟，關於他的前半生是否沒有值得述說的事跡，此事不得而知。這一點與其他國家的草創英主，有著明顯的不同。

還有，姓耶律，名阿保機，這都是來自契丹語的發音嗎？正確與否也不得而知。關於契丹語，以前就有很多國內外的學者挑戰過這個語言了，可是卻至今還無法做完全的解讀與明確的說明。契丹帝國時代，曾發明了大小兩種契丹文字，其中的表音文字契丹小字，因為近年來陸續發現了許多契丹小字與漢字併列的墓誌銘，所以或許不久的將來就能被解讀了。雖說有點畫蛇添足，但在此要特別一說的是，關於阿保機這個名字，在蒙古時代的波斯語世界史《史集》，以阿拉伯文字記載的音為「A—BA—KI—」，意外地與日語發音的「ABOKI」極為接近。

沉沒在黑暗中的先祖們

我們更不了解的，是阿保機的祖先們。很抱歉要再度回溯過去，不過，把留在各個文獻中的片段記載串連起來的話，阿保機的先祖們情況大致如下文所述。

「契丹」這個名字最早出現在中國正史《魏書》中的契丹傳，北魏初期，約四世紀後半時，契丹族已經在西拉木倫河與老哈河之間過著遊牧的生活，並與庫莫奚、也就是後來的奚族人有簡單的結盟關係。

與契丹有關的最早記載出現在北魏道武帝登國三年（西元三八八年），這一年北魏軍擊敗契丹。獨立不羈的氣慨是契丹族的本性，此時的契丹族分為八個大小不同的部落，這個傳統一直持續到阿保機的時代。

契丹開始受到重視，是隋唐出現後的事情。在採取「帝國性」的版圖擴大政策下，擁有超過四萬騎兵的契丹部族聯盟，是一個麻煩的「不安定因素」。

契丹以八部中的大賀氏集團為中心，曾經與唐和睦，接受唐的安撫，唐還授以國姓「李」。不過，萬歲通天元年（西元六九六年）時武后大舉興兵，想要消滅契丹，結果武后的派遣軍卻屢被契丹擊敗，讓周王朝大為震驚。不過，契丹最後還是戰敗了，契丹的首長也被殺，餘眾便投靠東突厥。可是，東突厥因為權力鬥爭的關係，國內情勢動蕩不安，所以到了玄宗政權時，契丹再度依附於唐。開元二年（西元七一四年），契丹首長李失活被任命為松漠都督。從這個時候開始，阿保機與安祿山的人生出現了微妙的相互重疊現象。

和安祿山的緣分

在契丹聯盟內部發生紛亂之際，大賀氏的統治時代結束了，進入成為以遙輦氏為核心的時代。這段時期的過程過於混亂，很全盤了解。

總之，遙輦氏出身的第二代首長阻午可汗出現了，他是在權力者涅里的擁戴下成為可汗，而涅里被認為就是《遼史》中所提及阿保機的直系祖先雅里。阿保機祖先的影子，終於依稀開始在這裡出現了。

在玄宗時代的長期統治時期裡，天寶四載（西元七四五年）時，阻午可汗被授予國姓，改名為李懷秀，受封為松漠都督，是一項很明顯的懷柔政策。但是，阻午可汗統領的契丹聯盟並沒有如唐所期望的順服，而是在當年之內就「叛亂」了。這個時候，之前開元年間在幽州長史張守珪麾下、累積了征討契丹經驗的安祿山，以范陽節度使之姿出現。

似乎有一條不可思議的「緣份」，把契丹與安祿山連結在一起。安祿山所率領的唐軍，打敗了阻午可汗的「叛亂契丹軍」。此時玄宗想封其他部族的首長楷落為「恭仁王」，以楷落接替松漠都督的地位，進行對契丹族的統治，但是楷落本身已自稱是「契丹王」，獨立的姿態很明顯，已經勢不可擋了。

受到玄宗寵信的安祿山明白玄宗的心意，便奏請征討契丹，然後帶領范陽、雲中、平盧、河東的十餘萬兵力，以奚為優先目標，進行北伐，在契丹的根據地西拉木倫河之南與契丹會戰，結果大敗。之後，契丹與安祿山之間又有進行過數次交戰，說兩者是宿敵，一點也不為過。安祿山透過與契丹的多次交手，不僅擴充了自己的軍事力量，還拉攏了契丹與奚的騎兵，因此而崛起。

但是，安祿山與契丹的緣分還沒有化解，如前面已經說過的，安祿山進入洛陽後，背後仍然持續受到在幽州一帶的契丹與奚的聯合軍的威脅，尤其是來自如同安史二人的附骨之蛆一般的唐朝名將李光弼所帶來的威脅。李光弼不僅是契丹族人，還是「契丹王」楷落的兒子。應該採取與唐對立的契丹，契丹王父子卻在唐朝對抗安祿山時，都變成了唐朝的救星。僅此一點，就讓契丹直接與安、史的范陽軍閥，陷入難以解脫的宿怨之中。

同時崛起的契丹與沙陀

安史之亂是將契丹導向獨立的重大因素。安史之亂後，割據中國各地的藩鎮紛紛熱衷於在邊防之處劃分自己的勢力範圍，就算契丹發動攻勢，已經分化、弱化的大唐，也完全失去軍事威脅力。總之，契丹聯盟可以為所欲為的時代來臨了。

契丹與奚族看透了唐室的無能，幾十位部落首領成群來到長安，然後帶著唐朝所給的賞賜滿載而歸，是常有的事；而部落首領的下屬們，則以數百人為單位，逗留在邊境要地的幽州。西元八四〇年，回鶻一瓦解，號稱耶瀾可汗的契丹屈戍首長，就以從回鶻那邊得到的王印，向唐要求換新印，然而，這不過是向唐索取賞賜的手段。

唐朝年號咸通年間（西元八六〇至八七二年）末期，契丹王習爾（或曰習爾之）自立為巴剌可汗，契丹聯盟的勢力強大起來，逐漸擴展疆域，有「土宇始大」的記載。當沙陀族的首長朱邪赤心平定龐勛之亂，站上歷史舞臺的西元八六八年時，契丹也開始變大了。也就是說，開展下一個時代的沙陀與契丹躍上歷史的舞臺，是同一個時期的事。

沙陀的根據地在山西地方，契丹的根據地在其東北方的西拉木倫河一帶，兩者可以說是鄰居。只是「現成」的鄰近新勢力沙陀接受了唐室的賜姓「李」，但與唐室及拓跋氏有著長期權力糾葛的契丹，卻以自己是契丹為傲，很乾脆地捨棄「李」姓。契丹聯盟的盟主，以自拓跋、柔然、突厥、回鶻以來，內陸世界傳統的「可汗」為自己的稱號。

同樣背負著「時代」的兩個對手，在對唐室與中華的立場上卻是兩極的，兩者可以說是「看似相同其實不然」的存在。

邁向阿保機之路

對照諸史書的記述，可以推測習爾的「族人」欽德，就是把阿保機推上「夷離堇」之位的痕德堇可汗。在欽德的領導下，契丹持續習爾以來的勢力擴展，但痕德堇可汗做為首長的「在位」時期，明顯地與阿保機本身掌握的權力有所交疊。關於這一點，各史書的記述並不一致。

看阿保機的直接譜系，從輔佐阻午可汗——雅里之後，經過了毗牒、頦領、耨里思、薩刺德、勻德實、撒刺的，便是第七代的阿保機。他們都是阿保機出身的迭刺部「夷離堇」，但關於他們的個人事蹟，卻極度缺乏具體性的記載。

阿保機是撒刺的的長子，回顧前面的敘述，阻午可汗接受唐的賜姓「李」，是西元七四五年的事，那麼，若從這個時間點開始算，一代約二十年的話，七代便是一百四十年左右。做為咸通十三年（西元八七二年）出生的阿保機祖先，除了阿保機的父親與曾祖父的名字發音十分類似外，從時間點來看並無不合理之處。

上述的敘述如果無誤，那麼阿保機便是出生於相當有權力的家族。其實，要弄清楚遊牧民族的血脈、家系、身分，是非常麻煩的。從一個遊牧民族身上上溯祖先，恐怕比從漢族身上上溯祖先要困難得多。阿保機來自權貴之家，可以說是具有成為王者的資格與條件。

不過，契丹又是一個由八個部族組成的鬆散聯盟，聯盟的代表者每隔三年由稱作「大人」的各部首長協議選出，所以說「契丹可汗」是由選舉產生的。因為有輪換制的約束，所以可汗之位並非專屬於某一個固定人物，這是耶律阿保機第一個必須跨越的大障礙。

契丹與沙陀

成為迭剌部夷離堇的阿保機，在痕德堇可汗的麾下北征室韋，南攻奚族，東打女真，幾無休戰之時。西元九〇二年秋七月，阿保機領四十萬軍西征河東、代北，擄掠了九萬五千人與數量龐大的駝、馬、牛、羊。而河東、代北是沙陀軍閥的根據地。雖然號稱四十萬大軍是有點誇大了，但是成為夷離堇之後的阿保機，隔年便聚集了相當數量的兵力，大舉侵略強大沙陀的領地，還獲得很大的勝利，令人眼睛一亮。

建國的準備

對遊牧民族來說，對外征討是個直接連結到獲得戰利品的「生意」，所以，遊牧民族領袖被要求的最重要條件，就是計畫擬定大型的遠征、組織遠征的行動，凝聚原本分散的個別部落、展開有效的攻擊，並且盡量減少人員的傷亡、帶回大量的收穫，然後釐清各部落的立場與兵數，論功行賞，公平地分配戰利品——阿保機應該漂亮地滿足了這些要求。

征討沙陀領地的前一年，也就是阿保機就任夷離堇的第一年，就先輕取了室韋與奚，讓人見識了他的本事。沙陀是難纏的對手，但侵攻河東、代北之事，被寄予能獲得龐大利益的期許。而且，戰勝沙陀的話，不僅可以獲得眼前的「利益」，擊敗強勁的鄰居沙陀，契丹本身的安全可以得到更佳的保障，今後還能展翅高飛。自從先前的習爾可汗以來，運勢一直在向上攀升的契丹部族聯盟，會集結在新的壯年領導者阿保機的旗幟下，是可想而知的事。大膽進攻河東、代北並成功獲勝，成

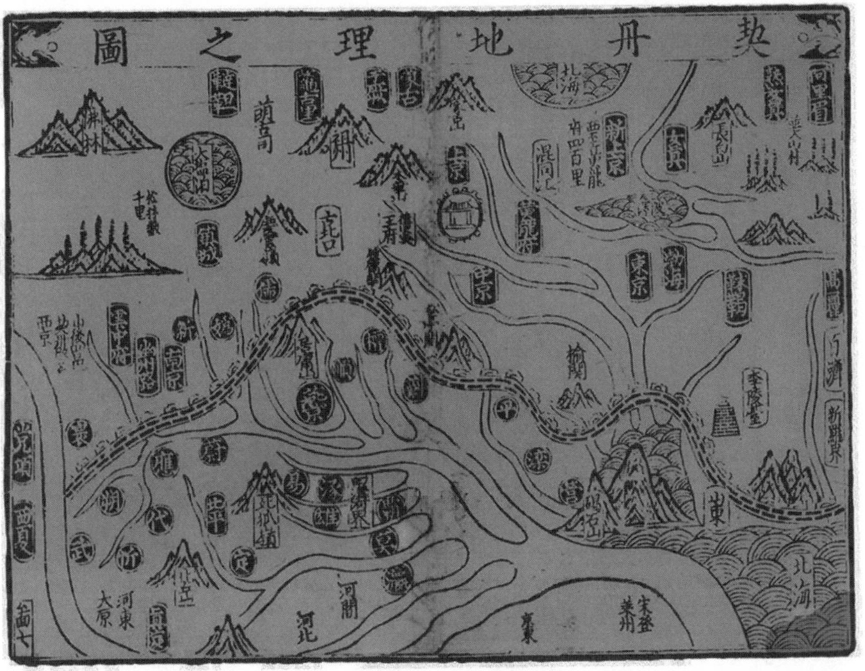

載於葉隆禮《契丹國志》中的「契丹地理圖」 《契丹國志》是一本奇妙的書。本書的內容大致收集自《資治通鑑》等書，是方便了解契丹通史的書。然而其中也有很多虛構的內容，很難被相信，至多只能幫人理解一下南宋末期時士大夫們的心情。此圖畫的是上京、祖州、燕雲十六州等的地圖，相當有趣。不過，圖中的「北海」到底所指何處？（現藏於北京圖書館）

為阿保機未來的大跳板。

同年九月，阿保機在西拉木倫河南岸的龍化州築城，讓來自中華本土的百姓居住於此。另外，阿保機也開始展開對劉仁恭的攻擊。劉仁恭背叛了沙陀軍閥，在安祿山的故地「燕」自立。在此之前，燕地的老百姓或軍士們大多投靠在契丹的旗幟下，居住在適合農作的地區進行開墾或投入契丹軍團。安祿山之亂以來，在中華本地的東北一帶累積起來多種族社會的力量，大多被氣勢如虹的契丹接受了。

這樣的「建國」計畫，其實來自韓延徽與韓知古等燕地之人。他們的智謀深受阿保機的信賴，不管是謀略或計畫方針，阿保機莫不與他們相商，並且聽從他們的建言。於是，原本是「大本營」的可汗帳幕大營外，建起了成為「國家」中樞的固定行政設施和大小城郭，也建造了城鎮與村落，讓漢族安住。不久後，草原地區變成牧、農、都市的複合體。阿保機在向四方展開軍事行動的同時，也推動了改變歷史與景觀的方案。阿保機領導下的契丹之所以能如此快速成長、興起，就是因為有這樣具長期性而明確的「國家戰略」。

雲州會盟

成為夷離菫後，阿保機的新路線在第五年（西元九〇五年）上了軌道。該年的秋七月，率領沙陀軍閥的晉王李克用，派遣有粟特血統的通事康令德，向阿保機請求締結盟約。這一年契丹的攻擊也會朝向沙陀統治的地區，為了避開被進攻的局面，李克用計畫與契丹「聯合」。但是，與契丹「聯合」不只是為了避免契丹的進攻，也因為朱全忠在前一年將唐室移到洛陽，且於八月時殺害昭宗，改立哀帝。朱全忠的汴梁軍閥勢力正逐年擴大。

李克用因為有一隻眼睛比較小，卻又勇猛無比，所以有「獨眼龍」之稱。此時的李克用已經五十歲了。勇猛卻欠缺智謀的他，雖然對唐室的不幸哀嘆不已，卻對居城晉陽（太原）被圍攻的頹勢無可奈何。自視高人一等的李克用，面對危急時，也只能咬緊牙關，屈膝向小自己十六歲的契丹新星耶律阿保機求助。

冬十月，阿保機應允會面，帶著七萬騎兵，或曰三十萬族眾的大軍，來到雲州，在其東城與李克用見面。安史之亂後的長期分化的結果，浮上檯面的契丹與沙陀雙雄，在草原與中華接壤的雲州，也就是大同之地，直接面對面展開會談。

雙雄會談在融洽的氣氛下進行，兩人一起進人帳內，互相敬酒、對酌，還握手言歡。酒宴很快就進入了酒酣耳熱的高潮。此時李克用為了報「木瓜澗之役」的大仇，便向阿保機提出借兵征討「燕」地之事。

話說回八年前，李克用與朱全忠的汴軍展開全面對戰，向自己派到幽州一帶戍守的劉仁恭徵兵，誰知劉仁恭不僅拒絕了他，還囚禁了他派去的使者。李克用大怒之下，便派兵討伐劉仁恭。但李克用卻在安塞一地的前線暢飲，並且在喝得大醉時，遭到了敵人騎兵的襲擊。李克用雖然已經喝得大醉，卻還是本能地衝入敵陣，欲與敵兵撕殺，而他的步兵部隊卻退卻了。這一戰李克用因此吃了敗仗，地點就叫木瓜澗——這個地方大概是生長了很多木瓜的谷地。

因為自己的大意而失去了諸多主將，結果除了默認劉仁恭自立的事實外，這場敗仗還直接讓自己陷入困境，對一直認為自己是不世出將領的李克用來說，真的是一輩子也忘不了的奇恥大辱。酒醒之後所面對的，是無法挽回的現狀所帶來的懊悔，與連根據地太原都幾乎要不保的大撤退——李克用大概坦白地對阿保機吐露了心中的想法。

李克用的提議

李克用從西邊率領沙陀軍團來，阿保機從北邊率領契丹軍團來，兩軍的主力都是騎兵，若這兩大軍團同時攻打「燕」地，劉仁恭必敗無疑。在劉仁恭南邊的朱全忠的勢力雖然也很龐大，但他的主力是步兵，就算想立即發兵趕去救援，也是遠水救不了近火。劉仁恭一旦被擊潰，整個局面就會有很大的改變。對沙陀來說，當腹背敵人之一的劉仁恭消失了，而另一個敵人契丹則變成盟友時，眼前的視野必定變得開闊，而朱全忠卻相反的會失去「友邦」，變得孤立，這應該就是李克用的盤算。

這個計畫對契丹的領導者阿保機來說，是一個極具魅力的提議。兩年前，也就是西元九〇三年時，契丹軍就已掠奪過「燕」的要地之一、薊町的北邊，俘虜人畜而歸。另外，一年前的西元九〇四年，當阿保機想征伐西北的鄰居「黑車子室韋」[5]時，劉仁恭曾經發兵數萬介入。對劉仁恭而言，北鄰契丹聯盟的崛起、壯大，除了帶來直接的威脅外，可以說一點好處也沒有。前一年才發生的擄掠事件，已經讓他足夠清楚契丹騎兵團的可怕了。阿保機設下伏兵對付想北進的燕軍，結果不僅殲滅了他們，也成功地制伏了室韋。對阿保機來說，劉仁恭的勢力是非排除不可的存在；對契丹的建國而言，「燕」地的人與物資，則是不可或缺的資源。

李克用與阿保機的利害是一致的。李克用應該心知肚明阿保機會同意，才向他提議的吧？沙陀若與契丹對立、開戰，對劉仁恭或朱全忠都只有好處，這是毫無疑問的事。兩雄相會後，對消滅劉仁恭後，有關「燕」地之事的「戰後處理」，想必也有討論過。不過，事實究竟如何，恐怕已經沉沒在歷史的黑暗之中了。

除了上述的提議外，李克用還有別的提議，他對阿保機說：「唐室為賊所篡，吾欲今冬大舉，弟可以精騎二萬，同收汴、洛。」這是除了打擊劉仁恭外，還約定事後要對付朱全忠的提議。契丹與沙陀聯盟打倒、擊潰汴梁軍閥，這才是李克用真正的最終目標。

阿保機同意了李克用的提議。於是兩人交換了外袍與坐騎，結為「兄弟」。契丹與沙陀的同盟之約，就此定下了。不過，更正確的說法是，契丹與沙陀的同盟之約，「看起來」就此定下了。十天的會盟之後，雙方各自要返回根據地，臨行之際，李克用準備了黃金與絲綢慇勤相贈，阿保機也回贈了一千匹馬與上萬頭牛羊。

阿保機的變卦

然而盟約的內容，最後並沒有實行。也不是全然沒有實行，至少在那一年中，阿保機便已展開對劉仁恭的攻擊，而且連續數年出兵。就這點來說，或許可以說盟約是有被實行的。不過，「出兵朱全忠」這件要事，並沒有實現。

這是歷史上常常出現的「關卡」之一，說是「叉路」也無不可，各史書的記載各有不同之處。例如《新唐書》的記述是，雖然雙方約定當年冬天一起出兵渡黃河，但因為唐昭宗被殺，約定也就不得不作廢了。只是，根據《新唐書》的記載，雙方的會盟時間為西元九〇四年，這樣才有可能為沒有出兵之事製造理由。或者，那只是契丹迴避出兵——也就是「毀約」的一時理由，因為服喪之後，還是可以聯合出兵的，但事實上卻沒有。

記載雙方會盟的時間為西元九〇五年的其他史書，對於件事的解釋大致分為兩個方向。其中一個是，阿保機回去後，便違背了與李克用的約定，派遣使者到梁王朱全忠處——這是《新五代史》和《契丹國傳》上的記述。另一個方向是《舊五代史》及沿襲《舊五代史》記述的《五代史補編》（陳樫著書）、《通鑑續編》上的內容，如下所述。

會盟時，阿保機應允了李克用的所有提議後，李克用的左右便勸李克用伺機控制阿保機，但李克用沒有同意，反而說：「逆賊未殄，不可失信於部落，自亡之道也。」還盡禮數地送阿保機回去。阿保機離開雲州後，聽聞此事，於是背棄了與李克用的約定，改與朱全忠合作，李克用對此也只能感到懊惱了。

其實，阿保機因為氣憤自己可能會被虜、而悔約的情節，似乎是更具有說服力的，但是真相到底如何，已經無從得知。不過，在此不容忽視的是，根據《唐太祖紀年錄》的記載，阿保機離開雲州時，把弟弟骨都舍利與首領之一的沮稟梅留下來當做人質。

骨都舍利尤其是這個事件中的關鍵人物。在契丹語裡，「舍利」是僅次於夷離菫或「於越」（于越）的遊牧官制中的重要官職，也是族長家族或王族出身的人，才能擔任的職務。在《舊五代史》契丹傳裡，骨都舍利記做「舍利王子」；並與《遼史》太祖本紀裡的「皇弟舍利素」[6]應該是同一人。這個人是阿保機的么弟，也是西元九〇九年契丹征討幽州軍閥時的派遣軍主將，是當時的重要人物。縱觀阿保機的近親並研究當時的狀況後，有極高的可能性就是這位弟弟。

放棄與獨立

與其他經常叛亂的兄弟不同，只有這位么弟沒有背叛過阿保機，並且是個優秀的人才，深得阿保機的喜愛，在阿保機的二十名「功臣」名單中，他排名第一。把這麼重要的兄弟留做人質，表現出自己沒有小看這個盟約，並且對這個盟約有所期待，十分重視。然而，阿保機真正的心意並非如此，他是採取謙遜的姿態讓沙陀放心，才好平安無事地返回。

包括這件事在內，如果客觀地來看這次的會盟，會發現主導者是李克用，一切按著沙陀的步調在進行。另一方，阿保機則是為了保護自己，特地率領了大軍來到對手的領地雲州，會盟時雖然表現出配合的態度，但是一離開雲州回家，就立刻與朱全忠取得聯繫。這表示他覺得與沙陀合作的話，損失恐怕會大於利益。

正如陳桱等人所記述的，不知是否是因為沙陀方面的不穩定性起了作用，總之阿保機不喜歡按照著沙陀的意思做，這是可以肯定的事。還有，離開雲州之後馬上與朱全忠聯繫，是因為不想看到沙陀的勢力再起與強大化。如果按照李克用的提議行事，而且一切順利的話，那麼華北將會被沙陀統合，正走在建國之路的契丹，或許也會被沙陀併吞。

而這個時候的阿保機，可以說還不能完全號令整個契丹，也就是說他還不是契丹的「可汗」，而且自家兄弟也經常反抗他。阿保機還需要時間，對他來說，這個時候的中華越分裂、越混亂，對他越有利。

至於李克用的提案，看起來似乎對阿保機也很有利，但是基本上還是沙陀本位的提案。阿保機半真心、半虛應故事地參與會盟，其實就是要親眼觀察李克用與沙陀的虛實。就近仔細觀察的結果，可以說阿保機摸清楚了李克用與沙陀的「底細」，並且看穿了對方的用心，於是他就變卦了。

隔年，也就是西元九〇六年的陰曆二月，朱全忠的使者通過海路，和阿保機見面，並帶去了書幣、衣帶、珍玩等禮物，在形式上，梁與契丹結成同盟了。早在這個月的月初時，阿保機已經對劉仁恭展開攻擊行動。

反轉的組合

前一個月，劉仁恭以十萬步兵，展開對魏博地的攻擊，這裡是燕地南方的有力藩鎮。同樣想擁有這個區域的朱全忠，也率領了大軍北上，阿保機的行動顯然與朱全忠有關。另外，缺乏兵源的李克用，也派遣部下李嗣昭、僅領三千騎，介入圍繞著魏博的騷動中，但很快就被朱全忠軍給攔截。朱全忠如果繼續北進的話，就會逼近幽州的劉仁恭。只差一點，眼看朱全忠就可以統合華北了。

已經四面皆敵的劉仁恭，不得已在同年九月，竟向舊主李克用求援。李克用雖然痛恨劉仁恭的反覆無常，但在兒子李存勗勸說這是挽回勢力的好機會時，答應了劉仁恭的求援。李克用認為要在燕地進行造成李、劉不和原因的「徵兵」，然後攻打隔著山西南邊的黃河與朱全忠根據地相望的「上黨」之地潞州，如此一來，汴軍就會感到背後的威脅而退兵。劉仁恭於是依照李克用所言，急派了三萬燕軍到李克用的根據地晉陽，讓燕軍與李嗣昭等人的晉軍一起攻打澤州、潞州，十二月時，成功地壓制了上述的地方。沙陀軍果然因此擺脫了危機狀況，恢復了過來，而北進中的汴軍則在隔年（西元九〇七年）的正月，不得不退兵了。

這樣的局面，與雲州會盟的決議恰恰相反。在形成汴梁與契丹合作，山西與幽州互助的模式下，西元九〇七年四月，朱全忠終於廢了唐室，自立為帝，國號大梁，年號開平。按照歷史的慣例，朱全忠的大梁政權，被稱為後梁。

中國史一般稱此後的時代為「五代」，不過，混亂的紛爭並不是從這裡開始的，這只是基於王朝史觀的原則性時代區分。現實是，在漫長而且幾無休止的不斷紛爭中，之後華北出現了成為中心的政治勢力，呈現出逐漸整合的狀況，這顯示邁向下一個世代的大門即將要打開。

另一方面，李克用因為朱全忠的「皇帝宣言」而憤慨不已，十月臥病，隔年的正月在晉陽去世，得年五十三歲。李克用被起用於唐室平定黃巢之亂時，征戰二十餘年，活躍於千軍萬馬之中，最後像燃盡的蠟燭一般悄然結束。他的一生被抹上傳說色彩，也是理所當然的。

三支箭的遺言

《五代史闕文》裡記載了以下的一則逸事，說李克用臨終前，賜兒子李存勗三支箭，說：「一矢討劉仁恭，汝不先下幽州，河南未可圖也。一矢擊契丹，阿保機與吾把臂而盟，結為兄弟，誓復唐家社稷，今背約附賊，汝必伐之。一矢滅朱溫，汝能成吾志，死無憾矣！」李克用死後，李存勗便將此三箭藏於李克用的墓廟庭中。

這三支箭的遺言，實在是編寫得太巧妙了。李克用完全沒有原諒劉仁恭，雖然一時同意與劉仁恭合作，但目的其實是為了擺脫窘境，也為了阻擋勁敵朱全忠的制霸。提到阿保機時，他說了許多話，表示對阿保機有更深的怨念。從那些話的內容，可以看出李克用就是一個死心眼而自尊心極強的率真之人，但反面來說，也是一個個性上一意孤行，想法偏狹，不擅深思熟慮，更缺乏應變與策略能力的人。至於提到朱全忠時，則出人意料的相對較少。

結果，五年後的西元九一三年，李存勗擊敗了幽州軍閥，找到被兒子劉守光幽禁的劉仁恭；隔年正月李存勗把劉仁恭帶到晉陽，在父親李克用的靈前，用劍刺入劉仁恭的心臟，以血祭奠了父親。再來看《五代史闕文》，根據內容記載，李存勗要出兵到燕地時，來到父親的墓廟，獻上供品，稟告即將出征之事，並取出收藏於墓廟的三支箭之一，放入錦囊，讓先鋒部將隨身攜帶再出發。凱旋歸來後，便把那支箭與俘虜來的首級一起存放入墓廟之中。據說在與契丹作戰和消滅朱氏政權時，他也是這麼做的。

【附記】

說到三支箭的遺言，日本毛利元就的故事也很有名。七十五歲的元就在臨終前，為了維護在自己這一代成就起來的廣大版圖與毛利家，他把即將繼承自己的嫡孫毛利輝元，與輝元的兩位叔父——也就是元就的兩個兒子吉川元春與小早川隆景叫到枕邊，給少年輝元一支箭，讓輝元折斷，再告訴他，如果是三支箭的話，就無法折斷了，以此告誡三人，若毛利、吉春、小早川三家和睦、團結，大毛利家族就可以安泰無慮。這個故事看似是虛構的，但是從留存下來的元就親筆書信中，可以看到他告誡去當養子的元春與隆景，必須協助長子隆元，以保毛利家榮譽的訓詞。由此可以說明這裡的「三支箭」的故事，的確其來有自。

另外，這個故事的大綱情節，是《伊索寓言》中〈農夫與子〉的翻版。農夫爸爸為了讓彼此不和的兒子們和睦相處，讓他們折細樹枝，和折數支細枝綑綁成束的樹枝，藉此告訴他們，只要和睦、同心協力，不管面對何種強敵，都不會輸。西元一五九三年，以拉丁字母寫成的《天草本／伊曾保物語》在日本出版了，江戶時代流行「本歌取」[7]，毛利元就的遺訓故事，似乎就是依「本歌取」的形式被創作出來的。

回頭來看，在伊索寓言的故事裡，與箭具有相同存在價值的樹枝並沒有被限定為「三支」。或許，上述的故事是透過《資治通鑑》等書，選用了中國歷史上有名的故事——李克用的「三支箭」，把元就、伊索寓言、李克用三者聯想、湊合在一起而成的。又，《資治通鑑》中三支箭的故事，出現在胡三省的注記裡。也就是說，三支箭的故事只有在蒙古時代以後的《資治通鑑》裡，才看得到。在日本，從江戶時代到明治時代，《資治通鑑》胡注本有相當多的讀者。

成為真正的權力者

阿保機即位

雲州會盟最終沒有形成，翌年的西元九〇六年，幽州的劉仁恭、山西的李克用，與汴梁的朱全忠激烈交戰，只有契丹的領導者阿保機沒有加入這場戰局，佯裝「袖手旁觀」，卻對南鄰奚與北鄰霫，及近族、東域的女真族等還未歸附旗下的部族展開攻勢，鞏固自己的基礎。

另外，阿保機背棄了沙陀，曾經選擇朱全忠做為合作的對象，但是現實裡，當朱全忠再度派遣使者前往契丹，要求履行盟約時，阿保機卻一再推托，最後還是沒有履行盟約。對阿保機來說，一時的盟約只不過是與汴梁通好罷了。若從這一點來說，契丹也不算是背叛了沙陀。阿保機靈活的策略與謹慎的行事，及堅持契丹獨立的堅強意志，實在令人印象深刻。

根據《遼史》，在此之後，同年的十二月，痕德堇可汗去世，在聲稱奉痕德堇「遺命」的情況下，阿保機被推戴為可汗。阿保機依例先推辭後接受，於隔年西元九〇七年正月即「皇帝之位」。群臣獻上尊號，稱阿保機為「天皇帝」，皇后述律氏為「地皇后」。「天皇帝」尊稱，大概相當於唐太宗被內陸草原的諸君長推崇為「天可汗」，而用接近契丹語的後世蒙古話來說的話，「地皇后」就是「大地神（Etügen）皇后」的意思。

關於阿保機即位之事，至今仍有很多不同的意見與看法。因為九年後的西元九一六年二月，契丹又舉行了一次獻尊號的儀式，尊阿保機為「大聖大明天皇帝」，皇后述律氏為「應天大明地皇后」，同時大赦天下，建年號為「神冊」。兩個尊號中，天皇帝與地皇后是同樣的，然後各自冠上四個字的美稱。從這個情形看來，阿保機的「即位」儀式有兩次，但是，為什麼會有兩次的即位儀式呢？這當然會被拿來議論了。

而成為議論核心的，便是九〇七年與九一六年中，哪一年才是契丹「建國」或「建立」之年呢？關於這一點，日本學者島田正郎表示，西元九〇七年的所謂第一次即位時所舉行的「燔柴告天」儀式，是燃燒薪火祭天的舊式即君長位的儀式，也就是就任遊牧聯盟大君長——「可汗」之位的儀式；這個儀式成為後世契丹皇帝即位時，接受契丹國風尊號的「上契丹冊儀」（獻上契丹冊書的儀式），而「上契丹冊儀」與接受中華風尊號的「皇帝受冊儀」（皇帝接受冊書的儀式），是搭配進行的。由此反推，西元九一六年的所謂第二次即位，其實就是宣佈中華風帝王號與年號的儀式。也就是說，或許正如島田正郎先生所分析，阿保機建契丹國之年，應該是西元九〇七年。

用別的方式來說明前述的兩種冊儀存在的話，那就是契丹為一展現出雙面性的複合國家，一邊以遊牧國家的組織、系統、體質、傳統為基礎，一邊也採用了在長城內外展開農耕社會的模式。阿保機之後的契丹國歷代君主，都在即位時同時完成兩種即位儀式。但是契丹國的開國始祖阿保機，是先成為契丹遊牧部族聯盟的最高權力者「可汗」，然後才成為擁有至高權威的中華皇帝。這兩個階段的政治過程，是阿保機的必經之路。只從這點來看，就可以知道阿保機並不是馬上就握有獨裁大權的人。

【附記】

或許在此議論以下的內容有點太瑣碎了，但因為覺得這一點很重要，所以想以附記的方式，在此進行討論。此事與西元九〇七年阿保機第一次即位的君王號有關。以記述契丹為主的《遼史》，在提及阿保機時，以「皇帝」或「天皇帝」稱之，但在《新唐書》的契丹傳與《契丹國志》，則稱阿保機為「王」；《舊五代史》契丹傳裡稱「國王」，《新五代史》四夷附錄裡則迴避做明顯的表示。以上諸書的共通點，便是好像不知該如何稱謂和表記阿保機似的，特意避開非漢語式的表示。

不過，在《通鑑續編》裡，很明確地稱阿保機為「可汗」，「可汗」非漢語。陳桱對於事態的本質，應該是看得非常透徹的！在蒙古時代，對非漢語表現出嫌惡、避諱的態度，是愚蠢的行為，也是毫無意義的事。《遼史》裡稱「天皇帝」，《舊五代史》契丹傳與《契丹國志》則稱「天皇王」，都是出現在西元九一六年第二次即位以後的稱謂。

或許稱號這種事並不重要，不過，是「皇帝」還是「王」？是「汗」還是「可汗」？卻是區別中華與草原兩個世界的關鍵。如果馬虎看待這一點，那麼應該明白的事情，也會變得不明白了。

謎樣的奪權與可疑的史書

西元九〇七年，阿保機登上可汗之位時，他的四周就已經布滿幢幢陰影。因為各史書對於這一點的記載模糊且不一致，所以很難釐清事實的真相。但各書也都記述了阿保機的奪權過程中，隱含著危機與種種不祥，這讓人聯想到其中必定有所緣故。

《遼史》的太祖本紀完全不提與此有關的內容，但是，這種情況卻是「沈默勝於雄辯」的最好寫照。因為越是「我方」所做的記錄，越是讓人起疑，覺得其中必有「隱情」。另外，其餘留存下來的主要可用記述，則是北宋與南宋所編纂的。因為是「敵方」勢力編寫的東西，所以會言及「我方」不會記述的東西，但反過來說，「敵方」編纂的內容除了會出現誤解、誤記、無知、不足的記述外，當然也會有帶著偏見、惡意、誇張的心態，進行筆誅、捏造、虛構的內容。

事實上，被視為北宋名臣的歐陽修，以重視倫理、重現「春秋筆法」的精神，編述了《新五代史》（原名為《五代史記》，完成於西元一〇五三年）與《新唐書》（完成於西元一〇六〇年），擁有很多讀者。然而，這兩本書中卻有不少與事實不符的內容，而且是帶著好惡強烈的偏見。同樣是在北宋時期編纂，由薛居正等人於西元九七四年編著的《舊五代史》（原名《梁唐晉漢周書》或《五代史》），內容相對地直接而樸素、雜亂，卻有很多「史料性」高的記述。如前文所敘，北宋的開始是延續「五代」而來的，西元九七四年時，北宋王朝尚未確定，契丹與北宋帝國相安無事，和平共存已經超過半個世紀，這和後來處於北宋安定期的歐陽修編寫兩本書時的情況，是完全不同的。

另外，記述了契丹三百數十年的歷史，完成於南宋末期的十三世紀中葉，到十三世紀後半中期葉隆禮的《契丹國志》，雖然引用了不少今日已經失傳的多本史書，使用起來很方便，但其內容卻有很多誤記、誤解與錯亂，「史料價值」因各部而有不同。然而，編寫《契丹國志》的目的，是在敲響蒙古與南宋交涉的警鐘，而北宋與大金國締結「海上之盟」的契丹帝國末期，才是《契丹國志》的記述焦點。因此，《契丹國志》對契丹初期的事情並不關心，所以對那一時期的記述顯得簡陋而鬆散。總之，史書中對阿保機奪權的記載，確實存在著許多疑點。

如同前文所述，阿保機奪權的障礙，便是三年一次的「可汗輪換」選舉制度。就像欽德——也就是痕德堇可汗在《新五代史》四夷附錄中被替換為「遙輦」般，契丹聯盟的代代首長，便是來自遙輦氏的家系。另外，做為夷離堇，掌握了實際政權的阿保機，卻屬於契丹的迭剌部。如果所傳無誤，迭剌部是深具實力的名門部族，但並不被認為是具有資格可以成為全體契丹之君長的家族。

打破三年輪換制

《新五代史》說阿保機「亦不知其何部人也」，明知他的出身，卻還這麼說，明顯是有意貶低阿保機。關於這一點，《舊五代史》契丹傳裡說「及欽德政衰，有別部長耶律阿保機，最推雄勁，族帳漸盛，遂代欽德為主」，這幾句話可以說是直接地敘述了基本的事實。因為遙輦氏的欽德，勢力已經衰退，而出身別部——也就是迭剌部的部長阿保機，因為「雄勁」而受到推崇，成為夷離堇，並且帶領契丹，提升了契丹的勢力，最後取代了欽德。阿保機的崛起與上述的說明一致，問題在於「遂代為主」這句話。

整理諸史書後，可以得知分為八部的契丹諸部部長的稱號是「大人」，依慣例，八位大人推舉其中的一位大人為「主」，立旗鼓統領八部。旗與鼓是軍事權的象徵，意思就是讓被推舉之人做軍事指導者。當契丹聯盟遇到災害、畜牧生產衰退時，八部就會召開「集議」，選出下一位「主」。若無災害發生，平常的話是每三年進行一次推選，輪換契丹「主」。但是，阿保機當「主」的時候，憑藉勢力，不接受輪換的制度，還自稱為「國王」。總之，阿保機繼承可汗的地位，乃至於獨占的政權，是有問題的，那是他憑藉實力並拒絕輪替的產物。

關於阿保機政權，流傳著三種極為有意思的說法，先說賈緯的《備史》中記載的。話說雲州會盟時，阿保機與李克用有以下的對話。阿保機說：「我蕃中酋長，舊法三年則罷，若他日見公，復相禮否？」李克用回答道：「我受朝命鎮太原，亦有遷移之制，但不受代則可，何憂罷乎！」所以，阿保機拒絕接受輪換制度，可以說是受到了李克用的指點。李克用身為節度使，原則上有「遷轉制」任期的約束，不過，如果無視那個約束的話，約束便不存在。雖然這樣很奇怪，但是有實力的藩鎮權力者，行事方式就是這樣。李克用表示：我就是這樣的，所以阿保機你努力吧，你也可以辦到的。這個傳說實在太經典，演員、狀況、時間都具備了，但事實是否如此呢？就不得而知了。

再看看趙志忠的《虜庭雜記》，內容是這樣的：太祖番名阿保謹，生而智，八部落主愛其雄勇，遂退其舊主阿輦氏歸本部，立太祖為王。由此可知阿保機承襲「主」位的基本原因，在於他的能力，是和平輪換的結果。這和前面提到的《舊五代史》契丹傳的內容幾乎一樣。第三種說法來自《編遺錄》，內容記載著西元九〇八年的陰曆五月，契丹王阿保機和前國王欽德，向朱全忠的後梁政權獻方物，可見阿保機與前國王是和平輪換。

可是，在《虜庭雜記》中又是這樣的說法：當天無災難，人畜平安的時候，因為人心安定，所以不會輪換國王。也就是說，如果局勢良好，得到人民的支持時，王位就不受三年輪換的限制，可以繼續為王。從前王痕德菫可汗——也就是欽德的在位時間看來，痕德菫可汗很明顯地重覆了數次的三年任期，可見可汗的地位是可以連任的。也就是說，阿保機獨占王位的本身，是有問題的。那麼，前面說的阿保機受到李克用的指點而拒絕政權輪換之事，只是有趣的虛構傳說。

根據《虜庭雜記》的說法，當時契丹有韓知古、韓穎、康枚、王奏事、王郁等人，他們都是來自中華的人，一起勸說阿保機拒絕政權的輪換。這個說法確實好像很有道理。由來自中華地區的人物向阿保機建言，必須獨占政權，將王位鞏固在自己的身上。他們建議阿保機打破契丹數百年的傳統，將王位繼承之事，固定在某一個特定人物與其血統上，因為確立「王權」與「王統」，是非常重要的事，接受中華文明的人，理所當然會有這種想法，他們所追求的，就是建立安定的「國家」，阿保機的想法也一樣。這樣的傳說與以下提到《新五代史》的記述，有關連之處。

以下事件的發生時期，是幽州軍閥劉仁恭被兒子劉守光囚禁之後，也就是西元九〇七以後發生的，事情經過如下述。

謀殺諸部大人

劉守光性情暴虐，很多在他統治下的幽州與涿州百姓，逃往契丹的領地，而阿保機也趁機入侵，攻打劉守光的城邑，虜走百姓，並在契丹領內築城，圍起城牆，讓虜來的人民居住。住在契丹領地內的漢人對阿保機說：「中國之王無代立者。」讓阿保機越發威制諸部，拒絕主位的輪換。就這樣，阿保機立為「主」後九年，諸部對久久沒有輪換之事，一同提出指責。阿保機不得已交還了象徵君主權的旗鼓，說：「吾立九年，所得漢人多矣，吾欲自為一部以治漢城，可乎？」諸部同意了這點。

阿保機的漢城位於炭山東南的灤河河畔，有鹽、鐵之利，該地也就是北魏的滑鹽縣，也是五穀豐登之地，阿保機率領漢人在那裡耕作，按照幽州的做法，築起城郭、邑屋、廛市，漢人在此安住後，都不想回去了。阿保機深知這些百姓將對自己有很大的助益外，又聽從了妻子述律氏的策略，派出使者，邀請契丹諸部大人，說：「我有鹽池，諸部所食。然諸部知食鹽之利，而不知鹽有主人。可乎？當來犒我。」諸部大人於是帶著牛、酒，一起來到鹽池與會。阿保機早已派兵埋伏於鹽池附近，待酒宴正酣之際，便發動伏兵，盡殺諸部大人。阿保機就這樣自立為王，契丹從此沒有輪換王位之事。

在上面的敘述裡，到底有多少是真實？又有多少是故事或傳說？有多少是創作與虛構呢？事到今日，恐怕誰也說不清楚了。不過，這個事件的脈絡本身，與《資治通鑑》胡三省注所引的《漢高祖實錄》、《唐餘錄》是一致的。《新五代史》的這一部分，明顯地延用了已經失傳、與後唐高祖李克用相關的兩本書的內容。《新五代史》裡儘管處處可見歐陽修獨特的敘述、渲染、文飾，但也說明了這一部分的敘述，是來自謹慎的出處。又，前面提到的《備史》、《虜庭雜記》也被通鑑胡注引述過。若無胡三省的引述及依其引述所做的考證，後世的我們做歷史研究時，將不知如何是好。

雖說如此，以前關注這個故事的人，大概都會認為這個故事是為了正當化阿保機的權力，所做的粉飾創作。然而，就算真的這麼想，還是覺得阿保機第一次即位以前發生的事情，是可以相信的，但確實如此嗎？

其實，這個故事的重點很具體，也很鮮明。例如在劉守光的治理時期裡，他統治下的百姓因為他的暴虐而往北出走，這是毫無疑問的事實。還有，契丹的漢城是確實存在的，而且我們也知道這座漢城位於炭山與灤河地帶，這一點可以從蒙古時代的重要史料來源——王惲的《秋澗先生大全文集》得到證實，尤其是收納在文集中的《中堂事記》，更是說得明明白白。那座漢城附近，也確實有鹽地的存在。

「九年」的意義

然而，在這個故事裡能夠凌駕於一切意義的，便是「吾立九年」這件事。胡注引用的《漢高祖實錄》、《唐餘錄》裡，也有阿保機「我為長九年」之說。總之，契丹聯盟有三年推選一次「主」的輪換慣例，若前面說過的，同一人可以再被推選的情況是存在的，九年的話，就是三次的推選。在此要說的便是：阿保機第一次即位是西元九〇七年，而第二次即位是西元九一六年，正好相隔了九年。

還有，在那九年裡，阿保機處理「內政」，節制了對外的活動。更值得注意的，是西元九一六年之前的九一二年至九一五年之間的四年，阿保機幾乎完全停止了對外的遠征活動，好像是為了鞏固基礎而忙於內政，無暇顧及「外出征討」的事情。而那九年裡，除了和州（高昌）回鶻於阿保機即位的第一年，也就是西元九〇七年來貢外，其餘外國、屬國，在神冊元年以前，都與契丹幾乎沒有往來，這是無法忽視的事實。

不過，這也顯示了一個可能性。阿保機在西元九〇七年時成為契丹聯盟的可汗，此時的他與痕德堇之前的歷代契丹可汗一樣，是經由三年一選，被推選出來的輪換制下的契丹聯盟君主。但是後來阿保機一再成為聯盟君主，終於引起其他部族的不滿。為了鞏固自己及其血統的君主權，阿保機於是採取行動，或許就是在鹽地謀殺了諸部族的大人們。這個可能性若是屬實，那麼阿保機的奪權行動，可以說是沾滿了血跡。

將近六百年的契丹八部體制的框架，曾經是相當穩固的，所以阿保機在實現成為唯一權力者之前，不得不經歷九〇七年與九一六年的兩個階段即位，這是不容否認的事情。歐陽修編寫的《新五代史》，一直以冷淡而嚴酷的方式，來敘述契丹帝國阿保機的建國及其帝室，這或許是因為太在意契丹帝國一直如同烏雲一樣，有形無形地壓在北宋頭頂上的關係。

阿保機與存勗

「父」與「子」

那麼，再回頭來看阿保機與沙陀之間的關係，雙方的緣分是否在阿保機背棄盟約之後，就斷絕了呢？事實上並沒有，這是很有趣的狀況。雲州會盟後，阿保機忙於鞏固自己的權力，而沙陀也處於絕地重生的階段，在這段期間裡，被沙陀視如神主牌的唐室滅亡了，還有對手朱全忠稱帝、李克用去世等等大事，沙陀也是忙得不得了。西元九〇八年正月，也就是阿保機即「可汗」位的第二年，李存勗派了使者前往阿保機處，正式傳達了晉王李克用去世的訊息。

派遣使者去「告哀」，與李克用去世，是同一個月的事情，可以說李存勗完全沒有耽擱時間，立刻把消息傳達給阿保機了。相對於此，阿保機也派了使節去見繼承晉王王位的李存勗，表達了弔慰之意，這也是同一個月的事情。由此可見沙陀與契丹之間，有各種的使者往來，兩者之間的關係似已斷絕、但實未斷絕。這莫非是李克用對阿保機的不滿，沒有傳給兒子李存勗？

在雙方使者來來往往之中，讓人深感興趣的是，二十四歲承襲亡父之位的李存勗，向阿保機提出了新請求。《舊五代史》契丹傳對這段你來我往的歷史，敘述如下。

那是李存勗派遣使者去告哀時的事情。存勗的使者帶著「金繒」——也就是黃金與絲綢去見阿保機，請求他帶騎兵解危，拯救被朱全忠的政權所圍的潞州。針對此事，阿保機的回答大大出人意料：「我與先王為兄弟，兒即吾兒也，寧有父不助子耶！」

李存勗遣使名為告哀，實是求援，告哀其實只是一個藉口。而且，至少李存勗不想與成為契丹聯盟可汗的阿保機結怨。三年前的「舊好」，如今以「父」與「子」的關係復合了。以前李克用是「兄」，阿保機是「弟」，沙陀在契丹之上，但現在阿保機是「父」，李存勗是「子」，地位反轉，成為契丹可汗的阿保機自然是居於上位之人。

危機與盤算

李存勗成為沙陀的領導者時，正是沙陀的危機迫在眉睫的時刻。軍神李克用去世，其年輕的繼承人李存勗到底有多少能耐？是否是個將才？當時還沒有人知道。只知道他是知音律、擅歌舞、好文字，看起來像世家子弟、公子哥兒般的人物。看出他有才幹與雄才大略的人，只有他的父親李克用，和被朱全忠殺害的唐昭宗。

再說朱全忠這邊，一知道阻撓自己稱霸的宿敵李克用去世後，立刻發兵攻打雙方攻防的焦點——潞州，這當然是制敵機先的戰略。正月四日李克用去世，朱全忠的攻擊馬上就來了，沙陀的事態真的非常緊急了。

李存勗連服喪的時間也沒有，挺身面對危機就是「行孝」。在監軍使張承業如此曉以大義勸說下，李存勗決心全面掌權。他先是拉攏實力雄厚的叔父李克寧，誘導叔父擁戴自己，接著又察覺到叔父對自己的不滿，在隔年的二月誅殺了叔父及其下屬，完全掌握了沙陀內的各方勢力。李存勗遣使向阿保機告哀、求援，是在這些事件發生之前，也就是說，李存勗開始全面握權的時間點，是父親李克用去世、經歷了服喪之後，奮起反擊來襲的汴軍之時。當時契丹如果從背後來攻的話，沙陀便萬事休矣。反之，如果能得到阿保機的支援，李存勗就有未來了。對李存勗來說，向阿保機求援之事是真心的行為，也是不得不做之事。

阿保機爽快地答應了李存勗的提議，同意出兵相助，應該也是真心的，這和他與李克用的「盟約」既相似、又有所不同。此時的阿保機已經當上可汗，透過庇護這個前途不明的青年，支援不得不接受這個青年成為指導者的沙陀，是他可能間接地控制沙陀軍閥，進一步掌握、支配沙陀的手段。甚至還可以看情況，讓沙陀完全「屬國」化。確實，在二十八年後的西元九三六年，阿保機的後繼者堯骨便如上面所說的那樣，趁沙陀內部紛亂之際，支援駐留太原的石敬瑭，推翻後唐的第四代君王李從珂，讓石氏的沙陀第二王朝「後晉」屬國化。

「父親」應該幫助「兒子」——阿保機這番話說得漂亮，令人動容。而他與李存勗之間是否存在著父子那樣的感情，如後文會敘述到的那樣，其實是有可能性的。且不論這一點，對阿保機來說，從政治策略上來看，與沙陀合作的話，當然是比較有利的。如果他不伸出援手，眼看著朱全忠併吞沙陀的話，那麼朱全忠在華北的對手，就只剩下從父親劉仁恭手中奪走幽州政權的劉守光了。沙陀的兵力雖然不多，但朱全忠若以沙陀精銳戰鬥軍團與騎兵隊做先鋒，去攻打幽州的話，幽州的劉守光會怎麼做呢？是否會與之對抗呢？

如果劉守光不與朱全忠對抗，而與其合作的話，那麼朱全忠就可以一舉稱霸華北。最糟糕的情形或許是由沙陀與幽州的部隊打頭陣，朱全忠的梁軍揮兵阿保機的契丹國。朱全忠若擅長政治謀略，要說動契丹背後的室韋七部族或東北的渤海國來打契丹，也非難事。若真發生那樣的情形，對剛剛建國的契丹來說，就會是一場噩夢了。所以阿保機支援李存勗，是理所當然的。

此時的局面對朱全忠是有利的，也是他的一大機會。若能一一擊敗其他軍閥，華北就在掌控之下了，順利的話或許還能瓦解契丹國家，使其歸順，那麼就能預見恢復如唐帝國時期那樣的勢力圈。雖然在華中、華南一帶還有一些中、小「王國」，但他們的軍事力量並不強大，朱全忠一定認為讓他們俯首稱臣並不是什麼難事，如此一來就能建立大梁帝國了。

超級新秀李存勗

然而，年輕的領導人李存勗，他的才幹不僅出乎阿保機、朱全忠的想像，恐怕也與所有人的想像不同。潞州之戰時，沙陀的將領周德威與梁將李思安對戰，雙方僵持不下，到了三月，朱全忠終於親自帶領大軍來到潞州旁邊的澤州，重編部隊，紮營長子縣，準備一舉消滅沙陀。此時，李存勗

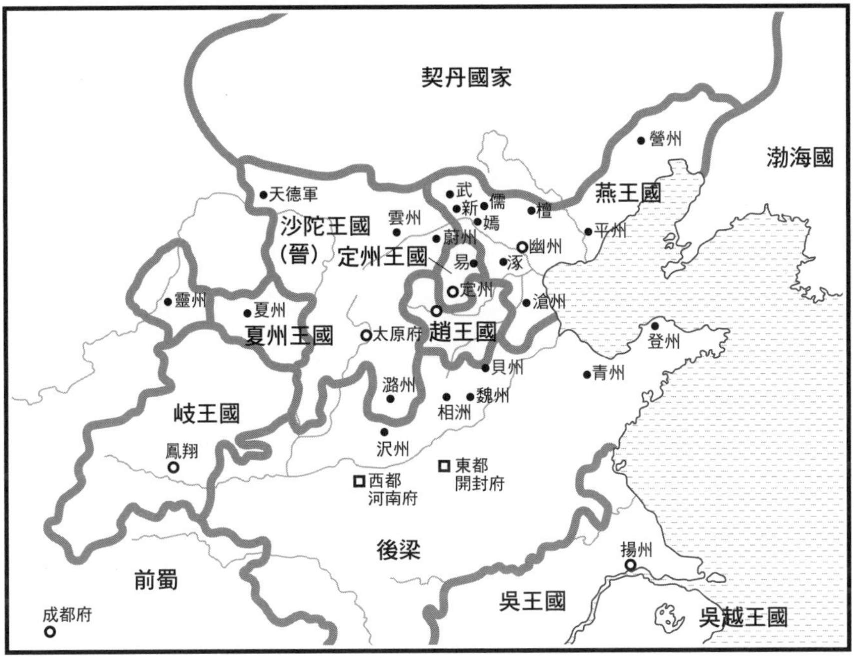

後梁占優勢下的中華地區勢力分布

便讓深陷敵陣、成為孤軍的周德威軍隊撤退到太原。梁軍見勇將周德威撤退，認為是因為李克用去世，沙陀陷入「大喪」之中，失去了戰鬥的意志，那麼拿下潞州只是早晚而已，又不見沙陀軍出來迎擊，必定心想沙陀很快就會降伏，而掉了戒心。朱全忠也放心，不再派斥候出去打探，甚至渡河回洛陽。但他完全小看了李存勗。

李存勗知道梁軍已經全無防備了，便對屬下將兵們說：「汴人聞我有喪，必謂不能興師，人以我少年嗣位，未習戎事，必有驕怠之心。若簡練兵甲，倍道兼行，出其不意，以吾憤激之眾，擊彼驕惰之師，拉朽摧枯，未云其易，解圍定霸，在此一役。」[8]

從太原出發的沙陀軍，五天後來到潞州北部。五月一日的黎明，李存勗趁著濃霧，親自帶兵埋伏於三垂崗。天亮以後，大霧仍然籠罩得天地一片昏暗，沙陀軍便趁暗悄悄接近敵營。李存璋與王霸帶著部屬放火燒敵寨，周德威與李存審分為兩路各自進擊，帶領親衛軍的李嗣源進行突擊，就這樣，沙陀軍從三個方向展開對梁軍的攻擊行動。梁軍大驚失色，便往南潰散、敗走，沿途丟盔棄甲，被殺萬餘，以主將符道昭為首的三百名大將級將官及百萬糧草被虜，大敗於沙陀軍。

形勢大大的逆轉。朱全忠聽到梁軍大敗的消息後，感嘆地說道：「生子當如是，李氏不亡矣！吾家諸子乃豚犬爾。」[9]

這場戰役還留下了一些相關的傳說。這場戰役的十九年前，也就是李存勗五歲時的龍紀元年（西元八八九年），李克用到三垂崗打獵，三垂崗上有玄宗皇帝廟。李克用在廟前擺酒、奏樂祭祀玄宗時，命「伶人」（樂師）奏「百年歌」，說唱到玄宗晚年老邁的狀況時，那樂聲是悲切的。此時李克用摸著自己鬍子，對年幼的李存勗說：「老夫壯心未已，二十年後，此子必戰於此。」果然被李克用說中了，十九年後，李存勗在三垂崗大勝。李克用、李存勗父子兩人的命運，都非常具有戲劇性。

三個極端的命運

命運真的很不可思議，經過這一戰，朱氏的後梁走下坡，反之，沙陀在李存勗宛如超人般的戰鬥指揮官領導下，重現了李克用初期快速擴張的聲勢，也成為華北政局的中心。

再說阿保機，他原本打算出兵，才想要去支援沙陀的潞州之戰，但戰局卻在轉瞬之間就風雲變色，他也很快就明白了被他視為「子」的李存勗是一顆「超級新星」。阿保機內心的打算，也只好如夢一樣地消失。

此後八年，李存勗活躍的身影引人注目，在華北恣意縱橫；而年長李存勗十三歲的阿保機，卻忙於應付弟弟們及族人們的屢屢叛變。那些叛變的事件，很明顯地是在仿傚阿保機的「奪權」。阿保機契丹可汗的地位岌岌可危。從西元九〇八年的第一次即位到九一六年的第二次即位的期間，對阿保機來說，確立自己的君主權之事，依然是一條佈滿荊棘的路。

至於朱全忠這邊，他把財務交給義子——「博王」朱友文，把行政與軍事交給心腹敬翔，自己領軍和沙陀、幽州，以及淮南的楊行密、楊渥父子展開軍事對抗。潞州之戰的三年後，朱全忠臥病洛陽，命令朱友文的妻子王氏召回在汴州的朱友文，計畫逐出郢王朱友珪。這個計畫的生成有其非常可怕的背景因素，那就是朱全忠以諸子之妻為情婦，而王氏與友珪的妻子張氏爭寵。朱友珪在恐懼之下，於西元九一二年的六月，殺死了朱全忠，並且歸罪於朱友文，殺害朱友文後即位。然而，此時禁軍叛變，朱全忠的第三個兒子朱友貞，便趁機聯合駐守洛陽的禁衛軍團長袁象先，殺死了朱友珪，即位為後梁的末帝。以後梁為名的汴梁軍閥，陷入了自相殘殺而走上滅亡之路的悲慘狀況。

至於李存勗與阿保機這兩顆巨星的正面衝突，始於西元九一六年。為了鎮壓內訌與鞏固基礎，一直沒有發動大攻勢，只是靜靜地看著李存勗發展的阿保機，自這一年的秋天起，一下子把方針轉為擴大路線。從這一點來看的話，不得不說西元九一六年二月的「再即位」，確實有其意義。也就是說，阿保機終於在這個時候，成為契丹國家的真正君主了。

李存勗以華北平原為主要舞臺，一再與後梁的軍隊展開戰鬥，漸漸把他們逼到無路可走。西元九一一年正月，當時朱全忠還健在，雙方的主力軍隊決戰於河朔平原正中央的柏鄉一帶，李存勗在此役獲得了比潞州之戰更大的勝利，得到了大量的戰利品。還有，同年的十二月，為了實現李克用逝世時的復仇心願，李存勗展開了對幽州軍閥劉守光的戰爭；這場戰爭的結果如前面說過的，李存勗殲滅了幽州軍閥，併吞了燕地。

無法避免的衝突

就這樣，到了西元九一六年三月，李存勗越過了沙陀軍與梁軍於華北爭奪的高嶺，誰都可以看出沙陀軍已經站在獲勝的形勢上了。另外，在企圖一舉逆轉局勢的期盼下，王檀帶領後梁的同盟軍，趁著李存勗不在時，從西南方攻打其根據地太原，但期盼落空，王檀的軍隊被擊退了。至此，梁帝朱友貞也只能感嘆「吾事去矣」。就在這一年中，後梁在黃河北側的河朔之地，盡歸沙陀所有。

在很短的時間內就成為時代寵兒的李存勗，麾下除了原本就以勇猛馳名的沙陀戰士外，還出現了「蕃落勁騎」的身影，這是來自外族的遊牧騎兵團，他們總是在每一次的戰鬥中，盡情發揮自己的戰鬥力，讓人充分見識到騎兵兵團的威力。自李克用以來，司令官親自帶頭衝鋒陷陣的肉搏戰，總是讓對手驚心動魄的沙陀軍，現在又多了一張王牌。

另一方面，在長時間裡，後梁軍一直以豐富的財源為後盾，可以發動大量兵源和準備充實的軍需來應付戰爭，所以在諸多軍閥中，一直處於上位；但這樣的後梁軍隊，在既可從「面」上展開攻擊，又可在「點」上突擊，轉變成能夠雙管齊下的新沙陀面前，卻只有挨打的份。再加上此時朱全忠臥病，最後還被殺害；失去了中心人物的後梁，唯有走向快速瓦解之途。

以漢文的方式來描述的話，被形容為「部落帳族」、「馳馬勵兵」，新加入的遊牧部隊，是西元九〇八年李存勗提議與阿保機合作時，另外以重金攏絡來的「北蕃諸部」勁旅。在阿保機的統合、建國、奪權行動過程中，不僅室韋、吐谷渾的部族受到擠壓，連奚與契丹的其他部族也受到了各個層面的壓迫，不少人因此脫離了新生的契丹國家，投入李存勗的旗下，這些人被認為就是「北蕃諸部」勁旅的成員。

阿保機答應了李存勗的求助，雖然他本人與契丹國家的軍隊，並沒有直接上戰場，但是他對於那些對自己不滿、反對自己的勢力及各種遊牧系騎兵加入李存勗的麾下之事，既沒有阻攔，也沒有對李存勗提出抗議。就這點來說，阿保機算是尊重了盟約，間接地解決了沙陀的急難。說他對西元九〇八年以後竄起的李存勗，基本上保持著「善意」的態度，並無不可。

不過，李存勗的強大化，遠遠超過阿保機的預料。沙陀已經不是以前的沙陀了。不僅沙陀的人民期待統治中華地區的新「中央權力」出現，沙陀周圍的大小勢力團體也同樣在期待。

而阿保機這邊也準備好了。阿保機與李存勗之間的情誼為何，已經不重要了。做為國家、做為組織，沙陀與契丹這兩輪旭日的衝突，已經是無法避免的事，那會是貫穿草原與華北的兩大勢力激烈對抗。

阿保機的南進與戰略

首先採取行動的是阿保機。西元九一六年的初秋，陰曆七月，阿保機親率部隊征討突厥、吐谷渾、党項、小蕃沙陀，大獲全勝，俘虜了各個部族的頭目和一萬五千六百餘百姓，獲取九十餘萬的盔甲、武器、軍服及無數財寶、馬、牛、羊。表面上看不出他這次軍事行動的目標到底在哪裡，但無疑的這就是他準備攻打沙陀領地的第一步。

當時的遊牧系諸民族分散成各個小規模的集團，在草原與中華之間進行遊牧活動。其中，活動於陰山一帶到鄂爾多斯及雲州北境的複數部族群，可以說半從屬於沙陀；他們都是獨立的部族，基本上是接近「沒有組織」的武裝群體。對沙陀軍閥來說，是沙陀遊牧騎兵的來源之一。

阿保機先攻打這些小部族的勢力，然後把他們納為己有，這是清除南進時不安定因素的戰略。八月，阿保機很明智地避免直擊沙陀北部的防守重鎮雲州，出其不意地攻打黃河西側的「河曲」之地，遶到勝州與麟州，然後從那裡渡河往東，再殺到同屬大同盆地的後方陣地朔州。

駐守朔州的振武節度使李嗣本，是李克用的養子，平日自稱威信可汗，是剛猛之人。但契丹軍攻打朔州時，卻迅速地攻陷了朔州，俘虜了李嗣本。阿保機一邊游刃有餘地勒石記功，一邊向已成為孤軍的雲州派遣使者，但雲州的防禦使李存璋卻殺了使者。契丹軍包圍雲州，李存璋只能拚死固守。自朱邪赤心以來，一直屬於沙陀領地的大同盆地及其周邊，眼看就要落入契丹手中了。

穩定了河朔方面局勢的李存勗，隔月，也就是九月，才剛返回根據地的太原，就接到雲州情況危險的消息，於是立刻親自帶兵北上救援。但大軍才到朔州南邊的代州一帶，就聽說契丹軍撤退

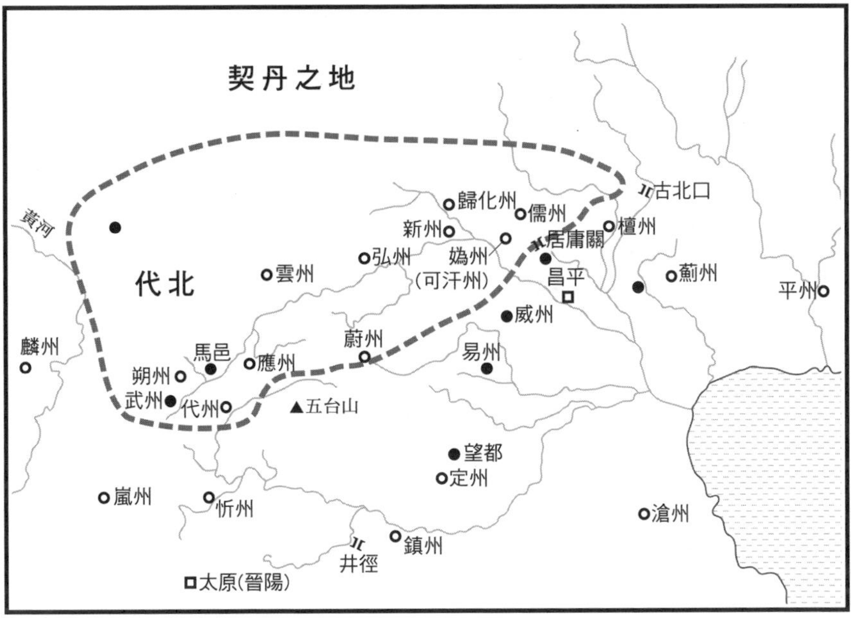

「山後」之地的範圍示意圖

了，遂放心地回頭，返回太原。殊不知，這是阿保機的牽制戰術。

冬天來臨的十月，契丹軍大舉東進。十一月，契丹軍攻打蔚州、新州、武州、媯州、儒州等五州，殺敵一萬四千七百餘人。華北平原與蒙古高原這兩大臺地之間，是像階梯的樓梯間平臺一般的盆地狀地帶。武州後來改名為歸化州，媯州改名為可汗州的原因，或許是這兩州在契丹軍來襲時臣服於契丹，並且成為阿保機領地的關係。

就這樣，從陰山、鄂爾多斯一帶起，被內外長城圈起來的「山後」、也稱為「山北」的大部分地方，都成了契丹的領地。順帶一提，此時後梁與從吳越來的使臣，正好來到契丹軍營中，阿保機便讓他們以「觀戰武官」的身分，參觀了契丹軍的武力與作戰成果。

阿保機率領的契丹軍在征討五州獲勝後，大軍並沒有北還，而是留在原地過冬。西元九一七年的開始，局勢便更加動蕩了。

新州之敗

沙陀軍在此地的最高指揮官是威塞防禦使李存矩，他在新州與契丹軍對峙，卻遭到部下的叛亂，被部下所殺，主謀者正是他的得力部將盧文進。盧文進殺了上司後，帶著所屬的部下投降契丹。李存矩是李存勗所鍾愛的弟弟，他的死對沙陀陣營造成了很大的衝擊。

之前，李存勗在消滅幽州軍閥劉守光後，命驍將周德威駐守幽州，又派弟弟存矩到與幽州相望的「山後之地」，本想就此布下銅牆鐵壁之陣。然而存矩傲慢而怠惰，將領地內的庶務政事交給寵愛的侍女處理，大失部屬的信賴。再加上李存勗為了要與梁軍對陣，命他在「山後之地」召募勁旅，誰知他竟胡亂向百姓徵兵。李存矩的作為不僅失了軍心，也失了民心。

大概就在契丹軍要東進之前，李存矩指派了幽州軍閥的降將盧文進，帶領五百騎兵南下到兄長李存勗處，自己也與這五百騎兵同行到中途。但是，這些被派去的五百騎兵並不想遠行，而存矩又沒有為此事進行適當的處理。不管是做為將領還是做為前線要地的指揮官，李存矩實在都不夠格。

在這五百名出征的騎兵中，有一名小校叫宮彥璋，他在半夜裡與士兵們討論，說：「聞晉王與梁人確鬥，騎兵死傷不少。吾儕捐父母妻子，為人客戰，千里送死，而使長復不矜恤，奈何？」[10]於是他們便決定趁著李存矩熟睡時殺死他，然後硬推盧文進為首領。盧文進帶著這五百人想回到新州，卻被擊退，再去攻打武州，也被擊敗，進退失據之下，最後只好向契丹投降——這是西元九一七年陰曆二月發生的事。

盧文進向契丹投降後，李存勗修書給阿保機，指責他「與武皇（指李克用）屢盟於雲中，既又約為兄弟，急難相救，至是容納叛將，違盟犯塞」。這是《舊五代史》中的記述。但這樣的記述是有點奇怪的，因為事實上一直是李存勗單方面地接受了阿保機的幫助，對阿保機來說，自從李存勗上一代的李克用以來，一次也沒有受到沙陀的支援，經常是沙陀為了解決困境而提出合作之請。而阿保機的反應通常是隨機應變。

如果李存勗所言是事實，那麼到底是要說李存勗太依賴阿保機了呢？還是必須說李存勗這個人太過以自己為中心了。原本就站在中華本位的立場來看待歷史的這些史書，把「夷狄」的阿保機塑造成負面的人物，是很自然的事情，但是這裡的敘述，也實在太偏袒李存勗了。且不管這個事件的真偽如何，李存勗被阿保機的戰略玩弄，再加上弟弟之死而顯露出了歇斯底里的一面。

李存勗的抗議

李存勗是少有的人才，但他過於自信，自尊心又極度強烈，無視不是自己的策略所得到的成功，也無視部屬的功績。在前一年（西元九一六年），後梁的王檀部隊突襲太原，而沙陀軍留守在太原的兵力非常薄弱，所以情況相當危急。所幸留守的參謀張承業等人明白太原如果淪陷，沙陀的所有夢想就會化為烏有，所以拼了老命地防守，再加上原本已經退休的預備將領安金全也奮勇投入戰場，竟然擊退了來犯的王檀部隊。而從老遠趕回來的李存勗，對拼死固守太原的將官竟無隻字片語的誇獎，完全當做沒看到。

太過自負又不知體恤部屬的這種個性，好像是李克用家族的特有基因。他們喜歡被稱讚，不把人放在眼裡。在戰場上宛如鬼神般地靈活，在平日又顯得好像少了一根筋般的個性，並存在他們家族人的身體裡。尤其是李存勗，他自正式踏入政局以來，完全沒有嚐過失敗的滋味，或許這就是他逐漸變得不像正常人的原因。

註釋

1 【編註】平將門（九〇三年～九四〇年）是日本桓武天皇的第五世孫，於朱雀天皇天慶二年（九三九年）在下總國（約等於現今的千葉縣北部、茨城縣西南部、埼玉縣東隅和東京都東隅）舉兵謀反，自稱新王，被朝廷視為朝敵；平將門之亂（關東）與幾乎在同一時期發生的藤原純友之亂（瀨戶內海、西國），合稱為「承平天慶之亂」。平將門最後在幸嶋郡北山一戰時戰死，其後遭到斬首。

2 福田豐彥編集，「平将門資料集」，二〇〇二年，新人物往來社。

3 【編註】「攝」為攝政，「關」為關白，「關白」是攝政一職在天皇成年後的稱呼。在平將門所屬的朱雀天皇時代，由藤原忠平擔任攝政，後任關白——此職也是由藤原家開啟先例，當時藤原氏族掌控朝廷並架空天皇權力，攝關成為常設職位，也都由藤原氏承繼，因此被稱為「攝關家」。

4 後來的遼太宗，也被記為耀屈之、曜屈之、耀渠芝等等。漢名德光，廟號太宗。

5 室韋七部落之一，後來組成蒙古聯盟體的一員，是一個遊牧團體。此時還處於近乎無組織的狀態。

6 或作「蘇」，蒙古語發音為「SUU」，有威福、威力之意。

7 【譯註】取有名的舊詩歌——本歌中的一句，再自創其餘句子的詩歌作法。

8 出自《舊五代史・唐書・莊宗紀一》。

9 出自《舊五代史・唐書・莊宗紀一》。

10 出自《資治通鑑》卷二百六十九，後梁紀四。

第三章　邁向南北共存的時代

兩輪上昇的旭日

契丹與沙陀的衝突正式展開，熟知地形的盧文進被任命為契丹的先鋒，展開對新州的攻擊。新州的守將是刺史安金全，他也是八年前拯救太原危機的人，然而這一次他在契丹軍的猛烈攻擊下棄城逃逸，契丹於是改以盧文進的部將劉殷為刺史，負責鎮守新州。

兩軍大戰

至此，「山後之地」全歸契丹所有。面對這樣的局勢，晉王李存勗便命幽州的周德威帶領以燕地為首，及并（河東）、鎮、定、魏等五鎮合起來約三萬的兵力，西出居庸關，朝新州進擊。鎮、定、魏是分別與沙陀權力結盟的河朔有力軍閥。這些援軍加上周德威的部隊，合起來可以說是一支聯合軍。阿保機則是親自領著號稱三十萬的大軍向東前進，雙方在新州的東郊展開對決——這是契丹與沙陀的第一次正面會戰。

此役的結果，是擁有壓倒性兵力的契丹軍團獲勝，戰績輝煌的周德威在寡不敵眾的情況下，遭

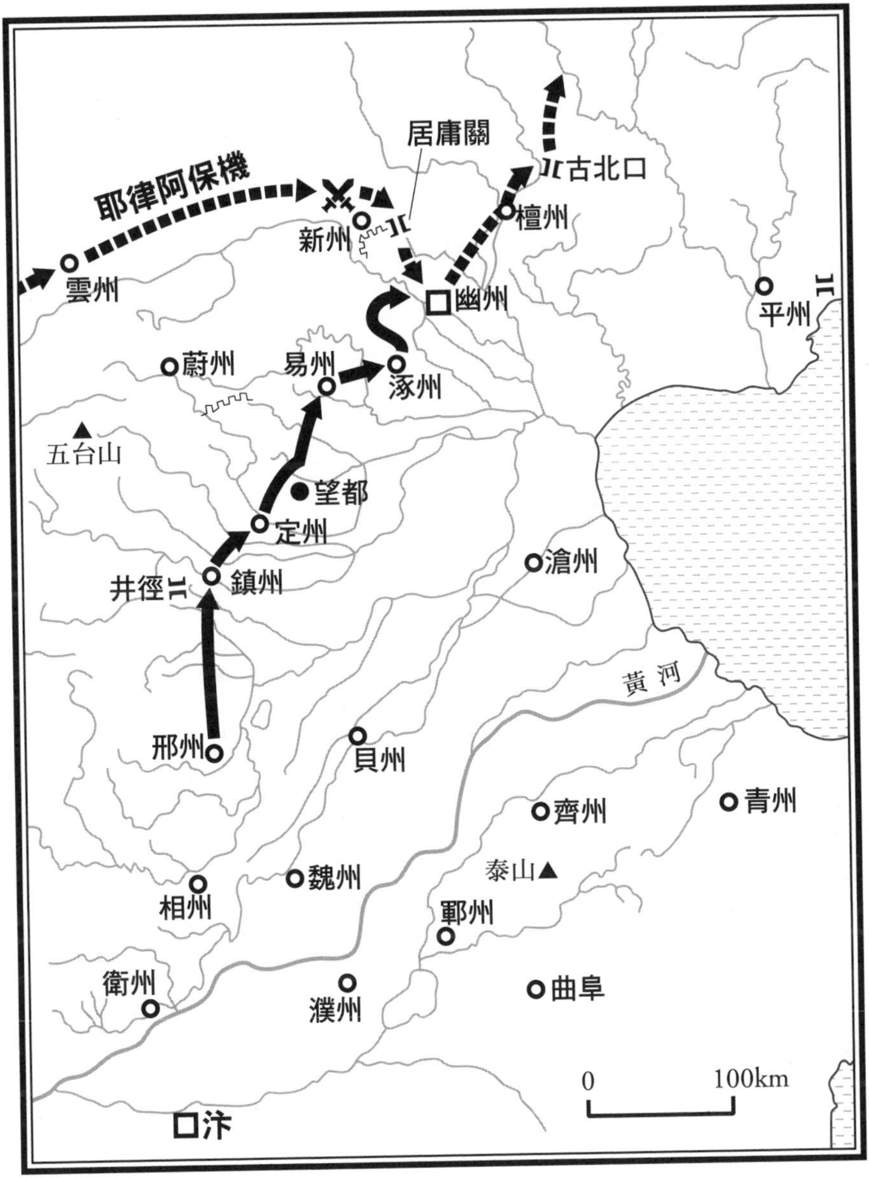
耶律阿保機
居庸關
古北口
新州
檀州
雲州
幽州
平州
蔚州
易州
涿州
五台山
望都
定州
滄州
井徑
鎮州
黃河
邢州
貝州
齊州
青州
泰山
魏州
相州
鄆州
衛州
濮州
曲阜
0
100km
汴

第一次契丹、沙陀戰爭

到幾乎全滅的大慘敗。斬敵三萬餘名，獲得大勝的契丹軍乘勝追擊，將敵軍追到河北平原。阿保機除了以皇后述律氏的兩個弟弟之一的阿骨只（阿古只）為統軍，另一個弟弟實魯（室魯）為先鋒，席捲了河朔之地外，自己親率主力部隊，包圍了幽州。此時的契丹方面號稱擁有五十萬或百萬的雄兵，實在氣勢驚人。除此之外，契丹在幽州、薊州北側一帶的平原與山谷間，還有大量的契丹軍幌馬車與帳幕，和無數的馬、羊。

幽州攻防

盧文進原本就出身燕地，他教契丹人製造各種攻城的器具，例如飛梯這種有特別結構的梯子，或衝車這種用於突擊的戰車，然後把這些攻城的器具安排在幽州城下。另外，契丹人也挖通地道，日夜不停地從四面八方往城中挖，準備一舉攻入城中。但是這一招被城中的人破解，只要地道一被挖通，就灌入熱油，以此應戰。還有，契丹這邊也在城牆外堆積土壘，想要越牆進攻，但城中的人卻以熔銅的銅汁澆契丹兵。就這樣，儘管契丹奇策百出，經歷了半個月的攻城，每天死了數以千計的士兵，仍然攻不下幽州城。城內的軍民也疲憊困頓萬分，卻保住了自己的城池。

在危急之中，周德威只得遣人抄捷徑到李存勗處告急。而李存勗彼時正隔著黃河與梁軍處於對峙之中，如果分兵去解周德威之危，自己的兵力就會不足；如果不去解救周德威，就會失去幽州。陷於苦思的李存勗於是咨詢諸將，諸將中僅有李嗣源、李存審、閻寶三人主張救援。既然有人主張救援，李存勗大喜，便說：「昔太宗得一李靖猶擒頡利，今吾有猛將三人，復何憂哉。」[1]

李存審與閻寶主張「虜（契丹）無輜重，勢不能久，俟其野無所掠，食盡自還，然後踵而擊之」，但李嗣源卻說：「周德威社稷之臣，今幽州朝夕不保，恐變生於中，何暇待虜之衰！臣請身為前鋒以赴之。」李存勗認同了李嗣源之說，立刻著手準備出兵，一到四月，便以李嗣源為先發，再命閻寶率領鎮州、定州的同盟軍殿後。

在幽州的周德威再度派人去通知正在北上來援的李嗣源，說：「契丹三十萬，馬牛不知其數，近日所食羊馬過半，阿保機責讓盧文進，深悔其來。契丹勝兵散布射獵，阿保機帳前不滿萬人，宜夜出奇兵，掩其不備。」李嗣源立刻又把這個訊息上報給李存勗。

阿保機的果斷決定

就這樣，到了陰曆六月，契丹軍團從前一年興兵至今，已經將近一年；而被圍的幽州，在被圍了三個月後，在周德威的力守下，仍然堅不投降。阿保機看著幽州城內升起的裊裊炊煙，判斷一時還無法攻下幽州。

時節已至盛夏，酷暑之中還連日陰雨，阿保機決定退兵了。繼續執意非在此時拿下幽州不可的話，時間越久就越危險。而在南邊，沙陀的李嗣源和閻寶正在伺機而動。

阿保機於是任命自小的至親好友，有如自己分身的「從堂兄弟」耶律曷魯為攻城主將，而這位耶律曷魯是擁有象徵最高指揮官「於越」[2]地位的人物，又把熟悉燕地的盧文進留下來，最後命令全軍總撤退——阿保機的這個決定是正確的。

即使如此，幽州的困境仍然一天比一天嚴峻。到了初秋的七月，李存勗撥軍給李存審，命他帶軍北進，與已經前進到幽州南方的李嗣源在易州會合。沙陀軍的步、騎兵此時合起來有七萬人。

敵我之不同

李存審說：「虜（契丹）眾吾寡，虜多騎，吾多步，若平原相遇，虜以萬騎蹂吾陳，吾無遺類矣。」李存審非常清楚，若在平原交戰，契丹騎兵的威力有多恐怖，他的這番話簡直就是沙陀方面將兵心情的代表，也是率直的見解。

但是李嗣源如此回答：「虜（契丹）無輜重，吾行必載糧食自隨，若平原相遇，虜抄吾糧，吾不戰自潰矣。不若自山中潛行趣幽州，與城中合勢，若中道遇虜，則據險拒之。」

李嗣源的意思是，兩軍若在平原作戰，契丹軍確實令人畏懼，但這場戰爭的關鍵，還在於糧草。契丹軍也苦於糧草，沙陀的糧草若被契丹軍搶走，沙陀就萬事休矣。此事大意不得，沙陀軍除了藏身到幽州的西山一帶外，別無他法了。如果在藏身的途中遇到契丹軍，戰場就會變成在山裡面，契丹騎兵的威力會因此減半，沙陀軍卻可以藉此找到利於戰爭的要害據點或陣地。

這是冷靜地分析了全體的狀況及敵我的不同後，所提出能夠鼓舞我方的建設性建言。於是，沙陀軍便依此建言，翻越山嶺，尋山谷間的狹路前進。

沙陀的大逆轉

李嗣源與義子李從珂率領三千名騎兵做前鋒。這三千名騎兵，便是沙陀王牌的精銳騎兵部隊，他們在距離幽州六十里的地方，遭遇到契丹軍了。按照事前擬定的方針，沙陀軍一邊力戰擊退敵人，一邊繼續前進。但是來到山谷的出口，見到萬騎契丹軍橫遮於前，沙陀軍的將士無不大驚失色。

此時李嗣源竟然帶著百餘騎兵戰士向前衝，他摘掉頭盔，揚鞭向契丹軍高喊：「汝無故犯我疆場，晉王命我將百萬眾直抵西樓，滅汝種族！」所謂西樓，是位於契丹國家行政中樞的固定建築，這一年的隔年後正式擴充為契丹首都的上京臨潢府。李嗣源一喊完，立刻策馬奮戰，三次衝入契丹陣營，斬殺契丹頭目。

挑選精銳的騎兵，組成密集陣或密集隊（也就是方陣），形成如黑壓壓的固體狀的方陣，急馳前進去攻擊敵軍的戰術，是沙陀軍的最強武器。雖說同樣是騎兵，但沙陀騎兵的戰法與散開之後任意馳騁、進退，擅長開弓射箭的契丹軍的戰法，可以說在性格上截然不同。人數較少的沙陀軍面對契丹的大部隊時，除了以騎兵的密集編隊，做必死般的突擊進攻，切入敵軍的中央、搗碎敵軍外，別無他法了。

李嗣源的捨身攻擊漂亮地完成了目標。總之，沙陀因此擺脫了困境，成功地通過山口。只是，重點的平原戰已經在前方等待了。李存審命沙陀軍主力的步兵們伐木做成鹿角陣，行軍時每個人都手拿鹿角前進。一旦遇到契丹軍的遊兵來襲，便停止前進，以手邊鹿角立即搭建成木寨，士兵固守木寨內，從寨內快速放箭，射倒從四面八方而來契丹騎兵。

雖然就快到幽州了，但是敵軍的契丹主力也已經布好陣仗在等待。在這樣的情況下，只靠著少數的密集騎兵進行突擊，根本是杯水車薪，毫無用處。就算想打開這樣的局面，也已經想盡辦法了。不過，李存審在此時命令步兵列於後陣不動，讓老弱之兵拖柴、點草燃燒，朝著契丹軍前進。一時煙塵漫天，契丹軍無法確認迎來的沙陀軍到底有多少。李存審接著命眾人一起擊鼓、大聲吶喊，讓契丹軍產生大軍來襲的錯覺。看到契丹軍的軍心動搖了，已經準備好的後陣步兵軍團，就可以展開突擊了。

這一招欺騙敵人的戰術成功了，契丹軍大敗，紛紛從古北口往北撤退，被契丹軍遺棄的大量車帳、武器、羊馬，成了沙陀的戰利品。這是一場意想不到的大勝仗。李嗣源等人興奮地進入幽州城與周德威相見，大家緊握著手，淚流滿面地欣喜平安無事、共賀沙陀的否極泰來。

【附記】記錄與歷史

筆者想在此寫一段稍長的附記。

若從現實點來看，阿保機的盟友曷魯所率領的契丹軍數量，其實並沒有沙陀想的那麼多。阿保機所領導的契丹軍，其實全部只有數萬人。當年的記載之一就明言實際的數字是如此。

說契丹有三十萬，甚至五十萬、百萬大軍，就像各史書中所說的，是「號稱」，是為了助威用的宣傳用語。歐陽修的《新五代史》說契丹軍有「數十萬」，司馬光的「資治通鑑」說有三十萬，其目的都是在誇大敵人的巨大與醜惡。從前後的狀況來推測的話，留下來圍攻幽州城的契丹部隊，最多應該也不會超過兩萬人吧！不過，如果是兩萬完全裝備的騎兵，在近代以前的時代裡，就可以發揮出很驚人的威力了。

再說沙陀這邊。北伐時的沙陀軍總數是七萬人，這一點諸史書上的記載相當一致。以當時的情況來說，沙陀軍這邊在戰力上沒有虛張聲勢的必要，反而是寧可以多報少的。而且，七萬這個數字不算多也不算少，應該不屬於誇大聲稱之類的說法吧！從幽州的周德威傾盡全力才擁有三萬左右的兵力，和當時沙陀的狀況看來，那個人數應該是接近實際數字的，也就是說，沙陀北伐軍的軍力，應該可以推測是遠超過困在幽州的曷魯指揮下的契丹軍軍力。

客觀地說，沙陀獲勝或許是理所當然之事，因為他們熟悉地方，又以逸待勞。但是契丹軍就不一樣了，他們經過長途跋涉，明顯也有糧草不足的困擾，據說他們不僅把羊都吃完了，連作戰的馬匹也吃掉了半數之多，缺糧的情況確實嚴重。契丹的確很想得到包括幽州在內的燕地吧！

回頭來看契丹軍離開幽州的時間，是西元九一七年的陰曆八月辛丑日。幽州被圍「且兩百日」的敘述，雖然是漢人觀點的敘述，但周德威固守幽州城確實長達五個月左右。一般的漢文文獻，執筆者總會偏袒自己支持的一方，全力描述支持一方的苦難。以描述城內軍民忍飢挨餓情形，來敘述固守城池的辛苦，是最常見的手法，也是執筆者最願意下「工夫」敘述的場面。

然而，文獻上完全不見幽州城內缺糧的敘述，李嗣源等人的糧食，是自己帶去的。如果到了必須為幽州百姓送糧的階段，情況就會截然不同了吧！那樣的話，軍士藏身於山中之事就會變得不可行。總之，周德威以下的幽州軍民，雖然身處戰爭的可怕之中，但應該並沒有挨餓的現象。

但就像後面會提到的，這時沙陀治下的幽州，也到了再沒有南方運來的糧食，就難以堅持的地步了。不過，這個時候的幽州城內，基本只有成為戰鬥人員的士兵，而幾乎沒有老百姓嗎？換言之，幽州城內沒有收容周德威治理下的老百姓嗎？或者是幽州一帶的老百姓，沒有逃入城內的必要性？還是不想逃入城內？這個圍城戰顯得疑點重重。但總而言之，那時的幽州城內並不存在飢餓的問題。

這種情形的存在有一個可能性，那就是或許攻擊者的力量不夠強大。不管是士兵的人數還是兩軍的狀態，有極高的可能性是，無論契丹軍與沙陀軍，其實都不是北宋成立以後才完成的諸史書所描述那樣。「勇敢」的南方中華防衛軍，以寡擊退從北方草原來的強大侵略者，這樣的敘述方式，是接近「美化」或「創作」歷史的記述。

這是偏向沙陀的歷史記錄。上述事件發生四百年以後，才編纂的《遼史》，其記錄本來應該偏向契丹的，但是，就像下一章要談到的，在蒙古帝國統治下，以漢人文官們為主體所編纂的《遼史》裡，基本上含有不想把契丹「寫好」的蒙古政權「不純」心思。況且，包括司馬光的《資治通鑑》在內，就像前面說過的，《遼史》以外的基本史料文獻，大都是北宋乃至於南宋編述完成的。因此，契丹毫無疑問地成為「夷狄」，而沙陀因為繼承了「唐」的名號，北宋的誕生又是來自沙陀以下的一連串政權之中，也就當然的是「中華」。

因為貼上「中華」與「夷狄」的標記而印象化後，這個印象以後便會一直跟著，直到現在也是一樣。總之就是想把沙陀創建的「政權」，視為中華王朝。當然，這也因為沙陀「政權」的所在地或領域，是在華北的關係。處於「中原」，其服飾又屬於中華風格的「權力」體，被認定為「中華」，是單純又容易被理解的事情。只是，不管是基本文獻本身，還是把文獻當做史料來閱讀的後世讀者，在組織這些文字與文章時，或從這些文獻的記述中感受到什麼時，如果一開始腦子裡就存在著某種前提的話，那麼前提還是會超越新生的感受，把想法引向「中華」的一方。

事實上，真正的沙陀面相，是非常野蠻的。即使是偏袒沙陀的北宋、南宋期的漢文文獻裡，也承認沙陀人是可以在談笑中殺人、殺人不眨眼的民族。若要按著事實來陳述沙陀人，那麼他們的言行幾乎與近代精神所說的「文明」，有著很大的距離。若將這樣的民族的政權納入「中華」的話，那麼「中華」豈不就只是一種主張，只是一個口號的無稽之談嗎？

沙陀與契丹的差異，確實有那麼大嗎？契丹不是更有文化嗎？至少契丹部族內的人或領土內的百姓，不會輕易就做出殺戮般的野蠻行為。契丹是由多個部族聯盟所組成，擁有數百年歷史，除了某種特定的情形外，不允許部內、境內發生隨意殺人的事情。

而沙陀在混亂的群雄相爭之中，好不容易存活了下來，並且取得上位，靠的就是強勢——要說是殘酷強暴也可以。總之，「暴力」就是沙陀的強項。

契丹是紮根於畜牧產業，有生產能力的社會，但沙陀不是，沙陀人的生計只有一種，就是軍事。對沙陀人來說，戰爭就是最好的生意買賣。一個家庭裡的父子、兄弟，甚至一族人、一個集團裡，全部都是職業軍人。不過，這樣的現實例子，事實上也存在於近現代的世界裡。

對沙陀來說，問題就是自己的族群是少數。以軍事力來說，「寡」是致命的弱點。因此，沙陀自朱邪赤心、李克用、李存勗以來，這三代「族長」只要見到合意的少年或腕力超群的年輕人，就會不論其種族地拉攏、扶持，成為自己的同伴，結為「父子」關係。這樣的非親生子或是養子，在文字上有幾種稱謂，例如「假子」、「養子」、「猶子」、「義兒」等等。

這種在當時整個華北普遍存在的「義父子」歷史現象，中國史學者一直以來都很注意。話雖如此，在戰爭與鬥爭幾乎變成日常化的社會裡，這種關係很容易出現。不管古今中外，都可以見到大大小小、以各種形式結為「義父子」的例子。而沙陀，可以說是這種現象中的翹楚。例如李嗣源、李嗣昭、李嗣本、李存璋等等，都是因為「義父子」關係，而躍上歷史舞臺的人物。李嗣源原本是出生於代北，沒有姓氏之人（至少不是漢族人），十三歲時因為精於騎射而被朱邪赤心看中，成為朱邪赤心的「近習」[3]，後來又成為朱邪赤心的兒子李克用的重臣。李嗣源生活在千軍萬馬之中，大不了他幾歲的李克用曾經讚他「吾兒神人也」，提拔他為將軍。在支援幽州時，李嗣源已經五十一歲，但他的強悍仍然名聞中華與草原，對「族長家」三代的無限忠誠之心，與率直的人品，讓他深受眾人的愛戴。李嗣源是「義父子」中的「子」，但他在看到中意的年輕人時，也會將其拉攏入自己的陣營，所以同時也是「父」。

這種「鼠算」[4]式的確保交際關係與締結同伴的做法，是沙陀集團不可少的結盟方式。然而，負面的結果是，因這樣的關係結合在一起的沙陀集團，必然會變成由一群難以控制的粗暴人物所組成的集團。因為李克用平定了黃巢叛軍，沙陀集團因此躍上歷史的舞臺。當沙陀被譽為「功居第一」時，李克用放任他的部下將士和兵卒任意而為。原本就性情粗暴的沙陀團隊，立即變成無法無天的暴民。他們的官員目中無人，任意搶奪士兵與百姓的財產，並在光天化日下行搶，到處酗酒、賭博、打架更是家常便飯，想做什麼就做什麼，完全不受拘束。以領導者李克用為首的沙陀人，滿口高唱復興「唐室」，假裝重視大義名分道德倫理，其實根本就是完全不講秩序的暴力集團。

住在代北、太原等地的百姓，大概只有在沙陀軍出征到外地時，才能感到安心吧？沙陀人原本是到處移動的遊民，偶然來到山西的北部後，就此定居下來，與當地人並無淵源。或許是因為這樣的關係，所以在當地無法無天地恣意橫行。不難想像他們在根據地山西以外的地方，會有更加瘋狂的妄行。沙陀令人害怕的地方，不是只有他們的精悍、暴力。這裡必須一提的人是李嗣源，像他那樣樸實、坦率又暖心的人，是非常罕見的，所以得到了不分軍民的愛戴。

再回頭來看將沙陀美化為「中華」的文獻，那些文獻總讓人覺得哪裡有不對的地方。問題之一就是北宋、南宋時代特別好談大義名分、原則問題。在這種情況下，與兩種基本文獻相關的歐陽修等人便下意識地想宣揚「中華」，特別讚揚北宋有多麼好。做為對內、對外的一種政治手段來說，歐陽修等人的做法，可以說是以文化政策為先鋒的做法。歐陽修的這一招，連後世也「被騙」了，實在是了不起。但反過來說，北宋的士大夫官僚們，難道沒有感覺到狀似和平共處的北方契丹帝國的「風壓」嗎？契丹帝國的「風壓」不僅只對政治與軍事，還有其他方面。

那種想把北宋捧為文化國家的心情，是可以理解的，但北宋卻難以讓人完全認同它是文化國家。舉一例來說，就可以說明北宋其實還相當野蠻，而且殘酷。例如把犯人四肢的手指、腳趾一一切片，割下犯人身上的肉、肢解犯人身體的「凌遲」之刑。「凌遲」一語已進入近代語彙之中，仍然存在於當今的社會裡（lynch的意思是以私刑處死，一般認為詞源來自美國的法官威廉．林齊，林齊之音與漢語的「凌遲」之音非常接近，這是一種巧合呢？還是音與意相互影響，讓人產生聯動的印象呢？關於這一點目前還不得而知，尚請各方指教）。「凌遲」是北宋相當盛行的刑罰。不過，《唐律》之中並無「凌遲」之刑，即使是犯下了叛逆這樣的大罪，也只是立即斬首而已。還有，後來的蒙古時代，也沒有「凌遲」之刑，更很少判人死罪。說蒙古的統治野蠻而不文明，基本上是十九世紀以後的事。

關於北宋時代的「凌遲」之刑，清朝中期的大學者、大歷史家錢大昕的雜記、論文集《十駕齋養新錄》中，有一篇標題為「凌遲」的精采論述。簡單一句話來說，唐代並沒有「凌遲」這麼殘酷的殺人刑罰，「凌遲」之刑應是野蠻的五代時期所特設的「法外之法」。到了北宋，制度上也沒有所謂的「凌遲」之刑，但在真宗以後，這個刑罰卻流傳開了。真宗是北宋與契丹決定和平相處的關鍵性皇帝。也就是說，被讚揚為文化國家的北宋「全盛期」時，卻一直實施著這個殘酷的刑罰。錢大昕這位中國史上的高成就學者，大概是想澆一桶冷水在一直「聖化」北宋的清代學者們的頭上，指責那些一味盲從的學者有多愚蠢，所以寫下「凌遲」那篇論述吧！

看到記錄的文字，便把與文字相關的事件視為事實的史家、歷史學者們，一定都是有著一顆單純之心的人，然而，有時候事實與記錄卻是完全相反的。例如：在現代人的這個名稱下，只有十幾個先進國家中的一部分人，能過著享受「現代文明」，然而他們不算是人類史上幸福而暢快的存在吧！我也是那一部分人之一，但是，同樣是現代，生活在非洲的孩子們又是什麼樣的情形呢？雖說地球是一個社會，然而不得不在困難的環境裡，過著非「地球市民」生活的人數，其實更多吧？

過去的人們大致生活在赤裸直接的「生活環境」中，很多時候那是與人道談不上邊的「生活環境」。想把過去描繪成美好模樣的本身，是令人敬佩的。但是，真實有美好的一面，也有醜陋的一面，而且，通常是醜陋的一面更多。

文獻史料這種東西，尤其是在「中華」文明之下所持續創建出來的漢文記錄，充滿著非常驚人的表現力。不怕被誤解地說，和中華文明下的漢文記錄比起來，希臘、羅馬的文字世界所完成的記錄，顯得溫和許多，虛構的成分看起來相對地少。在自稱為希臘、羅馬之後的歐洲與其追隨者「新大陸」的人，在文字表現上，顯現出來的創作力與想像力，及以邏輯為名的構築力，是非常了不起的。但和以豪氣又細膩的筆法，輕易就美化了事實的漢文文獻比起來，歐美文獻的表現還是「落後一輪」吧！擁有古老傳統、屈指可數的波斯文文獻，也有著華麗的修飾與美化的表現，並且充滿誇張與虛構的內容，但比較起來，還是「中華」文獻「更勝一籌」。

至於日語的記錄，由於過於老實，以致於讓人懷疑日本列島是否沒有「文明」這種東西。

漢文文獻的可怕，是別的語文文獻難以比擬的。對想加以美化、聖化的目標，總會不遺餘力地去潤飾；反之，對想醜化的目標，也會無所不用其極地予以詆毀。大概是漢字這種文字的具體性與傳達性太豐富了吧！不過，做為史料的文獻，如此「惡性」的記錄，其實並不多見。對整理歷史文獻的人來說，那樣的歷史記錄是極其麻煩的。

南北並立的模式

盧文進這個中間選項

契丹從幽州撤退後，便失去了遠征的成果嗎？這個問題的答案是否定的。曾經到手的「山後之地」與幽州附近，確實又丟了。但是阿保機把盧文進留在幽州，又給他盧龍節度使的名分和一支軍隊一起駐紮在薊州東邊的平州，以期繼續統治燕地全域。也就是說，契丹確保了燕地東側的三分之一地區，並且切入長城線以南的地方，建立可以成為今後橋頭堡的根據地。

幽州攻防戰後不久，盧文進再度成為契丹軍的嚮導，帶兵攻打「山後之地」的要衝新州。從這個時候開始，盧文進每年都與契丹軍造訪新州，並且從燕地與山後兩地，帶走當地的女子回到契丹，教導契丹人編織與工藝，契丹國內因此可以製造出「中華」的任何物品。

燕地原本是劉仁恭、劉守光父子的地盤，山後之地是李存矩一代的地盤，但他們對百姓的統治十分殘暴，以至百姓人心惶惶，不少人因此逃避到契丹領土內討生活。總之，生活在只知道打仗的沙陀系領導人的統治下，是非常不容易的。例如周德威，做為戰場上的領導者時，他非常優秀，但是他只知道戰爭的事，對行政、民政，可以說不懂也不去費心。盧文進很明白這一點，所以把這兩地的百姓吸引到契丹的領地，實質地治理了他們。司馬光在《資治通鑑》裡，以「殺掠吏民」來指責盧文進，只能說這是一種顛倒事實的歪曲記述。

盧文進還帶領奚族的勁旅，如閃電般地席捲了河朔北部。幽州更加孤立了，老百姓們的身影逐漸從這個地區消失，糧食的自給自足當然也變得困難了。沙陀這邊派了一支軍隊駐守涿州，把來自邊界之一的瓦橋所出產的糧食，經由涿州運送到幽州。這是每年的慣例，所以不得不派遣勁旅、強將，在途中的路上護送。但是，即使如此，盧文進還是率著奚族的鐵騎來打劫，搶走了糧草，沙陀方面因此吃盡了苦頭，為了守住幽州這個軍事上的據點，付出的代價不小。沙陀被盧文進玩弄於股掌間，只能照著他的意志而為。

附帶一提，司馬光在前述的部分之後，接著說燕地一帶變得「殘破」，是因為盧文進與契丹之故。然而，蒙古時代為《資治通鑑》作注的胡三省，卻在這裡自問：此地原本就是富饒之地，但自從被沙陀統治以後，卻連年發生即使運糧來補充，也仍然有糧食不足的情況。這是為什麼呢？胡三省所要表達的，很顯然就是沙陀的統治有問題。

沙陀只知道剝削百姓，是一個不合格的統治者、經營者，燕地之人是在自願的情況下前往契丹領地的。比起生活在會強制百姓、把百姓視為奴隸的沙陀統治下，還不如到沒有戰亂、沒有過度剝削，又能安定生活的契丹領土過生活，接受契丹的統治。司馬光的著作拘泥於「中華」與「夷狄」這個原則，手法往往太單純，簡單就插入資料的地方太多了。

幽州的教訓

再回頭來看契丹與沙陀的戰爭。契丹席捲了代北、山後一帶，又經歷了新州會戰、幽州攻防戰，在這一連串與沙陀的戰爭中，阿保機明白了自己在平原戰時可以占到優勢，也清楚了攻城之不易。還有，他一定也深刻地感受到帶領數萬大軍長期駐留在「中華」，是多麼困難的事了。而從春天到夏天的侵略、攻打活動，看似理所當然，卻是必須避免的。

另一方的沙陀情況，又是如何呢？他們實際地感受到了契丹騎兵的可怕，沙陀的代表勇將周德威與麾下軍團在平原戰時，幾乎被契丹殲滅的慘痛記憶，太過深刻了。幽州攻防戰時，沙陀戰將李嗣源、李存審等人說的話，可以證明沙陀人的腦中深深烙印著契丹人的可怕之處。不過，說到近距離戰、肉搏戰，那麼沙陀的密集騎兵還是無敵的，這是沙陀的自信之一。沙陀還確認了一件事，那就是不管是草原集團還是華北集團，都覺得攻城戰是不易之事。也就是說，不能給契丹的騎馬部隊有可以發揮的戰場。一邊固守城郭或陣地，一邊誘敵深入，打近距離的肉搏戰，才是對自己最有利的——這是沙陀得到的教訓。

又，幽州攻防戰之後，隔年的西元九一八年二月，契丹開始了擴建皇都——也就是上京臨潢府的工程，除了以前就與阿保機通好的後梁與吳越外，以晉王李存勗為首的渤海、高麗、回鶻、阻卜、党項，也紛紛派遣使者朝貢阿保機，甚至幽、鎮、定、魏、潞等州，也派遣了使者前去。幽州及其他華北各州的軍事單位中，幽州與潞州屬於沙陀，鎮、定、魏與沙陀維持著友邦，乃至於是結盟的關係。也就是說，前後長達一年又一個月的契丹、沙陀之戰的半年後，李存勗麾下的沙陀軍閥與其同黨、盟友，雖然各有組織、各自擁有政權，但都派遣了使者向契丹皇帝耶律阿保機示好，這是前所未有的事。

契丹與沙陀戰爭的始末，不僅為當事者的契丹與沙陀帶來強烈的影響，也給中華方面的各個勢力集團留下深刻的印象。最強大的勢力不是沙陀，至少不是一切看沙陀的動向就好了。在此，對中華諸勢力來說，契丹國家是更需要警戒的存在。想要了解對方的虛實，沒有比姑且先和對方通好更容易了，連李存勗本人也不想與契丹再啟更多的事端。

李存勗南伐

沙陀軍閥等各地軍閥的使者從阿保機處各自回去後，同年（西元九一八年）八月一日，李存勗在黃河附近的魏州郊外閱兵。沙陀直屬軍再加上友邦的華北十鎮諸軍，還有河曲、代北、山後及奚、契丹、室韋、吐谷渾的騎兵，合起來有十餘萬的大軍，場面十分浩大、壯觀，可說李存勗組織了一支龐大軍團。

半年前大夥集體與阿保機通好，是為了探得阿保機對沙陀攻擊後梁，會有何種態度的行動，阿保機也同意他們這樣做。事實上，從以前起，李存勗便一直想要拉攏奚與契丹的遊牧軍，但若無阿保機的同意，李存勗便很難行動，這時還不知道阿保機會不會出兵相助。

總之，李存勗的南伐之行，應該是以之前的「父子之約」為前提。前一年阿保機大進擊時，李存勗本人並沒有直接與阿保機交戰，這是為了比較容易要求阿保機履行盟約。至少阿保機在後來的短時間內，沒有再發兵攻打「中華」。阿保機與李存勗之間，可以說有著不可思議的關係。

被攻打的後梁「政權」面臨絕路了，面對駐紮在麻家渡的沙陀軍，後梁方面在濮州的行臺村布陣，彼此都布下了野戰陣地，對峙了百餘日後，李存勗打破膠著的狀況，親率數百騎兵出擊，卻遭後梁的伏兵圍困，幸好有李存審的後援，才好不容易脫困。這裡再一次證明了勇將與莽將真的只有一線之隔，李存勗經常活在危險之中。

十二月，李存勗想直攻敵人的根據地汴，便離開陣地前進，結果與從後面追來的後梁軍會戰於胡柳坡。李存勗雖然一度擊敗後梁的追兵，但因沙陀的輜重部隊誤以為李存勗敗北而撤退，沙陀因此吃了一個大敗仗，幽州的驍將周德威戰死於此。但是，李存勗沒有因此灰心喪志，他襲擊了在小高地的山上休息的梁軍，終於獲得大勝。此役與沙陀軍在幽州之戰時一樣，先命役徒拖著小雜樹，揚起漫天塵土，混淆梁軍的判斷，這是沙陀常用的戰術。

這一戰後，能留得性命回到汴的梁軍不足千人，可說大勢底定。隔年，西元九一九年，兩軍又圍著黃河渡口展開船戰，仍然扭轉不了後梁的頹勢。西元九二一年正月，因出現「傳國之寶」，李存勗頻頻被勸即位。所謂的「傳國之寶」，是指上面刻有「受命於天，子孫寶之」的一件寶物。據說這件寶物是魏州開元寺的傳真和尚於西元八八〇年的黃巢之亂時，在長安得到後，祕密收藏了四十年後才被人發現的。這個傳國之寶也可以說是傳國玉璽，是中國史上經常因為政治上的需要而出現的東西。

大戰前的伏筆

契丹與沙陀的第二次激烈衝突，始於一個意想不到的導火線。傳國之寶出現的隔月，也就是二月的時候，沙陀友邦的鎮州軍閥統帥「趙王」王鎔，被麾下大將王德明謀害而死，王氏一族因此被滅門。德明恢復原來的姓名張文禮，並於三月派遣使者求見聯合軍的領導——晉王李存勗，以求李存勗對自己的認可。

當時正與諸將喝得酒酣耳熱的李存勗聽聞此事，馬上擲杯悲泣，要為交腕結盟的趙王報仇。但是諸將勸阻他，如今正與後梁作戰，若再給自己樹立新敵，形成背腹受敵之勢，絕非良策。李存勗暫時被勸阻了，張文禮也得到了李存勗的任命。但張文禮仍然感到不安，於是派遣密使去平州見盧文進，向契丹求援。又派密使去見後梁的末帝朱友貞，提議北方的契丹與南方的後梁合作，一起打倒沙陀——但張文禮的提議被拒絕了。

到了八月，李存勗覺得不能再忍，便命令已故趙王的部將符習帶領鎮州、冀州的兵士，征討張文禮，並派老將閻寶兵援符習，又命有藩漢總管名號的勇將史建瑭為先鋒。但是，位於鎮州東北的定州統帥王處直認為，鎮、定兩州的關係脣亡齒寒，鎮州若被滅，定州就會被孤立。於是王處直與張文禮協議，悄悄地聯繫了自己擔任新州防禦使要職的兒子王郁，讓王郁去動員北方的阿保機，請求阿保機南伐。至此，事情複雜化了。

兵援符習的沙陀軍北上，逼迫趙州開城，兵臨鎮州城下。張文禮以前就有腹疾，為腹部腫塊所苦；而他屬下的趙州刺史向李存勗投降，被李存勗留任原職，受到這個打擊，再加上沙陀軍馬上就要兵臨城下的衝擊，張文禮突然死了。他的兒子張處瑾對父親的死訊密而不發，與沙陀軍對抗。九月，沙陀的前鋒將軍史建瑭在鎮州攻防戰中，被流箭射中戰死。李存勗聞訊大怒，雖然身處南方，卻決定親率部隊北上攻打鎮州。在黃河流域與沙陀軍對峙的後梁軍察知這個消息後，便與沙陀軍展開激戰。此時，直屬李存勗的三千鐵騎奮勇殺敵，擊敗後梁軍，後梁終於被逼到退無可退。

長期處於各個勢力興衰之中，戰亂不止的華北，原本漸漸地走向統合之路了。但到了十月的時候，定州又發生變異。定州節度使王處直被養子王都幽禁，奪得權力的王都與沙陀結盟了。關於此事，有著令人覺得可怕的傳說。

定州的恩怨情節

王處直原本無子，妖人李應之得到一個名為劉雲郎的孩子，對王處直說「此子有貴相」，於是王處直就收養了這個孩子。這個孩子長大後，便是王都。王都擅於逢迎拍馬，又很會編造謊言，王處直卻完全相信他的謊言。王處直其實還有一個兒子叫王郁，卻不得父親的喜愛，而投身在沙陀旗下。李克用把女兒嫁給王郁，並且一再提拔，讓他官到新州防禦使。想和阿保機通好的，就是這個王郁。

王處直努力想守住沙陀意圖併吞的定州之地，他覺悟到此事只能仰賴王郁。但王處直卻被自己寵愛的養子王都奪權，這真的是太諷刺了。而王都發動政變奪權的理由，竟然是父親想與契丹聯合，而定州軍府的人不同意這件事。這個理由怎麼說都讓人覺得是個藉口。因為王都發動政變時，王處直的子孫與心腹將官部屬皆已被殺。如果說在定州核心人物不喜歡契丹，選擇了沙陀之事屬實，那麼應該沒有必要把那些人全部殺死。但李存勗對王都的說詞大表歡迎，只要是對沙陀稱霸有助益，即使對方是一個大壞蛋也無所謂。關於此事，司馬光的《資治通鑑》也有詳細的記載。

正當鎮州與定州成為河朔之地大騷動的焦點之際，可以說是「中華」之地最北境的山後與展開於山後之北的草原地帶，也在進行著某種交替。契丹國家年號神冊六年（西元九二一年）的冬十月一日，沙陀方面的新州防禦使王郁，帶領自己管轄的山後地的兵馬，向阿保機投誠了。王郁放棄了曾經照顧自己的沙陀，以自己的命運為賭注，投向父親與契丹。對沙陀軍來說，眼看馬上就可以稱霸華北了，卻先遭遇到要衝之鎮的鎮州與定州相繼叛離，又遭遇到北邊防衛重鎮的新州總帥（王郁）倒戈契丹。

困惑中的兩人

幽州因為盧文進的關係，已經變成人煙蕭條的荒廢之地；沙陀的代表性將領周德威，此時也已亡故了。如今山後之地又成為敵人所有，沙陀的北域就只剩下一直以來的根據地代北，其他的已化為虛無，北方的防衛可以說是幾乎崩盤了。對李存勗來說，張文禮的叛變，竟擴大到他的預料之外。

李存勗是一個心思複雜、喜怒哀樂的情緒變化劇烈、精神狀態又趨於不穩定的人，面對如此突如其來的變化，不可能沒有強烈的反應。但是，李存勗也是一個越處於困境，就越能發揮能力，令人深感興趣的人。

對另一方的阿保機來說，沙陀情勢的演變，也是他意想不到的變化。基本上，他當然樂見沙陀聯盟出現混亂的局面，但是，從另一個角度來說，沙陀聯盟的混亂也有讓他感到麻煩的部分吧？當李存勗傾力於與後梁對抗之時，正是阿保機專心忙於整備國制的「內政」的時候。

首先，他一邊把新都上京建設得更加宏偉，一邊趕赴遼東修復遼陽故城，並遷移漢民與渤海的俘民等等，著手於遼寧平原的開發。接著，他又制定、頒布契丹大字，以信賴的弟弟耶律蘇為首席宰相、重編政府機關、欽定法律、訂定爵位，依次建立契丹國家必備的基本架構部分。阿保機在沿襲草原遊牧國家的傳統下，不停地適度納入中華的國家模式，此時是他尋找既非草原也非中華，而是結合兩種國家模式的重要時候。

但是，阿保機當機立斷，很快就改變了他要進行的事。就在王郁投誠的該月（十月）二十四日，阿保機回應了在定州的王郁之父王處直的請求，親自率兵南下，通過居庸關來到河北平原，其間應該經過山後之地。同年十一月二十一日攻下要衝古北口。同月二十五日，契丹軍分為數支分隊，從幽州管轄下的檀州、順州、安遠、三河，經過幽州以南的良鄉、遂城、滿城，席捲了定州附近的望都等十餘城，把當地的百姓俘虜到契丹的領地內。

就這樣，在確認握有山後之地的所有權時，契丹軍如風一般地橫掃幽州一帶，逼進了問題所在的定州。可是，此時的定州因為已遭王郁篡奪，阿保機只好退兵返回。原本打算與定州軍閥合作，謀求更大發展的計畫，因為一點點的時間差而無法實現了。

十二月，王郁率領部眾來到阿保機的旗下，阿保機喚王郁為「子」，除了給王郁豐厚的賞賜外，還把王郁的部眾安置西於拉木倫河南側的遼闊肥沃平原。那個地方位於契丹本土的南部，此舉可以說是給予王郁特殊的待遇，也對內外彰顯自己對於帶著部眾投誠的王郁有多麼信賴。

司馬光的淺薄之見

關於王郁投誠契丹之事，有一段令人感到奇怪的傳說。據說王郁對阿保機說：「鎮州美女如雲，金帛如山，天皇王速往，則皆己物也，不然，為晉王所有矣。」阿保機聞言大表贊同，便準備發兵南下。但就在這個時候，阿保機的皇后述律氏提出諫言，說：「吾有西樓羊馬之富，其樂不可勝窮也，何必勞師遠出以乘危徼利乎！吾聞晉王用兵，天下莫敵，脫有危敗，悔之何及！」但阿保機沒有接受述律皇后的諫言。

阿保機膚淺又粗野，而且不知輕重，是一個愚蠢的男人。唆使他的王郁則是個能說善道的卑鄙小人，典型的背叛者。述律皇后的內心雖然嫌棄這個愚蠢的丈夫，但她是個聰明的女人，儘管帶著一點嫉妒的心，還是想幫丈夫一臂之力。誠如來自敵軍皇后的讚譽，李存勗確實是一個了不起的名將。這明明是一場連女人都知道會失敗的戰爭，契丹皇帝還真的是愚蠢呀！——感覺這段話的記述者忍不住要這麼說。

《資治通鑑》上有這一段歷史的記載，而《契丹國志》幾乎原封不動的引用了這一段文字。從這一段文字看來，與其說司馬光是「中華主義」者，還不如說他像是一個幼稚的孩子。雖說司馬光依據歐陽修的《新五代史》編纂了《資治通鑑》，但《新五代史》對於這段歷史的敘述沒有這麼卑劣，內容如下述。

王郁的父親王處直看到鎮州就要滅亡了，擔心沙陀也會併吞了定州，便讓王郁和契丹通好。先做了這樣的說明後，再提到王郁對阿保機說：「故趙王王鎔，王趙六世，鎮州金城湯池，金帛山積，燕姬趙女，羅綺盈廷。張文禮得之而為晉所攻，懼死不暇，故皆留以待皇帝。」阿保機聽了大喜。但是阿保機的妻子述律氏不認同，便說：「我有羊馬之富，西樓足以娛樂，今舍此而遠赴人之急，我聞晉兵強天下，且戰有勝敗，後悔何追？」

結構的方向是相同的，對王郁的投誠、狀況的說明等等的敘述，都還說得過去。在用語或表現上，也多少有些節制。話雖如此，王郁投誠阿保機的時候，張文禮已經死去三個多月，證明歐陽修在此所記載的這些談話，是他自己的創作。還有，以上的那些談話，也不見於《舊五代史》。《舊五代史》與《新五代史》之間的差距還是很大的。

述律皇后是巾幗不讓鬚眉，事實上給了阿保機很多建言，關於她的故事，到了北宋時期，仍然流傳著。契丹帝國中有不少優秀的女性，和明顯男尊女卑的「中華」大不相同，契丹是有女權的。皇后向皇帝提出諫言，這種事情在北宋是被嗤之以鼻的事情，但在遊牧社會的契丹並非如此，這就是社會與文化性質的不同。一眼就能看出，這是不了解這種差異的人所寫出來的敘述。歐陽修的創作內容雖然不恰當，但是做為時代與環境的產物，還有有它存在的理由。相較之下，司馬光的無知，就顯得可笑、可憐了。

同年十二月，契丹軍與王郁一起再度南下，攻擊幽州。但在幽州守將李紹宏的奮力固守之下，契丹軍只好暫時放下幽州，繼續南進攻打涿州。涿州淪陷後，涿州刺使李嗣弼被俘。契丹軍緊接著再從易州進攻定州，大概是認為若打倒了定州的王都，救出被幽禁的王處直後，有很高的可能性能順利扭轉華北情勢。

不一致的記載

然而，根據《遼史》的記載，這一次的契丹軍主將，是被視為皇太子的阿保機長子耶律突欲。耶律突欲後來雖然做了東丹王，卻是個命運坎坷之人。不過，包括《舊五代史》在內，北宋、南宋的史料記載裡，都說這是阿保機親征的戰爭。另外，關於契丹軍與李存勗所率領的沙陀軍，兩軍會戰時間，《遼史》的記載是西元九二一年的十二月；但以《舊五代史》為首的北宋、南宋記載，卻是隔年的正月。兩者都相當具體地記載了各個戰爭的場面，內容也大致相同，就是日期完全不一樣。特別要說的是，《遼史》上記載，到了西元九二二年時，契丹軍在二月和四月時，也攻打了河朔，宋朝的記錄卻沒有提到這件事。或許有分別不便明講的事情，但具體來說是什麼原因，很遺憾，目前還是不得而知。

到底是不是阿保機親征的？這個問題有多種說法。總之，這次雙方對戰的最後結果，是契丹輸了。因此，契丹方面便依據《遼史》的記載，極力表示這不是阿保機親征的戰爭。但是，支持勝利者沙陀一方的兩宋時代記錄，則無論如何也要主張這是由阿保機親自帶兵征討的戰爭。這些主張基本上來自心理作用。

只是，這個時候與慣常親身衝鋒陷陣、頑強抗敵的李存勗不一樣，被認為極少上前線阿保機，是否真的親臨戰場了呢？至少沙陀方面應該是不知道的。另一方面，皇太子突欲在西元九一九年十月時，曾帶領契丹軍出征到北方的烏古部，並率領先鋒軍，有實戰的經驗；隔年九二〇年九月，又代替當時專心於內政的父親阿保機與叔父耶律蘇，以迭刺部的夷離堇汙里軫為副將，出兵陰山，戰果輝煌，當年就凱旋而回。所以說，年輕的皇太子突欲代替阿保機，從西元九二一年十月到十一月出擊華北，並且席捲了大範圍地區後，隔年以剛剛投誠到父親旗下的王郁為副將，自己為主將再度出擊，是非常可以理解的。這樣的事情，一點也不會讓人覺得突兀。

對任何事情原本都相當謹慎的阿保機，會完全信任來投誠的王郁，並且以皇帝之軀親赴戰場嗎？這一點反而較讓人感到懷疑。不過，若是李存勗的話，大概會一馬當先地帶頭作戰吧！沒有人可以代替李存勗。但阿保機因為還有整建「國家」體制的要務，而且可以代替他上戰場指揮作戰的人選，至少有三個，分別是兒子突欲和堯骨，以及親弟弟耶律蘇；再加上當時阿保機已經五十歲了，對老化得比較快的遊牧民來說，那個年紀的人在短時間內連續遠征兩次，是難以想像的事。第一次出擊時，阿保機眼睜睜地看著定州變成敵人的地盤。為了掌握政權、維持國家的安定，阿保機本人待在國內，然後命長子指揮遠征軍，這不是很自然的事情嗎？雖然沒有絕對的證據來證明這一點，但《遼史》的「突欲主將」說，或許應該是更為適當的說法。

再來談談契丹與沙陀第二次激戰的具體情況。拿下定州的王都，很快就派遣使者，把契丹要來攻打定州的消息傳送給李存勗。此時的李存勗對沙陀軍久攻鎮州不下之事失去耐心，十一月時已經自己就任陣前指揮，他在鎮州的行營裡，接見了王都派來的使者。

第二次的激戰

契丹軍的主力已在定州城下紮營，王都只知躲在城內固守。此時，在前方的沙陀哨戒部隊，將契丹軍已經渡過沙河的消息傳達給沙陀的大本營。沙河是定州與鎮州的分界線，可以說是鎮州的北方防衛線，這裡從許久以前起就搭建了城壁來防範契丹的攻襲。倘若這裡的城壁被攻破，表示定州或許已經淪陷，那麼，敵軍很快會來攻相距不遠的鎮州了。

包圍鎮州的沙陀軍開始人心惶惶。鎮州城久攻不下，持續苦戰之際，萬一契丹的大部隊此時來襲，並與在鎮州城內堅守的守城軍聯合起來，沙陀就會遭到兩軍夾攻。沙陀軍內於是出現了是否應該暫時退兵、放棄圍城，先閃過契丹軍再說的意見。況且，此時情勢也出現了變化，因為南方的梁將戴思遠，趁李存勗不在的時候帶兵北上，正要襲擊沙陀在河朔經營的戰略據點魏州。沙陀一下子陷入處處烽火的情況，鎮州城外很可能就是沙陀軍的死亡之地。

在眾人請求撤退的聲浪中，李存勗說話了。他說：「霸王舉事，自有天道，契丹其如我何！國初，突厥入寇，至于渭北，高祖（李淵）欲棄長安，遷都樊、鄧。」[5]又說太宗（李世民）堅決反對遷都之事，說太宗「文皇雄武，不數年俘二突厥為衛士。今吾以數萬之眾安集山東，王德明厮養小人，阿保機生長邊地，豈有退避之理，吾何面視蒼生哉！爾曹但駕馬同行，看吾破敵。」這是

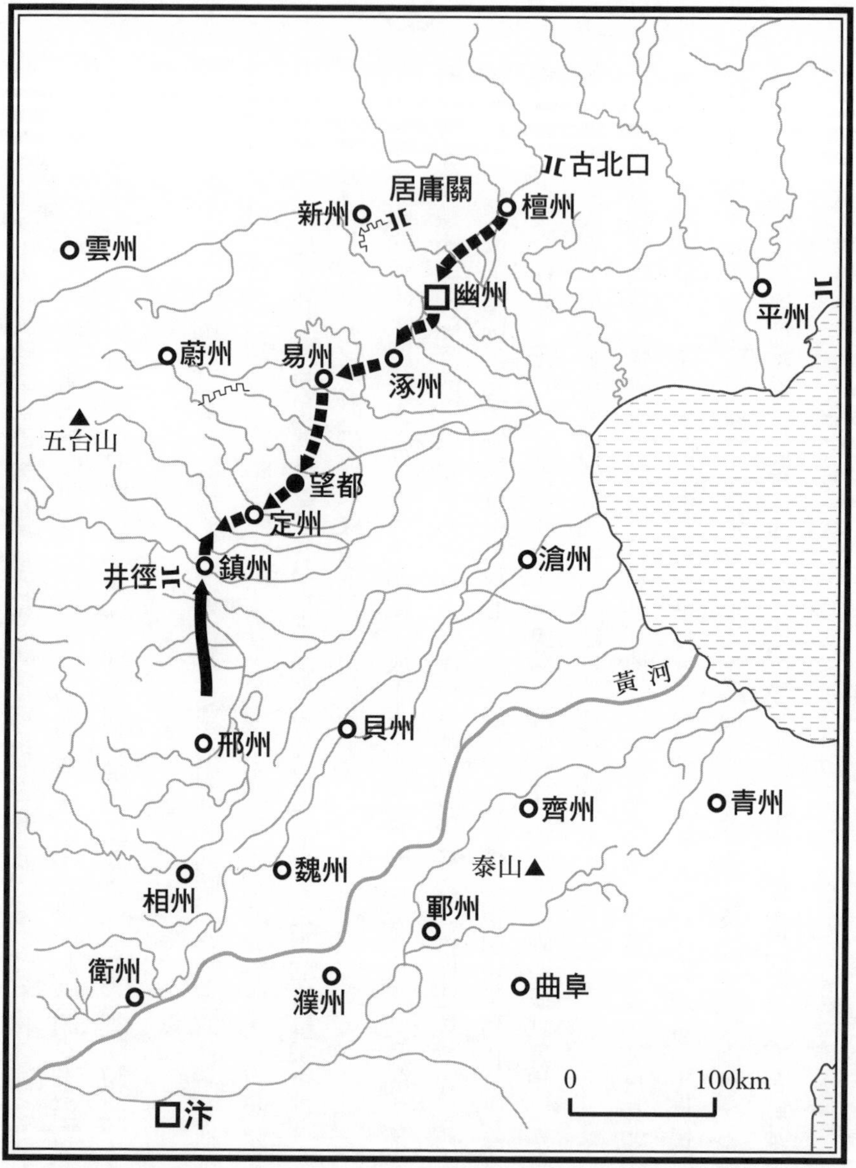
古北口
居庸關
新州
檀州
雲州
幽州
平州
蔚州
易州
涿州
五台山
望都
定州
井徑
鎮州
滄州
黃河
貝州
邢州
齊州
青州
泰山
魏州
相州
鄆州
衛州
濮州
曲阜
0
100km
汴

第二次契丹、沙陀戰爭

《舊五代史》中的記載，實實在在地表現了李存勗的想法，他似乎是把自己比擬為大唐帝國的實際創建者李世民了。李存勗是出身突厥系的沙陀人，李世民是出身鮮卑系的拓跋人。同為「異族」的他們，或許都有要自稱是「中華」的想法。英雄般的氣慨與自恃雄才大略的想法，支撐著李存勗的鬥志。

李存勗隨即親率五千鐵騎來到新城，契丹的三千前鋒軍則經由新樂南下，兩軍相遇了。李存勗挑選精銳，佈下最擅長的密集突擊攻勢，從桑樹林中飛馳而出。宛如天祐神助般，在燦爛的陽光下，契丹兵被突如其來的攻擊嚇得措手不及，只得慌亂四散。

沙陀軍乘勝追擊，不少契丹兵因此溺死於結了薄冰的沙河之中。紮營在定州城下的契丹軍主力，在敗兵撤回來後，認為繼續在定州圍城會有危險，必須與沙陀軍保持距離才是上策，便撤退到東北方的望都，在不傷主力的情況下，觀望目前的狀況。與近代的戰爭不同，在難以掌握正確戰況的當時，那才是最聰明的對應之道。

李存勗來到定州，終於解除了危機的王都出迎於馬前，當天晚上夜宿開元寺，隔天馬上又帶兵出發，前往契丹軍所在的望都。李存勗想趁契丹軍軍心不穩之際，一舉結束戰爭。不愧是李存勗，他很明白不要被契丹軍拖入他們擅長的平原之戰，發動直接攻擊，進行近距離的突擊之戰，是沙陀軍唯一的獲勝之道。

李存勗在追擊契丹軍的途中，遭遇到奚的族長禿餒與其率領的五千騎。李存勗以親軍一千騎應戰，但因兵數與展幅不敵奚軍，而被重重包圍。李存勗雖然親自四次挺身突圍，卻始終無法成功。

此時，李克用時期以來的老將李嗣昭聽說李存勗身陷危難，便率三百騎來救援。嗣昭流著淚衝入敵陣，好不容易救出李存勗，回到自己的陣營。

氣勢被壓的契丹軍決定撤退。當時正好寒流從北而來，連平地都積了五尺高的雪。契丹軍因為糧草短缺，連人帶馬地死於撤退途中的不在少數。這是一次慘烈的撤退行動。李存勗一路追擊契丹軍直到了幽州。但是，每追擊到一個地方，眼見到的契丹軍紮營過的遺跡，莫不以稾鋪地，方形的陣地也井然有序，完全看不出慌亂離去的混亂模樣。存勗不禁感嘆地對左右說：「蕃人法令如是，豈中國所及！」

到了幽州後，李存勗派了兩百騎去窺探契丹軍的情形，結果那兩百騎反全數被契丹所俘。契丹軍一在長城線附近的檀州紮營，在幽州的沙陀軍就立刻舉兵來攻，但卻被契丹軍擊退，裨將被虜。看到無法打擊到契丹軍，存勗決定放棄追擊契丹，轉以南方的梁將戴思遠為攻擊目標，日夜不停的南下去了。

又，《舊五代史》與《新五代史》都提到，契丹撤退的時候，在陣中的阿保機曾經指著天說：「天未令我到此。」然後退兵。他看清楚了沙陀的實力大致上就是那樣，於是感嘆自己雖然有實力，卻缺乏天運的支持。又，此後契丹變得瞧不起「中國」了。

沙陀的唐王朝

客觀地來看第二次契丹、沙陀之戰的一連串戰爭，會出現什麼樣的結論呢？契丹方面在沒有想到沙陀會突然崩潰的情況下，被捲入河朔之地。雖然機緣巧合之下的「野心」，最終只是一場夢而已，但是契丹國家本身的地位卻沒有因此而動搖。

遠征隊的主力到底有多大的損傷，實情如何無從得知。畢竟幾乎所有的記載都是站在沙陀的立場完成的。無論是戰鬥的狀況，還是因為積雪而凍死等等的記載，都不過是從沙陀傳到北宋的「主辦方言論」。歐陽修的《新五代史》裡，有契丹撤退後營地仍然維持著整齊模樣的內容，有關到底阿保機在不在營中的記述，除了維持《舊五代史》的內容外，也做了些許補充。恐怕事實的真相就在這裡。看來，或許是契丹方面在沒有起動大部分兵力的情況下，避免了實力的耗損，撤退時尚有餘力整理營區，然後才輕輕鬆鬆地離開吧？

另一邊的沙陀卻是拼盡了全力，包括成為盟主的李存勗在內，幾乎把命都賠上了，才好不容易地闖過難關。在軍力的消耗上，沙陀的耗損比契丹多得多的可能性，是非常大的。總之，沒有與契丹軍的主力正面決戰，恐怕才是沙陀軍「獲勝的主因」。話說回來，第二次兩軍交手的結果，沙陀的兵將在重新體認到軍神李存勗的勇猛與敢於衝鋒陷陣的可怕外，也更明白了契丹軍快速推進的威力，與在困難的雪地裡撤退時的統制力與組織性，這是沙陀所遠遠不及的。總之，契丹與沙陀都沒有獲得太大的勝利，也沒有受到致命的傷害，在維持現狀的情況下，結束了第二次的交手。

根據《遼史》，不久之後，契丹還多次出兵到河朔。之前契丹在雪中撤退，還帶走了幽州北邊的檀州、順州百姓，並將他們安置在遼寧平原。契丹繼續攻打幽州和薊州，在契丹年號天贊元年（西元九二二年）四月，攻下薊州，擄走刺史胡瓊，並命王族迭烈[6]與可能是粟特系的將軍康末怛，攻打在鎮州城下猛攻的沙陀軍。為了感謝契丹軍的解危，隔月之後，鎮州的主將張處瑾雖然困守城中，仍然派人向阿保機致意。

這一年的三月，沙陀軍已經在鎮州大敗過一次了。沙陀方面的攻城軍主將閻寶，在鎮州城外築起了圍壘，將鎮州城圍在中間，又引滹沱河水進行水攻與斷糧的戰略。但是，三月的丙午日，鎮州方面先放出五百兵士假裝投降，讓沙陀掉以輕心，城內軍士再一口氣從城內打出來，毀了沙陀的圍壘，並以火攻閻寶的營帳，搶走了沙陀的糧草。本來就要斷糧餓死的鎮州起死回生，而李存勗為了重建毀壞的戰線，以王牌老將之一的李嗣昭為主將再戰。誰知李嗣昭中了流箭，竟然戰死沙場，敗退到趙州的閻寶也在同一個月因為戰敗，而在憂悶、悔恨中去世。在雲州的李存璋，也在同一個月死了。在宿老陸續凋零的情況下，李存勗無可奈何，不得已地以在代北之地的振武節度使李存進為北面的主將，繼續鎮州的攻略戰。

這時，李存勗命令李嗣昭的兒子們在太原為父親舉行喪禮並服喪，但其中一位兒子李繼能不滿這個命令，便領著父親的數千親兵脫離戰線，回到形同李嗣昭一家根據地的潞州。李存勗連忙派遣親弟弟李存渥前去勸說，然而此舉反而讓嗣昭的兒子們更加憤怒，差一點便殺了存渥。已逝的李嗣昭以前曾經死守潞州，阻擋了沙陀的多次侵攻，又把潞州治理得很好，並在戰場上救過李存勗的命，最後還戰死在鎮州。在沙陀，當時論起功勞，再沒有人比得上李嗣昭了。然而，李存勗卻沒有對如此有大功者給予特別的待遇，還在他死後收回潞州的權力，命他歸喪太原。李嗣昭的兒子們因此憤恨難平，也是理所當然的事。後來，李嗣昭的兒子們乾脆在潞州叛變，改投後梁旗下。

李存勗過於自信，也過於自傲，他的傲慢讓他與將士之間產生隔閡。閻寶之死可以說是李存勗的漠不關心所致。還有，李存勗太熱衷於擴張軍事，經常毫不在意地在領地之內橫征暴斂，百姓抱怨之聲連河朔地方皆可聽聞。結果之一，便是受到李存勗的提拔、從戲子當上衛州刺史的李存儒，在八月時奉主子之命橫征暴斂，受到百姓的唾棄，在梁軍來襲時被虜。同年九月，李存進也戰死在鎮州，李存勗不得已，只好讓老將李存審加入鎮州的攻城之戰。此時鎮州已經斷糧了，最後只能開城投降。這場鎮州攻防戰竟然持續了一年多，可見鎮州軍閥的實力不可小看。張處瑾一族最後的命運是全族及其隨從全被殺死，還遭到醃漬、被食。當時的華北完全籠罩在殺伐之氣中。

最後終於收拾了鎮州，李存勗決定稱帝了。為了防備契丹，李存勗派老將李存審駐守幽州。已經臥病在床的存審接到命令，只好乘著轎子前往幽州赴任。於是，西元九二三年的陰曆四月，李存勗在魏州築壇即位。自西元九〇七年唐室滅亡以後，沙陀一直使用著唐室最後的年號「天祐」，李存勗即位後，改天祐二十年為同光元年，但仍然保留「唐」的國號。歷史上為了做區別，把李存勗的「唐」稱為「後唐」，是突厥系的沙陀所建立的唐王朝。

李存勗的失敗

李存勗稱帝半年後，也就是西元九二三年的十月，靠著另一個王牌老將李嗣源的奮戰，與謀臣郭崇韜的戰略，終於滅掉了後梁。李存勗接收了後梁的政府組織，幾乎是原封不動地移植在自己的政府之中。

不過，李存勗後來陸續處刑、殺害了曾經向自己投降的後梁相關人士，這實在是非常不聰明的荒誕作為。凶殘的個性與強烈的復仇心，讓他失去準確的政治判斷力。朱全忠以來的後梁政權雖然瀰漫著奢靡之風，但在政治上講究實利主義，不像沙陀政權那麼殘酷與血腥。沙陀唐王朝一現身，就明明白白地展現出它是一個充滿了血腥的殘酷政權。

滅了後梁，華北政權在握的李存勗在即位後，很快就因為放心與安心而鬆懈了心志。像是在對二十年來每天都過著浴血戰爭的生活抗議般，打敗了父親李克用的宿敵、實現了稱霸的心願後，李存勗的精神明顯鬆懈了，行事也有了極大的改變。離開了戰場的李存勗，在首都洛陽一帶過著放縱的生活，每天生活在宦官、戲子群中，只聽得進這些人的話，完全聽不進支撐著沙陀的宿老與臣僚的進言。

還有，對於已經即位為「帝」的李存勗而言，父親李克用曾經收養與認養的養子、義子們，基本上是不易駕馭的麻煩人物。以各個養子、義子們為核心的「武鬥集團」，憑藉著實力與功績，在政壇上專橫妄為，幾乎到了目中無人的地步。他們很有可能像潞州的李嗣昭之子們那樣，成為新的「藩鎮」。無可避免的，李存勗與養子、義子們之間的關係急速冷卻了。而李存勗不但缺乏巧妙地解除與他們對立的手段，也欠缺讓自己更容易掌握事態的智慧、度量和柔軟的態度。

李存勗是戰場上的猛將，不是政壇上的謀略政治家。在戰場時，在緊張感與振奮感的驅動下，他表現出「異於常人」的勇猛。但在講求踏實穩健與冷靜的政治場合裡，他那「異於常人」的表現，並不是正面的力量。任性又感情用事的李存勗，經常讓臣屬與軍民無法信任。更糟糕的是，包括李存勗在內的沙陀族族長們都有「小氣」的通病，他們特別的好名、好物，只知占有而不知分享，讓周圍的人及部下極度反感。

以後唐為名的沙陀王朝，在應該穩定國家與政權的時候，卻幾乎毫無作為，可以說根本沒有在「建設國家」，反而還讓之前唐帝國的弊病——宦官政治復活，後唐成為負面評價過多的政權。

李存勗在政治上的無能，使得後唐政權動蕩不安。相繼有不少朝廷要人，因為謀臣郭崇韜及宦官、伶人們而死於非命。就這樣，對於完全蠻不講理的李存勗感到憤慨的部將、士兵，紛紛在各地「叛亂」，皇帝李存勗的身邊幾乎沒有可用之人了。而父親李克用以來的沙陀宿老李嗣源，因為深受將士、兵卒的擁戴，便被叛軍推舉為推翻李存勗的領導。

在一片混亂之中，沙陀年號同光四年（西元九二六年）四月一日，已被禁軍放棄的李存勗又被來襲士兵的流箭射中，死於洛陽城內，時年四十三歲。李存勗稱帝的時間才三年，滅了後梁後的在位時間只有兩年半，一生中的光彩與陰暗落差非常的大，死後廟號「莊宗」。

李存勗死後，結果備受期待、並被眾人視為可以平息混亂的李嗣源，難以拒絕地在四月即位，是已經六十歲的老皇帝。當時周圍的人認為「唐」是不吉利的國號，勸說李嗣源更改國號，但李嗣源感念沙陀對自己的恩義，說：「武皇（李克用）功業即予功業，先帝（李存勗）天下即予天下也。兄（李存勗）亡弟（李嗣源）紹，於義何嫌。」堅持繼續使用「唐」的國號。在實際的年齡上，嗣源遠遠大於存勗，但因存勗是李克用的親生子，所以為「兄」，與嗣源同樣為養子、義子的人，都是「弟」。他們就是這樣的「父子」、這樣的「兄弟」。熟稔諸事的李嗣源的政治手段穩健，他的八年統治讓沙陀的政權開始安定下來。

阿保機滅了渤海國，在返回契丹的路上，於六月時在慎州正式聽到李存勗死亡的訊息。繼承了李存勗的沙陀唐王朝的李嗣源，派遣供奉官姚坤，前去向阿保機報喪。穿著錦袍、身高九尺的阿保機現身於大帳內，接見了來報喪的姚坤。

阿保機之死

阿保機聽到李存勗的死訊，立即放聲大哭，淚流滿面，說道：「我與河東（李克用）先世約為兄弟，河南天子吾兒也。近聞漢地兵亂，點得甲馬五萬騎，比欲自往洛陽救助我兒，又緣渤海未下，我兒果致如此，冤哉！」

阿保機痛哭不已，但過了一會兒後，便問為何李嗣源沒有去救李存勗？又問李嗣源繼承帝位的正統性。於是姚坤便回答：李存勗失德，養了兩千宮婢，一千樂人，每日只知放鷹逐犬，沈溺於酒與女人之間，又極盡搜括百姓之能事，把政治之事交給他人處理，百姓因此怨聲載道而被眾人所棄。阿保機聞言，便說：我很早就聽說了此事，一直很擔心他會被推翻，並且一個月前就聽說了存勗不幸之事。所以，我已舉家戒酒，放走了家中的鷹、犬，散去了樂人們，不參與公宴以外的宴席；我以我兒為戒，若像我兒那樣，國將不保。

阿保機與姚坤進行了交談。阿保機與他的「漢國之子」李存勗既是父子，也是相互競爭的對手，所以彼此仍抱有敵意，但他與當下的沙陀唐朝天子李嗣源並無舊日的恩怨，便提議雙方結盟，若李嗣源讓出幽州，自己便不會入侵「漢界」。阿保機又說自己精通漢語，此事要對內部保密。姚坤停留了三天，據說阿保機當時得了傷寒或急性的發熱性疾病。之後的某天傍晚，天上一顆星星殞落於阿保機帳前，又不久後，阿保機突然在扶餘城去世了。那天是七月二十七日。

關於阿保機去世的詳情為何，世人不得而知，總之其間似乎有著什麼不可解的陰影。扶餘城位於契丹與渤海國的國境上，阿保機於三月時便踏上歸途，為何過了四個月還沒有回到契丹，留連在渤海國的領內？讓他如此緩慢西行的原因，到底是什麼呢？阿保機的弟弟迭剌，剛被任命為新成立的東丹國左大相，比阿保機早十一天離開人間；阿保機死後兩個月，任契丹國家首席宰相、至親的弟弟耶律蘇也死了。征討渤海國，滅了渤海國後，契丹國家像被霧一樣的東西籠罩了，那到底是什麼東西？很遺憾的，至今還沒有答案。

回頭看阿保機與智囊團的構想，就是想要有效地利用匈奴帝國以來的遊牧國家長處，補足其不足、克服其缺點，一邊維持國家的軍事力與機動性，一邊開創出可以讓國家安定而持久的道路。具體而言，就是以移動的遊牧宮廷和不動的首都這兩個中央機構為中心，把包括多集團的契丹族、奚、霫、室韋等遊牧系諸部族和他們各自的地域，及領地內的定居型人民與他們的固定建築、生活空間結合起來，並且開拓、振興人跡稀少的遼寧平原等等，將多種族、多區域連結成一個大系統。這可以說是一個嶄新的歷史創作。

順帶一提，若將此構想單純地說是處理草原與中華的折衷方案，那會產生什麼樣的結論呢？在什麼也沒有的地方，把中華的方式完全移植過去，是不是太過於崇拜中華了呢？這是太不了解草原世界裡連綿不絕的國家系統的說法。

阿保機開拓出來的新道路，很快就在契丹帝國的歷史中穩定前進，並且在更大的歷史轉折中跨越時代、跨越地域，成為國家、社會的應有狀態，持續到下一個世代。阿保機的創業也是時代性的創業，無論如何，他都不只是一個單純的戰場英雄，他可以說是戰鬥者、軍事指揮官英雄之上的政治與建設上的英雄，這就是耶律阿保機能夠在歷史中受人矚目的最大理由。

東丹王傳說

阿保機與世長辭後，隔天七月二十八日，述律皇后馬上親自代理軍事與國政，掌握大權。述律皇后的個性果斷，之前阿保機征討党項時，室韋的兩個部落趁隙來襲，她在接獲這個消息後，馬上整兵迎戰，大破來襲的敵軍，一時之間威名震撼草原世界。

堅強的未亡人——月里朵

國家中心的創業之主在遠征之地身故，此時只要稍有差錯，由一代人所建築起來的契丹國家與阿保機一家的王權，恐怕就會煙消雲散、化為烏有。述律皇后完美地化解了這個危機，她在十餘日內掌握了人心，安排好各方面的事宜，然後親率政府與遠征軍的主力，護著阿保機的靈柩，特意緩慢行走，嚴肅地行進，花了一個多月的時間，平安地退回到根據地上京臨潢府。

述律皇后的名字叫月里朵，名字優美，唸起來也響亮，但她的性情其實非常剛烈。月里朵的父系在四代之前其實是回鶻人，與契丹國家通婚的述律氏一族，可以說是屬於回鶻系的部族。月里朵的母親是契丹王之女，也是阿保機的姑母，這對夫妻也有著表兄妹的關係；而月里朵的兄長敵魯，和弟弟阿古只、實魯，共同輔佐月里朵的霸業。

契丹國家可說是以阿保機、月里朵夫婦，及阿保機的弟弟耶律蘇等「堂表兄弟」或「從堂表兄弟」為核心而形成的。李存勗以「嬸母」來稱呼月里朵，並非單純因為與阿保機有盟約之關係，也是為表達對月里朵的敬意。從後來的歷史發展看來，阿保機的實際繼承人，其實可以說是他的未亡人月里朵。

不管怎麼說，月里朵實際上握有決定阿保機繼承人的權力。阿保機與月里朵生有三子，長子就是阿保機滅了渤海國，成立東丹國之後所任命的國主突欲，次子則是阿保機末年時任命出兵華北的主將堯骨，么子是年紀最小而倍受寵愛的李胡。月里朵在這三個兒子裡，選擇次子堯骨做為阿保機的繼承人。

月里朵拔除「皇太子」突欲，強行指定自己選擇的人為繼承人。如果只看史料記載的表面，在某種程度上會讓人覺得這可能是一條既定的路線。選擇突欲還是堯骨做為繼承人呢？這是決定後來契丹國家命運的重大選擇。

東丹王突欲的不幸

決定阿保機的繼承人一事，與征討渤海國有著相當深刻的關連，在此稍微回溯一下。當阿保機再一次接受渤海國大諲譔的投降後，隔月，也就是西元九二六年的二月，阿保機準備了青牛與白馬，在陣中舉行祭祀天地的契丹傳統儀式，大赦天下，並改元為「天顯」，還派使者前往李存勗的後唐，通知他契丹平定渤海之事。

十四天後，阿保機改渤海國為東丹國，除了將首都忽汗城更名為天福外，冊封皇太子突欲為

「人皇王」，是東丹國的國主。父親阿保機是「天皇帝」，母親月里朵是「地皇后」，突欲得到了天、地、人順位中第三個位置的特別稱號，表示突欲在原則上取得了特殊的地位。

同一天，阿保機也任命了新國家「東丹王國」的重要首腦。阿保機的弟弟迭刺被任命為東丹國的左大相，原渤海國的老相為右大相，原渤海國的司徒大素賢為左次相，契丹的耶律羽之（阿保機的重堂兄弟，本名寅底哂，此譯名大概是來自indišen音）為右次相。這樣的任命，同時照顧到契丹與渤海的王族，很明顯的，阿保機有意結合兩者，構成一個「新國家」。另外，阿保機要回契丹本土時，帶著渤海國王大諲譔一族同行，準備在上京臨潢府之西築城，做為大諲譔一族的居城，同時賜諲譔契丹名為「烏魯古」，賜其妻契丹名為「阿里只」。

大諲譔一定不喜被改名，但是，反過來說，被征服者的國王與其下的王族、臣僚沒有被殺，還得到賜名的「殊榮」，就算不喜歡被改名，也得欣然接受。看來，阿保機與契丹的首腦人物，並不想單純靠武力去併吞他國，而是想融合契丹與渤海，形成一個聯合的王族，乃至於一個聯合的王國吧！契丹與渤海國的關係，原本就是契丹為主，渤海為屬的關係。

自古以來，契丹與奚就維持著一種鬆散的部族聯盟關係，在阿保機建國後，兩者才更進一步形成明確的聯合政權。阿保機將契丹的八個部族綁在一起所施行的「統一王權」，凌駕於由五個部族構成的奚所施行複數的「部族王權」之上，阿保機不就想以相同的方式，建立起與渤海王族的關係嗎？

在舊渤海國領內的東丹國，正是融合了兩個王族的複合國家。在契丹本國裡也一樣，渤海王家與臣僚們，也與契丹和奚的王族、族長、顯貴們結合，形成複合的權力體。就這樣，阿保機與他的幕僚的構想，便是結合契丹、奚、渤海三者，並以阿保機的血脈為共同君主，形成一個多元複合的廣域國家，可說是接近「共主聯盟」的構想。

值得注意的是，東丹國除了設有四相（左大相、右大相、左次相、右次相）外，也新設了文武百官，授突欲著天子服冠，建元「甘露」，規定每年向契丹進貢十五萬匹布和一千匹馬。理論上，東丹國主突欲是「天子」，擁有與契丹本國新年號「天顯」不同的年號，算是一個獨立的國家，但這個獨立國家卻有向契丹上貢的義務，被定位為契丹的「屬國」。

確定了新國家基本立場的阿保機，對突欲說道：「此地瀕海，非可久居，留汝撫治，以見朕愛民之心。」然後到了要返回契丹的臨別之際，又對突欲說：「得汝治東土，吾復何憂。」聽到父親這麼說，突欲感動得痛哭流涕。[7]

一般都認為阿保機與突欲之間並無矛盾之處，更認為這對父子一直都是互相信賴的。正因為突欲的個性沈著、冷靜，所以阿保機才會放心地把風土、民情和傳統完全迥異於契丹的渤海國，交給突欲管理。明知這是一條充滿荊棘的困難道路，因為父親毫不動搖的評價與信賴，突欲感到無比幸福地接受了。然而，這卻成為他不幸的原因。

被推翻的設定

對突欲來說，他的不幸遭遇未免來得太過頻繁。首先，東丹國雖然已經建立，但事實上東丹國只是渤海國宮廷與政府改組而成的國家，在首都這裡進

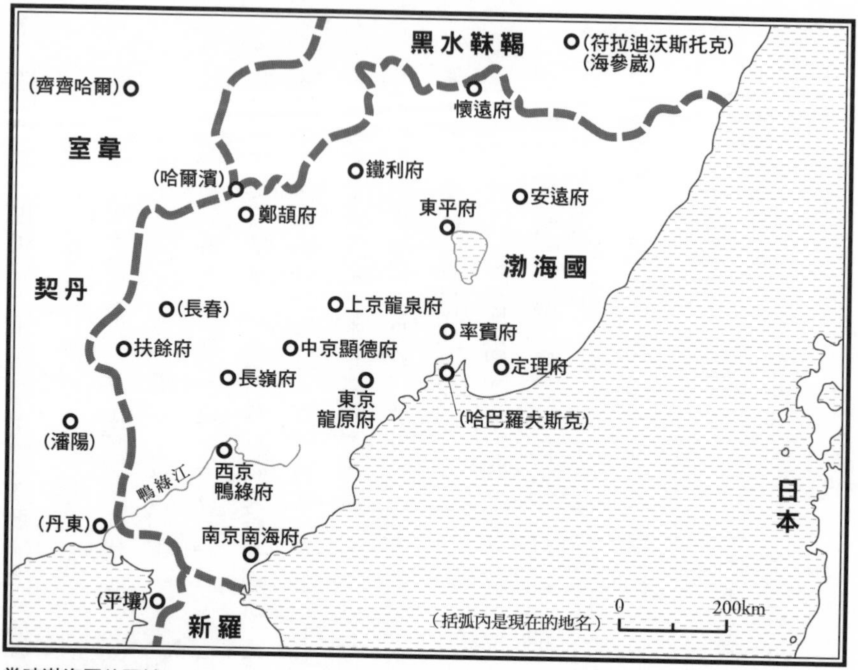

當時渤海國的疆域

行政權交替而已。在契丹軍攻打渤海國之前，渤海國的境內就已經一片混亂了，那些混亂如今變成了對東丹國的叛亂。

契丹對渤海國的攻擊，原本採目標定點突破的戰術，先攻打渤海西境的戰略據點扶餘府，再一舉進攻，直下渤海國的首都忽汗城。在攻陷扶餘城時，阿保機想做人口調查，此時有人進言：「今始得地而料民，民必不安。若乘破竹之勢，徑造忽汗城，克之必矣。」這個進言者便是皇太子突欲。阿保機接受了突欲的進言，契丹軍立即東進。攻下扶餘城後，僅僅六天，以阿保機的弟弟安端與月里朵的弟弟阿古只為將的萬騎契丹先鋒部隊，就大敗大諲譔的老相所率領的三萬渤海國主力軍。接著，皇太子突欲、大元帥堯骨與南府宰相耶律蘇等人所帶領的先遣部隊，便在當天晚上包圍了忽汗城。三天後，大諲譔請降。渤海王都就在這樣的閃電戰術下，開城投降了。

可是八天後，大諲譔卻改變了主意。於是阿保機便在當天以實際武力攻打忽汗城，親自入城，命大諲譔馬前請罪。在此其間，阿保機已經把渤海國首都開城與國王投降的消息，傳達給渤海國各州縣，並送去招降書。結果，在確定大諲譔再度投降的隔月，也就是二月時，渤海領內的各地將軍、領袖都來了，明確地表達了投降的意願，看起來渤海境內似乎已經老實地接受了契丹的霸權。既然如此，阿保機便展開了大赦、改元、將渤海國改組為東丹國等等的一連串政治行動。回顧前面，自前一年的閏十二月月底攻陷扶餘城以來，不到二十天內，大諲譔兩度投降，並在五十天內將渤海國改建為東丹國，速度真的非常快。

然而，渤海國領內還是非常的不安定。阿保機等人或許認為只要占據渤海國的最大軍事據點與首都，控制好做為政府「腦袋」的王家，渤海各地就會自然歸順、乖乖臣服。但事實與想像的不同，曾經表達降伏意願的那些人，一一展現出反抗的行動。更麻煩的是，渤海國與其鄰近獨立或半獨立的部族，例如濊貊、鐵驪、靺鞨等，雖然會向契丹朝貢，但最強的女真諸部，也就是當時還沒有完成統合的女真族，似乎無意與契丹聯合。

就這樣，東丹國等於有名無實，逼得契丹軍不得不展開對各地亂軍的壓制行動，而這些戰役似乎也都打得很辛苦。在東丹國的突欲被困在首都忽汗城，也就是天福城裡，動彈不得。諸將之中，大元帥堯骨自然而然地成為征討作戰的主將。堯骨以北方為主要目標，先制伏了女真諸部中最接近契丹領域的達盧古部，牽制、威嚇在其背後以完顏部為首的女真集團。事實上，分別在女真諸部裡的潛在性力量，對契丹國家而言，正是來自東方的最大軍事威脅。另外，月里朵的弟弟阿古只則稍微往南，擊敗了來自鴨綠江方面的大部隊後，繼續向前擊破回跋城。可是，阿古只在這個時候可能是因為手傷或生病的關係，離開人世了。

總之，契丹對渤海國的軍事行動中，不管是發動前半段鮮明的閃電戰，還是進行後半段的辛苦壓制戰，都是成為契丹國家中心的阿保機與月里朵的近親等人全員合力執行的。然而，即使這樣，最終還是難以讓渤海全土乖乖屈服於契丹的勢力下。而且，後來渤海國的故土東部，還出現了一些儘管力量並不雄厚，但仍然自稱是「渤海」的小勢力。綜合一些片斷的記載看來，那些小勢力可能還存在著，直到女真族所建立的大金國（通稱金朝）出現。

阿保機的本意

雖然早有某種程度的覺悟，但背負著東丹國這個沈重任務的突欲，又面臨了更大的不幸事件。這個不幸事件，就是他的父皇阿保機死了。瞬間擊垮了渤海國中樞、改為東丹國時，阿保機本人還沒想到自己的死期已近吧？沒錯，當時的他還滿懷著企圖心，準備南向中華。

西元九二六年的三月，契丹對叛旗飄揚的渤海領內諸勢力，開始出兵鎮壓、掃蕩，這個時間也是阿保機班師準備撤軍回契丹本地的時候。阿保機讓弟弟安端帶著征討渤海國的最初成果先回去了，但要制伏「叛亂」的諸勢力，恐怕還要花相當長的時間。阿保機明知如此，還是命令主力軍回去，他為什麼要這麼做呢？答案只有一個，阿保機想趁著沙陀政權混亂之際，以軍事力量介入後唐的政局。

從前兩年到前一年完成的大西征，到東進討伐渤海的行動，原本就是為了要在最近的將來大舉進攻中華所做的佈局。但此時華北的情勢，卻發生了難以相信的驟變。如前面已述的，李存勗的失德，讓剛剛建立起來的後唐陷入混亂之中。就在阿保機率領契丹軍來到渤海國，展開閃電般的作戰時，沙陀的政權已經開始崩塌，情況日益嚴重。消息應該很快就傳到在渤海國遠征的阿保機耳中了，這是他事先沒有料想到的事態。

機運在對阿保機微笑，但無論如何，他已經沒有時間繼續待在渤海了。首先，阿保機必須讓主力軍轉向西行，才不會錯過這大好的機會，然後根據華北局勢的發展，一鼓作氣地南進。在阿保機生涯中的最大機會，似乎就在眼前了。

但是，人生的命運何只諷刺。準備西行的阿保機，在入夏的四月五日時，與突欲以下東丹國隨行官僚做了最後的辭行。但中華方面的情勢變化驚人，一個月前李嗣源被叛軍擁戴，已經不得已地被逼造反，李存勗在一片混亂下，死於四月一日。李存勗死得太讓人驚訝，幾乎是沒有抵抗的自我滅亡了。如果李存勗還有毅力和一點抵抗力的話，那麼情勢將會有很大的不同。

李存勗這麼輕易就死了，對沙陀與李嗣源而言是一大幸事。如果李存勗還有所掙扎，與叛軍相持對抗，那麼沙陀的權力就會分裂，華北勢必陷入動亂之中。如果局勢如此，那就是阿保機的幸事。以當時的情況和李存勗生前勇猛的形象來判斷的話，自然會有這樣的想法。然而李存勗一意孤行，身邊已無可用之人，最後只能迅速地消失於歷史的舞臺上。或許可以說李存勗輕易就死了一事，降低了沙陀軍閥與華北的民眾的傷害，但反過來卻傷了阿保機的期望。對阿保機來說，李存勗直到死，都是給他帶來麻煩的人。

阿保機知道李存勗可笑地慘死與李嗣源出乎意料地即位之事的正確時間，到底是什麼時候？史料上並無明確的記載。前面已經說過，李嗣源派遣使者去向阿保機「告哀」，傳達後唐皇帝李存勗去世的消息，是六月的事情。但是，在李嗣源的使臣姚坤與阿保機的交談中，阿保機卻表示早在前一個月，就已經知道此事了。實際的情形到底如何呢？從當時緊迫的情勢與契丹、沙陀間的緊張關係看來，阿保機或許早在四月就已經知道李存勗的死訊了，但為了觀察「之後」的局勢變化，所以按兵不動，佯裝不知吧？而整個華北在李嗣源的控制下，快速地安定下來。面對這樣的變化，阿保機只能覺得失望了。

意料之外的死亡

再說李嗣源所領導的沙陀這邊，也非常清楚阿保機的企圖，因為擔心契丹軍會趁機南侵，所以間不容髮地派了使臣北上「告哀」，還特地去晉見在營帳中的阿保機。總之，姚坤的出使，就是要讓阿保機明白「你的野心是無法實現的」。另一方面，阿保機則表明了對李嗣源即位的疑問，諷刺了李嗣源的合法性，除了頻頻地給予牽制外，還施加壓力，向李嗣源提出重訂盟約，要求割讓土地，做為簽訂新盟約的代價。這個時候的阿保機，手中應該還握有契丹軍足以大舉南進的王牌。他對姚坤說可以去華北見見李嗣源，就是這個意思。

然而，阿保機本人也出現了問題，他染上了傷寒。原因之一便是兩年前的西征後，馬不停蹄又開始東征，一連串的軍事行動也讓他累病了。還有，就是他對長子突欲說的：「此地瀕海，非可久居。」阿保機的身體或許無法適應渤海國東半的風土，在渤海作戰時發病。不過，阿保機儘管病了，從他與姚坤的對談中，仍然可以看出他還有滿滿的企圖心。他一邊旁觀渤海方面鎮壓叛軍的戰況，一邊觀察華北方面的情勢推移，同時也在契丹與東丹邊境上的營地裡調養身體，等待病體康復——這是一般的看法。

「死」這件事情難以估量，有誰能知道自己什麼時候會死呢？阿保機應該萬萬沒有料想到自己的死期，因此，他沒有留下與繼承者有關的遺言。對阿保機來說，只要自己沒有拔除已經當了十年皇太子的突欲，他根本沒想過突欲不能成為繼承人之事。但是，沒有明確的遺詔，父親阿保機又突然去世，對突欲來說，這是第二個不幸。

又，根據《資治通鑑》與沿襲它的《契丹國志》，阿保機去世的時候，發生了以下的事情。月里朵找來了諸將與諸族長中難馴分子的妻子，對她們說：「我今寡居，汝不可不效我。」然後又把她們的丈夫叫來，邊哭邊問說：「汝思先帝乎？」眾人便答：「受先帝恩，豈得不思？」月里朵又說：「果思之，宜往見之。」便把他們都殺了。這實在是令人嘆氣的故事。不過，這個故事也只見於《資治通鑑》、《契丹國志》二書，司馬光所創作的這則故事，明白地表達了他的精神世界。

月里朵的選擇

與母親月里朵的不合，是東丹王突欲的更大不幸，這只能說是「宿命」了。

在月里朵的指揮下，契丹的主力軍奉阿保機的靈柩出了扶餘城，一路向西行走。八天後，大元帥堯骨結束壓制戰，與阿保機的靈柩會合於途中的營地。又三天後，從東方來的人皇王突欲也到達會合之地。然而，就在大軍西還的途中，契丹政府的首宰耶律蘇去世了。

阿保機、其弟耶律蘇，以及月里朵的弟弟阿古只，這三人是契丹國家的中心樑柱，失去了這三個人，契丹的「堂表兄弟政權」，就只剩下月里朵一人了。到了九月，上京臨潢府開始進行阿保機的「葬禮」，一連串的葬禮儀式和與此相關的國家行事，完全由月里朵一手主導。就這樣，天顯元年（西元九二六年），對契丹國家來說，這一年是接收了渤海國，同時也籠罩在一大片的陰霾下，在不安中過著還沒有決定阿保機繼承人的一年。

月里朵應該已經分析過情勢，她本人並沒有為了該由誰來繼承阿保機之事而感到困惑。隔年的西元九二七年秋八月，按中華習俗，廟號為「太祖」的阿保機皇帝陵「祖陵」竣工，阿保機的遺體便埋葬於此。那時月里朵原本要殉死，但被周圍的人阻擋，於是便砍斷自己的右手，放入丈夫的棺木中，她想和亡夫同葬，但那樣的話，契丹國家的未來就將會岌岌可危了，所以用自己的右手代替。月里朵真的是一個令人驚訝的剛烈女子。

總之，與契丹國家相關的內外要人都聚集在這裡，決定由誰繼承阿保機、坐上帝位的時間不能再拖延下去了。犧牲了一隻手臂，努力代理阿保機，掌握國家大權的月里朵早已心有所屬，那個人便是她與阿保機的次子堯骨。

堯骨性情純樸，外表看起來很威嚴，胸襟十分開闊，也非常遵從母親月里朵的話。對母親來說，他是一個體貼的孩子。堯骨也是一個不會喊苦的勇敢武將，月里朵崇尚武略，因此很得她的歡心。

再說到突欲，他自幼聰敏好學，也有將才，十八歲成為皇太子後，就越發沈著穩健，在努力參與父親阿保機、叔父耶律蘇、母親月里朵、舅父阿古只等人的政務與實務工作中，得到快速地成長。但這一點卻讓母親月里朵覺得這個孩子與自己有距離，她或許覺得，突欲是喜歡生活在眾人之中的「別人的孩子」吧！

再加上突欲曾經兩度與沙陀對戰，都遭到宛如凶神惡煞般的李存勗擊退，而成為敗軍之將。還有，征討渤海國雖然獲得勝利，但是改渤海國為東丹國後，發生在渤海境內的「叛亂」，突欲是名義上的負責人。堯骨卻相反地一再建立戰功，成為契丹軍事上的代表，成為諸將們信賴的領導者。堯骨在軍事上的運氣，明顯地強過突欲。

阿保機的股肱之臣耶律迭里看出了月里朵的心思，便進言道：「帝位宜先嫡長，今東丹王赴朝，當立。」耶律迭里做為契丹朝中政要，直截了當地說出了如果宰相律蘇或阿古只等人還在世的話，也會說的話。但是，正面而直接地說出理所當然的事，反而激怒了月里朵。月里朵以耶律迭里與東丹王結黨為由，將耶律迭里下獄，讓他吃足苦頭，逼迫他說出不利於突欲的話，但耶律迭里什麼也不說，最終遭到殺害。

事已至此，接下來就要看月里朵怎麼表演了。月里朵命突欲與堯骨騎馬立於大帳之前，然後對族長、部將們說：「二子吾皆愛之，莫知所立。汝曹擇可立者執其轡。」眾族長與部將們都明白月里朵的心意，便紛紛說道：「願事元帥太子。」此時月里朵便說：「眾之所欲，吾安敢違？」決定擁立堯骨。

面對這樣的局面，突欲也只能以表演回應。突欲對契丹的國家要人們說：「大元帥功德及人神，中外攸屬，宜主社稷。」便率領群臣請示母后月里朵，自己表示要讓位。這是突欲為求自保的舉動。月里朵表示同意，於是堯骨即位了。這是西元九二七年陰曆十一月壬戌日的事。

然而，事情並未就此結束。契丹新帝堯骨與東丹王突欲之間，因此有了心結，關係越來越不和諧，變得凶險起來。

東丹王渡海

天顯三年（西元九二八年）十二月，堯骨即位一年多後，他終於出手了。堯骨把整個東丹國遷移到契丹根據地西拉木倫河的下游流域，也就是現在的遼寧平原。然後將原名為東平的遼陽改名為「南京」，做為副都，命令兄長突欲去那裡居住。被任命為東丹國的右次相耶律羽之上奏提出這個新方案的理由之一，便是舊渤海領內的叛亂一直無法平定；還有，當時的遼寧平原雖然是肥沃的平野，但因為是政治上的緩衝地帶，所以長久以來一直人煙稀少。以前阿保機曾經將來自中華地區的百姓移居到那裡，現在的方案則是要渤海的百姓去那裡正式開墾。

新方案的理由非常正當，讓人難以抗命。放棄不穩定的東方與東丹國的安定化，去從事有利的經濟開發，表面上看來這確實是一個正確的方案，然而實際上這個方案另有目的。把東丹國整個遷移到契丹本土附近，就可以就近監視令人無法放心的突欲，封殺其行動了。突欲的一舉一動都受到堯骨派去的衛士監視，儼然已是籠中之鳥。

這個方案的結果，使得曾經被譽為「東海盛國」的舊渤海國，大半地域竟成廢棄之地，昔日的

東丹王耶律突欲（耶律倍）所畫的《騎射圖卷》 現藏於臺北故宮博物院。

繁榮也化為烏有。只是就像前文所述，那種可稱為「邊緣」的殘存勢力，還上若隱若現地存在於故土上。另外，遼寧平原這邊則出現了以渤海移民為中心的殖民地，「遼東」之地就此復活。遼東的首邑是遼陽，也就是後來契丹帝國「五京」之中的東京。隨著時代的推移，遼東地方逐漸發展成除了渤海系的居民外，還有女真、蒙古、漢人、朝鮮等等諸多種族聚居的社會。在蒙古時代與努爾哈赤時期，遼東出現了明顯的「國際社會」狀態，緣由可以追溯到以東丹國之名，大量從舊渤海領域遷移到遼寧平原的龐大渤海國人民。

突欲在「新都」遼陽的西宮蓋了一座書樓，在那裡寫下了《樂田園詩》，扮起了隱士。這還不夠，他又在國域南邊的遼西名山「醫巫閭山」，蓋了另一座書樓「望海堂」，然後把以前收集到的萬卷藏書收藏在這裡，過著每天都可以在此看書、看海，宛如仙人般的隱士生活。

對突欲來說，過著這樣的生活並非只是裝裝樣子，因為他也是一位貨真價實、水準超群的文化人。突欲精通契丹文字與漢文，深具中華文化的素養，尤其擅長繪畫，有著非常優秀的繪畫技巧，他所畫的契丹人物圖、或動物、風景，都有很高的評價，據說有商人遠道從中華之地前來購買他的畫作，可以在開封、洛陽賣到非常好的價錢，後來的宋朝秘府也收藏著突欲的畫。看流傳到現在的突欲畫作，確實可以看出他的構圖相當準確，繪畫的技巧也很優秀。雖然不能說他是曠世的繪畫奇才，但他的畫風澄澈明快，也的確有著某種天賦，是一個人才。

然而，突欲也不如表面所見的那麼安於現狀。除了在母親與弟弟的壓迫下生活外，他應該還有別的生活方式，還沒有拋棄政治上的野心。西元九三〇年，東丹王突欲終於登上後唐李嗣源從南方派來的海船，航向大海了。突欲帶著四十多個隨從和萬卷書，在渤海系的高美人陪伴下，在山東半島的登州上岸，接受天子禮儀的歡迎。

這是東丹王的流亡。李嗣源非常歡迎突欲的到來，他勸突欲改姓東丹，名慕華。但很快的，他又送給突欲「李贊華」這個名字。

不管是慕華還是贊華，都是很容易理解的名字，兩個名字異曲同工，一個是「仰慕中華」，另一個是「贊賞中華」，都能表現出景仰中華的心情。毫無疑問的，東丹王亡命到後唐的表面理由，當然就是因為仰慕中華文化。不過，若這兩個名字是突欲自己決定的，那就沒有什麼，但因為是李嗣源給的名字，就讓人難免覺得哪裡有些不自然了。或許李嗣源給突欲命名，是出於半開玩笑的，所以可以說是有些作戲的成分。

另外，「李」是沙陀王朝後唐的「國姓」，李嗣源推薦「國姓」給契丹皇帝的兄長，是在表示視對方為自己「唐朝」的一族，這是犒賞。隔年，李嗣源又推翻眾人的意見，封突欲為滑州節度使。節度使是地方軍閥，代表藩鎮。李嗣源不僅給突欲後唐「王族」的名分，還給突欲獨立的軍權與行政權，讓突欲形同「諸侯」。

這是毫無疑問的「厚待」。李嗣源的目的很明顯，把契丹有影響力的東丹王突欲攬入自己的陣營，就如同在契丹的堅強陣容裡打入楔子，足以分裂敵人，削弱敵人對自己的威脅，把敵人的壓力反推回去，將自己帶領到有利的局勢。總而言之，擁有突欲，就能夠牽制月里朵與堯骨。

對突欲來說，渡海投入「中華」的陣營，也是有其目的，一旦弟弟堯骨失敗，自己就能反攻了。以沙陀軍閥建立起來的華北政權之力北伐的話，突欲以契丹皇帝之姿再現歷史舞臺，是十分可能的事情。突欲的目標絕對不只是什麼「慕華」、「贊華」，他看穿後唐會歡迎自己，才會渡海來到後唐。

沙陀陷入混亂中

突欲渡海來到後唐三年後，也就是西元九三三年時，李嗣源逝世了，後唐的政權立刻陷入混亂之中。李嗣源的後繼者是他的親生兒子李從厚，但李從厚被李嗣源的養子李從珂殺害，李從珂在洛陽稱帝。李從珂與李嗣源的關係就是前述的非親生父子關係。李從珂曾經是李嗣源麾下的一名猛將，也是李嗣源的「義子」、「養子」、「假子」之類的兒子。

然而東丹王突欲卻在此時做出了怪異的行動。他密傳消息給弟弟契丹皇帝堯骨，說：「從珂弒君，盍討之。」因為骨肉之爭而流亡他國，卻在流亡之地指點可憎的仇人來侵略自己所在的流亡之地。雖然是父與子的不同，但這和日本戰國時代的武田信虎與其子晴信（信玄）的情形，有著某種相似之處。

武田信虎因為兒子的陰謀，而遭受鄰國駿河今川氏的囚禁。但當今川義元兵敗桶狹間時，立刻

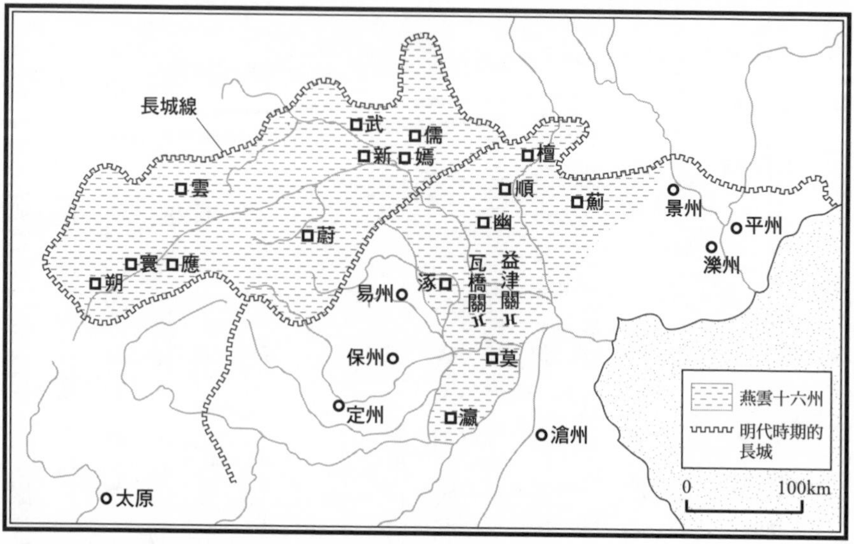

燕雲十六州　□表示的是十六州。圖中的長城線是明代時期的長城。

就派遣了密使去通知曾經趕走自己、並且已經成為甲斐國主的兒子信玄。這個故事非常有名，但或許這只是江戶時候編造出來的。總之，信虎比兒子信玄長壽，還在京都接獲兒子的死訊。不過，身處異地的東丹王突欲，很諷刺地夢碎而死。

「石敬瑭」雖然是漢名，但其實是沙陀族人，是李嗣源的女婿，也是他少數的心腹之一。在此之前，石敬瑭是阻擋契丹南進的北面駐屯軍團的團長，鎮守沙陀軍閥最初的根據地山西太原。單以將領來說，可以說他是沙陀握有最大軍事力的將領。但是，他與李從珂互相競爭，兩人的關係非常不好。李嗣源死後，兩人之間的不合立刻表面化。對已經稱帝的李從珂來說，石敬瑭就是他的眼中釘，若不除去，就會危及自己的政權。於是，李從珂馬上出兵北伐石敬瑭。

另一邊的石敬瑭在要遭受李從珂的攻擊時，便向北方的帝王——契丹皇帝耶律堯骨請求援兵。這表示石敬瑭儘管掌握了沙陀最強大的軍團，但要獨力對抗有皇帝名分，且能發動兵力的李從珂，還是很不容易的。而且，萬一李從珂與北方契丹帝國聯合起來夾擊自己的話，自己就會馬上垮臺。一旦腹背受敵，就是死路一條了。

石敬瑭於是答應割讓燕雲地區給契丹，並且尊對方為父，與契丹達成協議。獻出中華本土北邊的國境線一帶的領土，等於承認自己是對方的屬國。耶律堯骨接受了石敬瑭提出來的條件。歷史上有名的「燕雲十六州」，從此成為契丹的領土。

契丹帝國的野心

契丹南進

堯骨接獲兄長突欲的密報，看出這是完成父親阿保機的心願，入侵中華的大好時機，決定馬上介入沙陀政權的紛爭，便親自率軍出發。以騎馬隊為主力的五萬契丹機動軍團揚起滾滾黃沙，南下黃土臺地，於西元九三六年的九月，一舉擊破布陣將太原團團圍住的後唐諸軍。事實上，只這一戰就擊垮了後唐的政權。

同年十一月，石敬瑭以被契丹皇帝冊封的形式下即帝位。但這樣的皇帝，基本上是個傀儡。隔月是閏十一月，堯骨承接父親阿保機與李存勗的例子，年輕的自己為「父」，年長的石敬瑭為「子」，雙方達成結為父子之約，契丹與沙陀的關係仍舊持續著。

同月，李從珂帶著前文提過的「傳國之寶」，在洛陽自刎而死。將死之前，李從珂曾召東丹王突欲，要他一起赴死。但是，突欲還有未實現的夢想，雖然李從珂是「皇帝」，他也不肯隨之殉死，理所當然地拒絕了李從珂。

因為絕望而瘋狂的李從珂，便把自己的敢死壯士李彥紳送到開封的東丹王府，這是突欲收到的最後一件「禮物」。曾經活躍於契丹、渤海、中華等地的東丹王突欲，就此結束了他奇妙而不平靜的一生，死時才三十八歲。

突欲死後，圍繞在他身邊的世事仍然不平靜。他的遺骸曾經在開封被某個僧人發現後並加以埋葬，但是，受到契丹庇護的「中華」之主石敬瑭，卻為突欲著喪服，行號哭之禮，依照王族的禮儀，舉辦了臨時的喪禮。後來，名符其實的東方亞洲唯一的真正帝王耶律堯骨，取回了兄長的遺骸，將遺骸改葬在與突欲有因緣的醫巫閭山，稱突欲為「文武元皇帝」。石敬瑭與堯骨的立場雖然不一樣，但都在突欲死亡之事上做足了姿態。東丹王過於戲劇性的一生，流傳到後世後，逐漸變成了傳說。

沙陀的屬國化

回頭來看石敬瑭的權力。石敬瑭的權力源自李存勗的政權，及接下來的李嗣源一族的政權，現實上來說，應可稱之為沙陀的第三王朝。這種情況也可以說是沙陀軍閥的政權輪轉。沙陀軍閥原本的根據地，是山西地方的太原，也就是晉陽一帶，所以按照中華的習慣，石敬瑭便以「晉」為國號，史上稱之為「後晉」。不過，「後晉」的政權是否可以視為中華政權呢？石敬瑭原本是李存勗麾下的一名部將，來到老將李嗣源之下後，因擅長密集突擊而成為騎馬隊隊長。他和李嗣源及其親生子、養子們一樣，也是性情粗暴、野蠻的沙陀將領。

重點是，沙陀政權從這個時候開始，成為契丹國家的屬國，是契丹國家的衛星國。關於這一點上，若從契丹國家的角度來看，後晉的立場，其實與脫胎於渤海國的東丹國是一樣的。所以回頭來看時，就會覺得這個時期最好不要用中華、夷狄之分的模式去思考問題。另外，沙陀權力雖然在李嗣源的時期設立了財務機關「三司使」，也設置了皇帝的親衛軍「侍衛親軍」，這些儘管與後來北宋期的制度有所淵源，但只有機關沒有「建國」，沙陀軍閥只是不停地在進行奪權鬥爭。

西元九三七年，石敬瑭把首都從洛陽遷回到開封。但是，幾乎就在同一個時候裡，應該成為政府基本盤的華北各地有力軍閥紛紛造反、陸續獨立，「後晉」已經不能算是一個統合的政權了。原本就是由數個勢力團體集合而成的沙陀軍閥政權瓦解了，又恢復到十個左右的勢力團體並存的局勢。

另外，以吳、南唐為首的江南中、小王國們，也明顯地不把混亂的華北放在眼裡。總之，不得不說當時中華地區的實際情形，根本不像是一個統合的國家，離統合還很遙遠。當時的亞洲東方，只有契丹是擁有遼闊版圖的國家。事實就是如此。

大同之夢

石敬瑭是有名無實的可憐皇帝，西元九四二年五月，即位五年半後便因病過世了。當時的宰相馮道和擁有實權的景延廣，無視石敬瑭指定幼子重睿繼位的遺志，擁立敬瑭之兄的兒子重貴為帝。在景延廣的指導下，打算擺脫契丹的控制，要走獨立的路線。於是契丹皇帝堯骨便決定以武力進行壓制。西元九四四年，契丹兩次出兵，席捲了沙陀的北半部，到了西元九四六年的七月，堯骨更決定親自南伐，在領內大舉徵兵。

八月入秋時從本土出發的契丹大軍，來到現在已經成為契丹南部中心城市的幽州，也被稱為南京析津府，並在此重整軍備，十一月時一口氣南下到河北平原。孱弱的後晉軍幾乎無力抵抗，而華北各地的有實力軍閥們只求自保，幾乎沒有要幫助後晉的想法，完全是坐視不管的態度。此時的後晉唯一能依靠的，只剩下黃河的水流了。但是，防禦力薄弱的滑州白馬津被契丹軍突破，到了十二月，開封只得無條件開城投降。主導者景延廣自以為是地想要掌握權力，卻無視現實狀況，莽撞地採取強硬路線，最後，他在被押送到上京臨潢府的途中自殺。才一個多月就潰散的後晉政府百官們，就這樣轉而成為契丹的官員。

隔年的西元九四七年正月元旦，堯骨整頓鑾駕，進入開封城，接受百官們的祝賀。命運比叔父石敬瑭更悲慘的石重貴，被送到阿保機去世之地扶餘府（後來改名為黃龍府）。二月一日，堯骨改契丹國號為「大遼」，同時大赦天下，改年號為「大同」。把一直以來的「大契丹國」國號，改成中華式的國號「大遼」，就是在向世人宣告：兼擁有中華世界的大帝國出現了。再加上以「大同」為年號，是寓意草原之民與中華之地的百姓共組大同世界。自阿保機以來的契丹帝國期望，好像在此實現了，堯骨對此非常得意。

無論如何，堯骨是天生的武人，個性單純而質樸的缺點，在重要的時刻顯露出來了。處理占領區的行政事務時，必須慎重、周到與關懷百姓，但是堯骨完全沒有做到。而且，後晉在短短的時間內就自我滅亡一事，對堯骨的成功反而是負面的。堯骨在獲得前所未有的成功後，大喜之下得意忘形。另外，因為後晉政府並沒有完全地收服華北的諸勢力，擊敗後晉的契丹軍，自然就得為此事善後。這與阿保機征討渤海國時的情形可說是一樣的，雖然得到了勝利，卻要面對殘餘勢力的挑戰。

在改國號為「大遼」的同一個月，沙陀軍閥的領袖之一，任地在山西的劉知遠獨立稱「帝」，國號「漢」。如果只是面對沙陀剩餘軍閥的挑戰還好，麻煩的是，契丹的騎馬軍糧草不足，而堯骨竟然允許騎馬軍搶劫、掠奪。此時契丹兵不僅強徵糧草，還對百姓施以暴行、強奪、殺戮。華北的民眾因為契丹兵們「打草穀」的蠻橫行為，展開了強烈的抵抗與反擊。

在該做的事還是要做的情況下，在開封政府開始了整理冗員的行動，但是，無能的終歸無能，幾乎所有的機能都停擺了。堯骨對各地軍閥的照顧不夠，軍事面上的安定調度也失敗了。在契丹本國，以母親月里朵為首的契丹重要人物，對南進之事都認為採取慎重的態度；在遠征軍中，也有人因質疑駐留的時間太長而發出疑問，提議主張應該返回。

在軍事上表現優異，在治事上顯得天真，站在成功的頂點時栽個大跟斗，這樣的堯骨，或許可以說和李存勗有著某些類似之處。堯骨麾下的契丹軍，在中華本土的中央變成孤軍；在占領中華僅僅三個月後，西元九四七年的四月一日，契丹的遠征軍終於離開開封往北返。但是，堯骨卻在北返的途中突然生病，猝逝於欒城，享年四十六歲。他所懷抱的大同之夢，也隨之幻滅了。

東丹王的血脈

因為皇帝堯骨意外猝逝，遠征軍便擁立已經從軍的東丹王突欲的長子兀欲。

堯骨死得不明不白，擁立兀欲之事，事實上也可以說是一場政變。兀欲在視

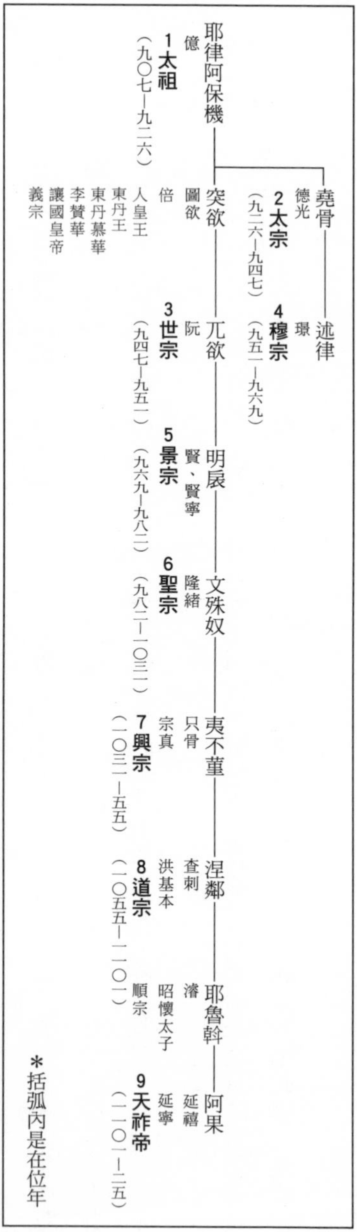

歷代契丹皇帝

已如子，疼愛自己的堯骨叔父靈柩前即位。遠征軍有了「新帝」兀欲後，這次進擊的目標竟是契丹本土。

堯骨突然去世，兀欲即位的消息很快便傳回了契丹本土，月里朵聞訊大怒。立刻也在同一個月（四月）裡，命令愛子李胡率兵南下，迎擊兀欲麾下的「叛亂軍」。但是在六月，李胡被經過南京析津府北上的兀欲軍打敗了。已經六十八歲的月里朵氣勢洶洶，她親自領兵與李胡一同在過了西拉木倫河的渡口，等待兀欲軍的來到。雙方對峙了數日後，在耶律屋質的努力說服下，成功地讓兩軍休兵，避免了骨肉兵戎相見的最糟糕情形。總之，最重要的還是月里朵當時的兵力不如兀欲。

就這樣，契丹的帝位轉移到東丹王突欲的血脈了。不過，月里朵的怒氣未消，仍然策劃要讓兒子李胡即帝位，卻被「新帝」孫子兀欲命令搬遷到奉陵邑的祖州，月里朵的丈夫阿保機長眠的祖陵就在那裡。七年後（西元九五三年），月里朵以七十五歲之齡離世，葬於祖陵的亡夫之側。對契丹帝國而言，一個時代終於至此結束了。

此後，契丹的王統還在變化，兀欲因為政變被殺，堯骨的長子述律即位，但述律又被暗殺，兀欲的次子明扆即帝位。從此以後，東丹王突欲的血脈連傳了六代，迎來了契丹帝國的安定期。

澶淵之盟

契丹軍撤退後，開封變成空城，山西軍閥劉知遠幸運地趁機入城，建立了歷史上稱為「後漢」的政權，或許可以說是沙陀的第四王朝。不過，後漢的實體非常不穩定，一年後劉知遠便死了，幾經混亂後，漢人出身的軍閥郭威掌握了權力，在西元九五〇年時以政變的方式奪得帝位，史上稱郭威的政權為「後周」。不過，在統治的系譜上，仍然屬於沙陀軍閥的脈絡。

自稱是繼承了「後漢」正統的劉崇，也在太原自立為帝，與後周相爭，歷史上稱其為「北漢」。這個仰賴契丹的山西政權，事實上就是契丹的前線基地，也可以說是契丹的衛星國家。後周在郭威不在後，由皇后的姪子，也是郭威的養子柴榮繼位。柴榮就是以雄武聞名的後周世宗，可惜限於篇幅，無法在此詳述他的事蹟。西元九五九年，柴榮在爭奪霸業的途中去世，死時才三十九歲。柴榮一死，就發生了近衛軍政變的事件，西元九六〇年趙匡胤即位。包括趙匡胤成立的北宋在內，這個時期內的任何政權，都缺乏統治權力的正統性。

從北宋成立的情況看來，只能說北宋是接續沙陀軍閥而出現的政權，以北宋之名的政權確實穩定下來的時間，是西元九八〇左右年。北宋不像前幾個政權那樣超級短命的原因，首先在於柴榮打下的基礎，而又與傑出的國家建設師、政權設計師趙普有關。如果沒有趙普，只憑趙匡胤和他身邊的粗暴軍人，是不可能掌握得了國家政權與國家營運的。

反過來看契丹國家。契丹國家的形成，比北宋早得多，國家的安定度也遠高於北宋；做為一個國家所會有的歷史、傳統、經驗、設置，兩者根本無從比擬。趙普在為北宋設計「建國」的時候，不就以契丹為實例，學習了很多嗎？總之，相對於契丹國家，北宋是後輩國家——如果忽略這個單純的事實，那麼就看不到應該看的東西。

北宋的政權真正確立起來的時間，嚴格說起來是西元一〇〇四年與契丹帝國訂定和約的時候，也就是定下「澶淵之盟」以後。在明扆以前，一直處於內訌狀態的契丹帝國，終於擺脫內訌，第六代皇帝文殊奴（明扆之子，漢名隆緒，中華式的廟號為聖宗）時，企圖擴大契丹的領域，正式展開了南進的政策。文殊奴率領契丹騎馬軍南下河北平原，北宋方面的守備軍則採取一直以來的守城方式來對抗。契丹軍一路南下，已經接近黃河北岸了。廟號真宗的北宋第三代皇帝趙恒是個好虛張聲勢卻膽小的人，在聽到契丹軍來襲的消息後，立刻陷入慌張害怕之中。北宋朝廷內的要員們紛紛提出南遷的建議。這個時候如果南退、被契丹軍攻入，那麼北宋的政權恐怕馬上就會煙消雲散。

然而，就在南遷之聲高漲的時候，深具影響力的北宋朝廷大員寇準卻力主皇帝親征出擊，哄著不願意的真宗上戰場，要真宗前往黃河渡河點的軍事要衝澶州。接著他又強力說服想在南岸的南城駐紮的真宗，前往北岸的北城駐紮。真宗被寇準說動，一邊發著抖，一邊「渡河」了，此舉大大鼓舞了北宋軍的士氣。

那實在是非常奇妙的狀況。契丹軍在幾乎沒有交戰的情況下，大軍便抵達黃河北岸，但契丹軍的後方卻是不安的。自阿保機的時代開始，為了求快速進擊，契丹軍基本不會帶輜重上戰場，所以必須避免長期對陣的情況。還有，契丹軍或許太小看北宋了，以為能像以前堯骨一下子就接收「後晉」一樣地收服北宋，沒想到北宋皇帝竟然會親自迎擊。雖然南進侵攻、北上抗敵各有各的理由，但其實雙方都無意真的開戰，於是就在北宋提議和平下，雙方展開交涉。

就這樣，雙方達成了被稱為「澶淵之盟」的盟約，約定的重點為北宋每年送給契丹二十萬匹絹、十萬兩白銀，兩國的國境維持現狀，互不增設軍事設備等等。由兩位皇帝共同簽訂的條約，確實讓雙方維持了一百多年的和平關係，但後來大金國興起，以利為導向的北宋單方毀約了，這種情形在世界史上還真的實屬罕見。

軍事上軟弱的北宋，因為條約的簽訂而得到繼存的保證。北宋的文化可以得到發展的原因，首推盟約的簽訂。國家與國家間和平共存的澶淵模式，也成為後來西夏與北宋，及再後來的金、南宋、西夏等國的和平共存方式。

南北共存的一百年

真宗是一個現實而勢利的人，看到安全已經有了保障，就完全放心，暈頭轉向地忘了自己是誰。澶淵之盟四年後的一〇〇八年，真宗開始了自己的中華歷代偉大帝王的「表演」之旅，而幫助他演出的導演，便是宰相王欽若。那時，首都開封的大門落下「天書」，真宗為了紀念此事而大赦天下，也改年號為「大中祥符」（中了特別的祥符之意），還動員全國上下，在東岳泰山舉行「祭天」的封禪盛事。這是自以前的秦始皇以來，皇帝經常舉行的儀式。

有趣的是，真宗要舉行封禪儀式，竟然還要向契丹皇帝文殊奴請示，尋求同意，表示「請默許這回我們國家境內舉行的祭典儀式」。這個男人也實在太可笑了，那種卑躬屈膝的態度，實在可憐、可嘆。然而，這就是契丹與北宋的現實「國際關係」。若無契丹的允諾，就連辦個國家祭典也是危險的。之後，真宗又在山西西南部的汾陰舉辦了「祭地」的儀式，同樣是辦得熱熱鬧鬧。北宋與真宗藉著熱鬧的祭典活動，得到了莫大的喜悅。

北宋在真宗的時期，文化層次還不高，是後來仗著與契丹和平共存的時期，士大夫官僚們開始有餘裕進行各種評論，其全盛期是很典型化的。北宋這個王朝國家，是藉著文化，乃至於文化意識，所形成的一個統合體。進一步說，它也是利用漢文這個共通物件的統治階層所形成的統合體。凡是使用漢文與漢文所支撐的文化意識，及某種教養的人，不分其來自窮鄉僻壤或或是蠻族、異族的後裔，不問其是什麼人種、什麼種族，都屬於這個統合體。在這一點上，唐、宋兩朝是一樣的。

但另一方面，即使是生活在中華的領域裡，非統治階層的人們基本上不被認為是這個統合體裡的一員。如果不識字，那就是老百姓。文化只屬於統治階層，他們是中華文化的宣揚者，被統治的人無論喜不喜歡，都要接受這樣的文化。「教化」這種說教、強迫性的說理行為，在北宋、南宋時特別明顯。原本和漢文化距離較遠，被稱為「蠻地」的江南，隨著嶺南地區的正式開發，統治層與被統治層也不得不熱心於「漢化」。然而生活在那些地區人們被認為是「漢人」，是許久以後的事。

另外，在澶淵之盟後，契丹的政權也完全穩定了。契丹與北宋的南北和平共存時期，是一個無憂無慮的自在時代。不過，就像後文會提到的，北宋還有來自西夏的威脅，但契丹帝國卻沒有受到來自任何地方的威脅，享受著千年太平安樂般的夢想生活。

在這個時代裡，契丹在文化與美術上面，也有很好的發展。觀看近年來在耶律羽之墓與吐爾基山墓所發掘的出土文物，可以知道契丹從國家成立之初，就有極高的文化水準，並與歐亞各地進行著各種文化交流。單純推崇北宋的固執觀念，在出土的契丹文物面前，被逼得必須從根本思考，那樣的固執觀念是否正確。總之，從十世紀到十二世紀的東方亞洲，是契丹主導的時代。

註釋

1 出自《資治通鑑》卷二百六十九。

2 相當於遊牧官制的üge，位於百官之上。

3 【編註】帝王所親幸的人。在日文中，「近習」也是類似的意思，指的是貼身仕奉主君的人，又可細分為「馬迴」、「小姓」。

4 【編註】日本傳統數學的一種，是等比數列的一型，用來比喻快速增加的數字。

5 出自《舊五代史》，卷一百三十七。

6 迭烈也寫成「迭列」或「迭剌」，都是「dere」的音譯字。

7 以上內容出自二十五史中的《遼史》，卷六十四，列傳第二。

第四章　造訪已消失的契丹帝國——眺望歷史與現在

飛越千年的時光

一次短暫的穿梭之旅

西元二〇〇四年的八月三十一日到九月九日，我與七位同伴，一起前往中華人民共和國的內蒙古自治區東部一帶，進行調查活動。那裡曾經是契丹帝國繁榮時期的根據地，我們做了一趟短暫的小旅行。

那一次的行動，是我現在所屬的京都大學文學研究科推動的「二十一世紀COE計畫」裡的一項活動，而我們這個旅行團的正式名稱為「遼文化與慶陵一帶的歷史、現狀、環境學術調查團」。出發前遭遇十六號颱風襲日，要返回日本時，又有十八號颱風襲日。在颱風的侵襲下，日本列島遭受了很大的災難，但我們的飛機卻以幾個小時至半天左右的時間差，幸運地躲過了颱風的影響。抵達調查地點後，除了遇到一個下雨天外，其餘都是風和日麗的好天氣，而下雨那天的行程正好是搭車移動的途中。我們的調查之旅受惠於好天氣，因此得到了比預期更好的成果。

至於我們在當地所做的調查，就是「眺望」。位於政治、經濟都有著顯著存在感的巨大國家——中華人民共和國的心臟地帶，在時時刻刻都處於變化中的北京以北四百至六百五十公里的廣闊農牧區域，也是位於蒙古高原東南邊的區域，就是我們這次要調查的目的地。我們要深入這個「內陸」地區，去探索西元九〇〇年到西元一一〇〇年的古契丹帝國及其文化，了解「過去的歷史」那一端。同時，我們也要一窺在目前持續擴大、猛烈的中國經濟巨浪下，位於中國北域的「現在的歷史」。

無論如何，不管是什麼時代都一樣，歷史曾經是現在，而現在也會成為歷史。當我們站在要調查的區域時，不得不說我們深刻地感受到歷史與現在交錯的顯著痕跡。隨著造訪遺跡、遺址、遺物的行程，眼前也出現了當地農業的開發、社會變化的實態與現實。不管我們願意不願意，結果我們都成為「兩個歷史」的觀察者，也可以說是我們成為了穿越時光的旅人。

第一次看到的「契丹領土」

在撼動中國的文化大革命之後，我曾有幸在一九八〇年代前半期，參與了幾次到中國各地的調查活動。一九八六年，我還和妻子以內蒙古為中心，在中國生活了半年左右。但是，光是內蒙古自治區，就是一個很大的領域，其範圍比日本列島整體要大上一圈，我們的主要調查活動區域，是位於西部的「省都」呼和浩特，和北方草原及西邊地域。之後，我的海外研究重點，轉為在歐洲等地區的波斯語史書的古抄本調查，因此有一段長時間沒有再到內蒙古做實地調查，而且，在這之前，我也沒有去過內蒙古的東部。

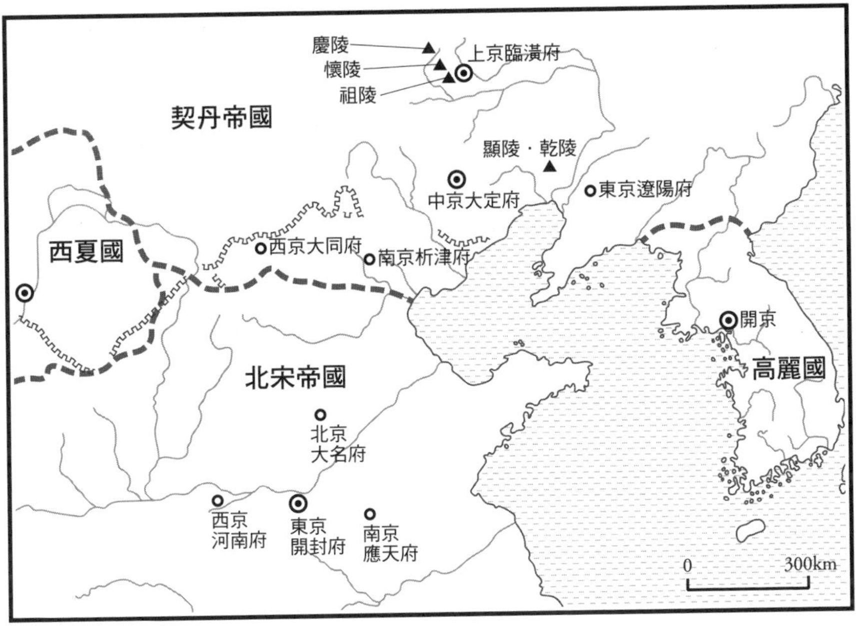

契丹帝國的五京與皇帝陵　（原圖為向井佑介繪製）

搭乘夜行列車離開北京後所看到的東西，對我來說非常新鮮、深具意義並有趣。內蒙古東部草原之美，與呼和浩特一帶格外濕潤的空氣，讓我十分驚訝。因地制宜，在不同的地方種植不同的作物，這裡的草原如同異質的世界，明顯與其他地域的草原不同。

這是令人非常意外的重要事情吧！契丹在經營畜牧的同時，明顯地偏向了農耕與都會的發展。觀看歷史，能出現農牧複合或農牧都會複合狀態的地區，其形成的原因或許來自本來的土地條件與環境因素。契丹帝國是由五個不同的地域與人民，組成的多重聯合體國家，成為這個國家中心的「契丹本地」，就是這樣的地方嗎？我因為自己這小小的發現而感到欣喜不已。

我看到的不只歷史上的遺跡、遺物，還有當地的地勢、風光、植被等等，這些與昔日契丹帝國相關的事物，讓我找到了可以解決原本模糊不清的歷史疑點的線索。還有後文會提到的，此時我所看到的事物，對我而言也是「衝擊性的發現」。總之，耳聞與眼見是大不相同的。

慶州白塔　內蒙古自治區巴林右旗。

慶州的白塔

這次調查活動的重點目標地是慶州、白塔和慶陵等地。實際到訪後，這些地方給我的印象遠超過書本或影像所傳達，非常深刻強烈，我因此獲得了多方面的想法與構思。尤其是實際調查行動的第一天，也就是九月一日當天，當我們坐的麵包車搖搖晃晃地行駛了兩百多公里後，在夕陽的暮色中突然看到矗立在遠處的白塔時，我不禁茫然了。

契丹帝國滅亡後，儘管對遊牧民來說，慶州、慶陵原本是極為肥沃的土地，但根據歷史的記載，接替契丹帝國的金代初期，慶州曾經被短暫地使用過，但之後的慶州就好像泡影般地從歷史裡消失，被棄置了數百年而無人聞問。為什麼會這樣呢？要把當地的歷史貫穿起來時，這是不可不注意的關鍵問題。

有一種可能性便是，這一帶或許被視為某種「聖地」了。白塔的蒙古語音作「查干·索布爾嘎」（白色的佛塔之意），清代時是附設藏傳佛教的「靈廟」。由此可證這裡是人們信仰的對象，會聚集於此。而會來此聚集的，應當就是當地的蒙古牧民。

不過，親眼看到白塔時，令人敬畏的莊嚴白塔給人的震撼感，比起文獻上傳達的知識或歷史上所做的推測，要強大得太多了，那是壓倒性的雄辯。至於慶州城本身，除了還可以讓人聯想到過去的一部分城牆外，幾乎已經完全看不出過去的模樣，原本存在於城內的種種建設或構造物，都已化為一堆堆的土壘，沈睡在原址。只有白塔獨自聳立著，並且異常安靜地散發出神聖光芒。

目前雖然沒有明確的證據，可以證明白塔在清代以前有過修建的工程，但卻存在著一種微妙的說法，自蒙古時代起，歷代以來都有以重修之名來進行修復白塔的作業，所以白塔才會有如今的模樣。那麼我們是否能認為，存在於塔下的地下宮殿與現存白塔的外表裝修不同，塔內的現狀、物品，是屬於契丹時代的東西？恐怕很難如此斷言。但無論如何，白塔是這一帶遊牧民族崇敬與心靈寄託的目標，所以受到代代牧民們的精心維護。

我們投宿在像是開發「邊境」最前線的旅館裡，放下行李後，我立刻急著去拜訪白塔。在被夕陽染紅的天地裡，我站在白塔前，南面而立，眼前的四方景色像是一片「淨土」。直徑約四十到五十公里，宛如盤狀的小世界，被五彩燦爛的光芒籠罩。戰慄般的感動貫穿了我的身體，正是白塔與圍繞在其周圍的景色，推動了從契丹時代到之後的所有事物，毫無疑問的，這是一種根本的力量，無須言語。

為何現在要研究契丹

為什麼現在要來調查契丹帝國呢？這是有前因的。自一九三〇年起，日本的鳥居龍藏先生就與其家人三次深入內蒙古的內地，尋找被遺忘的遼代文化遺跡，非常仔細地調查了被稱為慶陵的皇帝陵，還臨摹了建造在地下墓室裡的

慶陵內的「春之圖」壁畫　慶陵是由東陵、中陵、西陵組合起來的，以契丹的中興英主聖宗耶律文殊奴為中心；東邊是文殊奴之子，興宗耶律夷不堇的墓；西邊是文殊奴之孫，道宗耶律涅鄰的墓。西元一九三九年京都大學的考察隊前去時，只有東陵能進去做調查。

美麗壁畫，並拍下照片。一九三九年，以田村實造、小林行雄為首的京都大學考察隊，勇敢地前往當地，進行正式的學術調查。當時該地的北方邊境，正好爆發了「諾門罕戰役」[1]（舊蘇聯稱為「哈拉欣河戰役」）。

已經從人們的記憶裡消失許久的契丹帝國模樣，因日本學者們的手而復甦；那個時代也是日本在大陸進行國家發展，推動滿洲國誕生的時代。在帝國主義、中日戰爭、第二次世界大戰的時代裡，學術與政局的關係，似近又遠，似遠又近。

二次世界大戰後，京都大學文學部將上述的調查結果編輯成《慶陵——在東蒙古的遼代帝王陵與其壁畫的考古調查報告》I、II輯[2]，出版後獲得很大的迴響。不過，這書並沒有流通到中華人民共和國成立後的中國。之後，因為日本與中國斷交，日本的大陸研究，尤其是中國與其鄰近地區的學術研究，無法進入當地實地考察，有很長一段時間無法有進一步的研究成果。

因此，以京都大學為例，不管是文學系還是人文科學研究所，以文科為主體的當地學術調查，戰後便轉向伊朗、阿富汗、巴基斯坦等中亞乃至於中東地區。以巴米揚、犍陀羅為象徵的考古與美術的考察活動，必須說也是屬於這種脈絡之下。想去中國，卻去不了，對中國的思念，反而拉長了與中國的距離。不管是在歷史還是考古、美術上的調查研究，都出現了這樣的情形。直到文革結束，中國的政治走上改革、開放的政策，有了很大的轉變。從那時到現在，已經過了四分之一個世紀，時代也改變了。

從西元一九三九年開始，經過六十五年的歲月，到了西元二〇〇四年，京都大學文學研究科的成員帶著一些想法，以慶陵為首，展開了遺跡探訪之旅。這個探訪之旅可以成行的大前提，便是對遙遠的契丹帝國及其時代的熱切嚮往，和人們對歷史的關注又悄悄而確實地活絡起來，展開新研究的氣勢高漲。對於把六十五年前實地考察時的記憶與見識銘記於心的京都大學來說，展開新的探索也是很自然的事情。

此行同時也是檢視並求證鳥居一家人及京都大學的前輩先進所做的調查，在實地確認後，得以確實地活用在日後的研究上。此外，這次的行程不僅希望能在學術研究的領域或研究者的世界裡進行調查，還希望能與中國各方面的人士有廣泛的交流，達到在學術上與國際上能夠一起展望未來的合作關係。關於這一點，我想在此特別提出來一說。

研究契丹的辛苦

艱辛與樂趣

然而，研究契丹帝國與其歷史、文化，因為受到了很大的限制，所以可以說是走過一條非常獨特的路程，首先要面對的，便是做為原始資料的文獻史料非常少，這是最根本的限制。資料主要來源就是中國正史之一的《遼史》，共有一百一十六卷，讓人覺得好像是一本大部頭的書，然而每一卷的分量都不多，所記述的事件也有很多不夠完整之處，經常讓看的人感到焦急不已。因此，即使設定了要分析的主題或課題，想從表面進一步深入探討時，就會碰壁而無法繼續。

若反過來說每一條記載都很貴重，那也確實如此，但就算把每一條片斷的記載串連起來，恐怕還是難以越過質量不足的缺陷。假設有一個感覺敏銳、能力超強的特定個人研究者，他能夠運用自如地使用整部《遼史》，但是，在分析、解釋，或重組《遼史》時，不管是在細部還是在整體，恐怕都只能做到某種程度而已。

當然並非除了《遼史》，就沒有別的典籍史料了。只是，別的典籍史料幾乎都是戰爭與和平的對手、也就是北宋方面的記載。除了《契丹國志》外，大多是與兩國的交戰有關的記載，或雙方建立和平共存關係後，使節往來時的旅行記錄。老實說，那樣的記述總量是非常少的。還有就是在契丹的皇帝陵裡發現的哀冊[3]，和從王陵、墓葬裡發現的墓誌銘，與各種碑刻，這些東西每一件都很貴重，但數量還是很有限。

總之，超過兩個世紀的歲月，東起日本海沿岸，西到中亞的廣域帝國——契丹，可以說是一個有相當歷史的龐大國家，但與其疆域和歲月比起來，有關它的歷史資料與記載，可以說少得可憐。除了必須的、特殊的例外之外，少得可憐的資料對研究者來說，只能用「可悲」來形容了。與其說這種情形是缺少的環節多，不如說是了解的事情太少了。歷史研究，或者說是文獻史學上的歷史研究，這種情況真的讓人無可奈何。

隱藏於歷史背面的西契丹

至於我們習慣稱呼為「西遼」或「喀喇契丹」的「另一個契丹國家」，也就是耶律大石在中亞再建的第二次契丹國家的歷史，也因為史料之不足，讓這個第二次契丹國家沉沒在歷史的深淵中。關於「西遼」或「喀喇契丹」的歷史，在《遼史》的本紀末尾，以附加的方式做了記載，說「東方契丹帝國」（雖然幾乎不為人知，但蒙古時代的漢文碑刻中有「東遼」的文字）的末代皇帝是天祚帝，把他和「北遼」耶律淳放在一起，僅做了簡單的敘述，雖說「聊勝於無」，但也實在無法可想。不管是「西遼」或「喀喇契丹」，這些名稱仍然是大學考試「世界史」科目中必須背誦的內容，但關於這個國家、政權的大致輪廓，卻模糊地讓人無從把握。如文字所形容的，這是一個完全被歷史濃霧所籠罩的國家。

因此，一般所說的契丹研究，也就是「遼」的研究，就是研究第一契丹國。這對相關研究者來說，變成了接近下意識的「無聲前提」，他們的腦海裡或許幾乎沒有「西遼」的存在，這當然不是好的現象。

必然的可能性

因為文獻史料如此，人們對於考古、美術方面的資料、訊息、嘗試等等的依賴和期待，自然就提高了。說起來，若無考古學方面的調查，或許很多歷史研究根本就無從進行。鳥居龍藏或之前的京都大學考察隊，會不辭辛苦地進入契丹本地，進行實地的調查，原因之一就在於此。那樣的調查是必然的，而且目前的研究條件，基本上沒有太大的改變，還是一樣的困難。

近年來，中國方面陸續發表了與契丹有關的研究論文與發掘調查報告，從以前我們所不知道陵墓、墓葬、遺址，出土了包括文字資料在內的各種文物、壁畫、墓誌、生活用品、木棺、陶瓷器，及與陵墓主人有關的種種東西，這些東西帶給我們相當多的新訊息，必須說是非常貴重的資料。由此可知，「研究契丹」一事，基本上是超越歷史、考古、美術、語言等等類別框架的「綜合學術研究」。這個時候，自日本明治時期以來，到世界大戰前、大戰中，在大陸、日本進行的研究、調查所獲得的種種「遺產」，理所當然地也應該被完整地、全面地、有系統地接收。在前人種種努力下的研究成果中，鳥居龍藏與京都大學考察隊的成果，是後進們首先必須知道的基礎「典籍」。

總之，超越領域的課題型計劃研究，是將包含了廣義的田野調查、遊牧、植被、地質等領域的知識結合在一起，組合成為跨學科研究，已經是不可缺少的。這樣的研究還需要非單一的長期性觀察，及可以與之相應的設備、陣容、擴展，另外恐怕還需要跨世代的持續研究。換句話說，這是以未來展望為目的、也不能缺少國際性合作的研究。總之，這樣的研究方式，隱藏著可以翻轉目前研究契丹困境的巨大可能性。

負面印象

關於契丹的研究，還有好幾個必須注意的地方。研究契丹這件事，確實有著獨特而不可思議的魅力，而這魅力的來源，或許正是我們對契丹「知道得太少」，所以產生了「向未知的事物挑戰」，或稱之為「解謎」的浪漫情懷。

另外不能忽略的是，契丹帝國和共存於其南方的北宋比起來，一直被鄙視、貶低的語言，來敘述它存在的事實，在歷史上的評價極低。歷史上總是說北宋是頂尖的文化大國，而契丹是以武力優先，單純而野蠻的邊境國家。但是，這樣「根深蒂固的想法」真的妥當嗎？用先入為主的觀點來誘導研究者，這是非常可怕的事情，這是首先必須注意的地方。

事實上，北宋與契丹之間真的有那麼大的落差嗎？這是一個很大的疑問。舉例來說，看過以慶陵壁畫為首的出土物，及近年來發掘的文物後，至少就會覺得契丹在繪畫上面的表現並不比北宋差。連北宋文化大國的形象代表陶瓷器，也隨著契丹官窯的發現及其內容的發表，而使得北宋陶瓷器的優越性被要求重新檢視，這也是今後的研究課題之一。

在史學家的腦中根深蒂固的人口絕對差觀念，也是出自於某位稀世歷史學家，認為人口數是戶數的三倍，依據記錄而判斷北宋有一億三千萬人口，甚至還有人主張當時的人口應該比這個數字還多。而史料上，北宋時正式登錄的總人口數，並未超過五千萬人，當然有人主張當時的人口應該更多才對。不過，在討論別的王朝時，同樣也出現了這樣的主張，並不只針對北宋才如此。然而，對於契丹，因為沒有這方面的記錄，所以很難推算當時有多少戶數和人口數。以前的種種說法，原本就未脫猜測的領域，而要推算遊牧人口，則是更困難的事。總之，所謂的「人口絕對差」原本就只是一種印象而已。過度強化北宋而輕視契丹國家的存在，此現象與其說這是中華主義造成的，或許更應該說這是中華本土主義的造成的結果。關於這個時代的通史性敘述，不管怎麼說都是太偏向於北宋的敘述，對契丹國家的描述實在太少了。無論如何，北宋與契丹兩個國家並立共存是事實，所以應該要抱持著觀察整體的態度。

其次應該注意到的，就是目前所見有關契丹國家的文獻，大多是以漢文記載的資料。漢文文獻所引導出來的「下意識的中華主義」真的很可怕，在漢文的敘述下，原本的事件面貌因此「漢化」了，絕對不能忽視這種現象。這一點與文獻史料的質量欠缺一樣，是非常值得重視和注意的事情。

不願記載契丹歷史的蒙古

如前文所述，關於契丹國家的主要文獻史料《遼史》，是在大元兀魯思統治時期，於西元一三四三年至四四年時，與《金史》、《宋史》一起，由國家編纂而成的。當時的史官中雖然也有回鶻族的人，但基本上都是具有漢文化素養的官員，所利用的史料與編纂方針，也是一開始就以漢文主義為基本。不過在蒙古時代裡，能說契丹話的人還不少，當然也還有懂大小契丹文字的人。另外，當時也還存在著契丹的實錄。不過，那些實錄被使用了多少？對《遼史》的編纂有多大的作用？如今就不得而知了。大元兀魯思的宮廷、政府，似乎有意淡化契丹國家的原本色彩，因此在敘述契丹時，不管在質還是量上，可以說都只是做了點到為止的處理。

不想太清楚地刻畫出契丹的實際面貌——這恐怕就是蒙古帝國的本意。若真的如此，那麼處理《遼史》時，就必須格外注意了。契丹國家本身的面貌，一定比目前傳承下來的文獻資料更「契丹化」得多。而且，其國家、政權的系統，也恐怕比現在所知道的更恢宏、充實得多。

正因如此，以契丹語記述的哀冊、墓誌、碑刻等等，雖說數量不多，卻是極為重要而有價值的。尤其是近年來以表音文字的契丹小字所記述的文字資料陸續出土，以這些資料為基本的契丹語解讀，可說是不可欠缺且最重要的研究課題。若能確實地掌握契丹語，就可以重新理解《遼史》以外的文獻記載，而我們對契丹國家的理解，恐怕就會發生根本上的變化。不僅如此，我們對契丹之前的突厥或回鶻等遊牧國家，及後來的蒙古世界帝國的脈絡，恐怕也能因此而獲得更多的理解，「歐亞國家」的體系，可能也會變得更加明確——這是第三個要注意的要點。

耶律烈的墓誌文（以契丹文字寫成）　契丹文字是契丹帝國的創建者耶律阿保機於西元九二〇年頒布的契丹大字，與幾年後阿保機的弟弟耶律迭剌建製的契丹小字。這兩種文字都是蒙古語系中的契丹語。

契丹的國號

與此關連的，就是該如何表示契丹國號的問題。記錄上，契丹國家因時期的不同，而出現過「契丹國」、「大契丹國」、「大遼國」等三種國號，各有其出現的背景與大的政治因素。

例如前面說過的，第二代契丹皇帝耶律堯骨征服了華北，在進入開封城，建立了橫跨「華夷」的大帝國時，就以「大遼」為新國號。那時（西元九四七年）的新年號命名為「大同」，用意非常明顯。總之，要建立一個統合契丹、中華的新國家，就必需要有中華風的王朝名。接著，在統治中華失敗後，致力於中興契丹國家，讓契丹恢復原狀的第六代耶律文殊奴，於西元九八三年將國號改成「大契丹」，並以「統合」為年號。文殊奴使用這個年號的用意與堯骨相似，但立場上以契丹主義為宗旨，兩者都是能讓人理解的。

文殊奴後來先與北宋開戰，接著又與北宋確立了和平共存之道。契丹國號為「大契丹國」的時間最長，但是，每次改國名，我們就得一一去改變歷史上的稱呼，這確實讓人覺得麻煩。或許此舉也是在賣弄學識，不過，契丹以「遼」為國名之事，老實說是相當奇怪的。一般認為契丹在建立「大遼國」之前，似乎並沒有認真考慮過要把自己置身在中華王朝的脈絡裡。

「契丹國」乃至於「大契丹國」國號，是更符合現實的稱呼。總之，這是以契丹語的翻譯為基本的漢字表現，至少是能對南邊的中華地域的用字。以前述的契丹語資料為基礎，採用最適合的稱呼（「大契丹國」應該就是原語），這當然是最合乎理想的。只是，時至今日已經很難確定其原語的拼寫了。

契丹語中的「國」，原本是怎麼說的？這是一個重大的問題。我使用「契丹」二字來表示契丹國家，基本上就是權宜的做法。之前的突厥碑文中有「契丹」（Qitany）[4]的寫法，但到了後來的蒙古帝國時代，n音不見了，「契丹」變成了Qitai~Khitai，希望不久的將來，能看到更適合契丹的「歷史名稱」。

旅途中的沈思——中國沒有問題吧？

我想再稍微詳述具體的旅程內容。在夏日的暑氣猶存之時，我們從北京的西站，搭乘夜行列車，經過長城，往東北走了四百公里，來到正在快速發展中的地方城市赤峰[5]，然後從赤峰轉乘出租麵包車，朝北前進。

山與草原

在蒙古語裡，西拉木倫河的意思是「黃色的河流」，在這裡指的便是遼河。我們渡過遼河，進入巴林右旗、巴林左旗的廣大山地與草原的世界。那裡的景色，與我以前所知道的歐亞各地草原地帶景色稍有不同。那裡不是大草原的風景。語言與現實常會有所誤差，但就讓我這麼說吧，那裡的草原是中小型草原的連結。

那裡的山，或者說是起伏平緩的丘陵，細細地切割了大地，讓盆地狀的草原各自獨立成小小的世界。能看到的山，大多是岩石裸露，山容巍峨的「孤山」，但「孤山」下的山麓則是像優美的裙襬開展般的草地。這樣的地方哺育了鳥獸，在契丹時代是遊牧民的王侯、貴族們圍獵與遊興的場所。在這次的旅行即將結束時，我隱約地明白了一點，這一個個好像各自獨立的盆地狀草原，不就是契丹時代形成聯盟的各個部族王侯、貴族的個別領地嗎？陵墓與城市的搭配，各成一個小世界的各部族領地。

我們的行走的路途當然也不是一路平坦，有時必須坐在劇烈搖晃的麵包車裡，奮力對抗顛簸的路面；有時必須化身為登山隊員，攀登依山而建的王陵與守護王陵的奉陵邑（依附陵墓的小城市）。所以，有時我也會不禁感嘆，此時如果有越野車就好了……。但我們是必須節省各種經費的清貧研究考察隊，不能有那種奢望。所幸，陪伴我們大半行程的當地司機先生，是一位身體健壯的好人，靈活地控制著隨時哀鳴的麵包車，數次帶著我們開過危險的地方，我衷心地感謝他。

向日葵與波斯菊之路

位於蒙古高原東邊盡頭的大山脈，北起興安嶺起伏平緩的山巒，直逼到中國的北域，那裡是「單作物地帶」，不管走到哪裡，看到的不是向日葵田，便是玉米田。以「雙作物地帶」來形容這個地方，或許更為恰當。

以我的經驗來說，這兩種作物確實是橫跨歐亞乾燥大陸被廣泛栽種的農產品。不好意思，要提起一部老電影：蘇菲亞．羅蘭（Sophia Loren）與馬切洛．馬斯楚安尼（Marcello Mastroianni）合演的「向日葵」（*I Girasoli*）裡，主角走在一望無際的向日葵花田中的一個鏡頭，讓我至今難忘。那樣的景色不僅在俄羅斯和東歐，從土耳其一帶到遙遠的東方地區，在很多地方也可以看到，其分佈的範圍跨越歐亞，可以說是歐亞的某種標準。但在中國，乾燥地區可以種植大豆、高粱、稗子、麥、蕎麥等等抗旱性強的穀物，應該沒有必要堅持非種向日葵與玉米不可。我對植物與農業完全外行，所以說不清楚這是為什麼。

麵包車搖晃路邊的波斯菊，穿越「黃色大地」繼續向前走，只要是走在有鋪有柏油的路面上，就覺得是非常幸福的兜風。「大波斯菊之路」的路上有向日葵田，天上有蔚藍的天空，景色單純而雄壯，我們的車子便走在這樣的景色之中，這是在日本無法體驗到的享受。一位同伴在這樣的風景下，用口哨吹起了名曲「向日葵」，我能理解他的感受。

然而，道路仍然常出現險象。在因為泥濘或塵土飛揚的險惡路況所苦時，我確實地感受到柏油路對中國流通經濟的意義。有一天上午我們要出發時，因為沿途正在鋪柏油，只好繞了一大圈前往目的地。但下午結束工作回程時，路已經鋪設好了。車子通過剛剛鋪設好的柏油路面，很快就回到住宿的地方。去與回所花的時間，差距非常的大。

草原的危機

先暫且不提這個，從車窗看出去的風景，如前所述，很明顯這裡並不適合進行農作，我們能看到的地方有一大半以上的是遊牧草原。雖然如此，卻仍然有大批的農民從南方集團式的移來，在這個不適合農耕的地方進行大規模的開墾。路旁有接連在一起的農民住屋，可以看出農民們在此的生活情形，實在是很可憐。看起來越是「草原地帶」的地方，越可以看到除了住宅地外，用土牆把農地和人造林地圍起來的現實狀況，這在在說明了，此地實在是不適合農耕。

如果這裡是土壤肥沃、適合農耕的地方，那麼就會有選擇是要農耕、遊牧或是畜牧的問題。但是，在這個尤其以「純草原」占了絕大多數的地方進行農耕作業，只能說是明顯弊多於利的選擇。表土層一旦被挖掉，要再恢復草原的面貌，應該也很困難了。這應該說是環境問題，此地的滾滾風沙來源，不是只有惡名昭彰的甘肅地方。內蒙古草原的惡化，已是讓人不忍卒睹的問題，看來此地也會變成這個問題的實例。

認為農耕是「好的」，遊牧則反之是「不好」或「落後」的，因這種思考模式最後導致失敗，在舊蘇聯時代就有先例了，不可能說不知道這種情形。就像近年來中國內外對中國的批評報導，曾經是農業國，其健全的農本主義正在退化中。現在的情況或許還好，但是，萬一雨水或地表水不夠時，哪一天必須動用到積存了數百年，藏在地表一千公尺以下「僅有的些許」水資源時，危機就會在瞬間到來。

不能只為了渡過眼前的難關而不顧一切地開發，如果不架構一個有前瞻性的全面農業政策，要走上成為經濟大國之路並非易事，或許現在已經處於危機邊緣了。在我這個外行人的眼中，至少中國北方的現狀已經在警戒邊緣了。

【附記】

關於這一點，筆者想在此多說幾句。兩、三年前，中華人民共和國突然出現了令人矚目的用語：「生態移民」。聽起來有點奇怪，但「生態移民」是國家政策之一，同時或許也是一種標語或口號。

這個用語的意思可說一目了然。為了保持、恢復原本的生態系統，把會破壞生態的原因或成為生態負面因素的作業人員，遷移到別的土地。具體來說，近年來被認為是沙塵暴的來源而惡名昭彰的焦點，便是「過度放牧」，這個人為的因素，造成了內陸地區的乾燥化與沙漠化。

也就是說，牧民們漫無邊際地放養家畜的結果，讓草原沙漠化了，造成生態系統受到破壞的嚴重事態。因此要把牧民們遷移到別的地方居住，讓草原恢復原有的生態，這就是「生態移民」的意思。

這話說起來很容易懂，在全球暖化、乾燥化的今日，保護生態系統與照顧地球環境，已經成為超越國境的「大義」了。中華人民共和國對全球化時代人類社會的未來，提出「生態移民」的這個政策，是很漂亮的四字口號。

「生態移民」這四個字喊起來很響亮，聽起來很美好，在講求生態的氣氛中，非常適合時代，也受到國內外人士的好評。但問題是，「生態移民」的內容是什麼？

中國內陸地區毫無疑問的正在乾燥化、沙漠化，不管是對中國還是對整個世界，這都是很嚴重的事實。然而，造成這種事實的真正原因，雖然大家都說是牧民過度放牧的結果，但真的是如此嗎？假使，這確實是某種程度的事實，那麼，把牧民們移居他地後，變成空地的「遺留地」會變成怎麼樣呢？善加管理後，能恢復原有的生態嗎？也就是說，「以後」該怎麼辦呢？

關於「以後」的報告與數據資料，是非常貧乏的。更遺憾的是，我們聽到的信息大多傾向於負面。當然，現實是多樣的，大家應該也在持續努力……不，希望大家一定都在努力。只是，說到中國北方的一角，也就是我們這次的旅行地點：消失的契丹帝國故土，現在是正在進行大開發、令人鬱悶的農業開發現場。原本是遊牧草原的地方，已經大大地改變了面貌，而且看得出將來還會有更大的變化。鳥居龍藏和京都大學的考察隊當年到來時，此地還是豐沛的草原地帶呀！

一九九〇年代，南方的長江流域頻頻發生氾濫時，中國政府以防備長江沿岸的傾斜地崩壞為由，實施了大規模的移民政策：「退耕還林」，意思就是停止農業的耕作活動，讓土地恢復原有的林貌。從「退耕還林」的口號開始，政策性的移民正式開始了。而北方的政策移民版本是「生態移民」，被移民的對象大多也都成為牧民。

「生態移民」或許能阻止「過度放牧」的情形，但對「遺留地」卻沒有做到農業規劃。「生態移民」如果是圍起特定區域的農業開發的代名詞，那麼與「生態」又有何關係呢？

回頭來說，十九年前，我和妻兒一起到中國，前往華北各地旅遊，目的是尋訪可以做歷史資料的碑文。當時與現在不一樣，中國還處於改革、開放政策的途中，不管怎麼說都離近代化有一段遠距離。

玉米田的擴展

河南省位於中國本土的中央，曾經是中華文明中心地。在歷史上與契丹帝國並存的北宋根據地，就是在現在的河南省，而北宋一直被稱道為文化國家的典範。北宋的首都開封，更是被形象化為繁華的文化都市。不過，一九八六年時的開封與其周圍一帶的實況，對只從書本上獲得資訊的我來說，那種意外的感覺實在太強烈了。

總之，我當時看到的是一片貧脊的土地上，可憐巴巴地除了種植著稀稀疏疏的小麥外，就只有玉米田而已。老實說，我忍不住會覺得這是怎麼一回事？和我想像中的北宋時期，落差未免太大了吧？忝為小小歷史學者，我將此當成一個深刻研究的課題。

後來我也去了山東、山西、陝西等地，那些地方的田地仍然是玉米田占了大多數。那麼，在玉米從新大陸傳來以前，這些個地方是什麼樣的情形呢？假設玉米普及化的原因，是中國在清朝時的人口大增。但這個假設是否恰當？這些問題一一從我的腦海裡浮現出來。

過了十八年後，去年當我舊地重遊時，發現玉米田已經擴展到幾乎覆蓋中國北方的田地了。不管怎麼說，這都太驚人了。而這個變化的背景，便是中國近年來的大變化。

畜牧消失了嗎？

中國原本是個龐大的農業生產國，但現在卻變成是糧食輸入國。與不斷擴大中國經濟無關地，中國的糧食增產問題，已經成為國家的燃眉之急了。提供給國民相對便宜而豐富的糧食，對處在各種矛盾與問題中，仍然要持續發展、前進的中國來說，是國家安定的重要關鍵。所以即使是看起來沒頭沒腦的農業開發政策，也可以說是很重要的事情吧！

另外，前面提過的，中國本土的中央地區出現農村衰敗的情形，農村生產力低下的現象似乎已經很明顯了。現在的狀況是農業開發可以說是呈現「甜甜圈化」現象，反倒是包括中國北方的「邊境地方」，被投注了更多的期待。隨著人們生活水平的提升，對肉類食品的需求也大大的增加。於是提高肉類的生產量與畜產的效率化，變成了內陸的各區域被要求的責任與任務。

玉米田驚人地擴張的背景，是因為家畜飼育由放牧的方式，改變成固定地點的圈養所致，為了提供足夠的飼料給圈養起來的家畜。從生產性與效率性來看，接近自然的放牧，確實會與圈養的定點飼育不同。不過，開墾遊牧草原去種植玉米，再讓那樣的玉米去滿足畜產的所需，這樣說起來，還是不脫農耕至上主義的想法。這麼說的原因是，如果遊牧、放牧能在有秩序的系統下進行，做完善的管理，那麼基本上家畜就能以「幾何級數」的公式增加。

當成飼料的玉米，是可以換成錢的商品作物。開墾的農民移居，為他們的生產提供貸款，購買玉米種子等一連串的作業，都與金錢相關。畜產的牧民也一樣需要現金，才能建畜舍，購買玉米等飼料。但是，不管在任何的情況下，這方面的現金都不可能完全倚賴個人的資金，一般都是應用貸款來處理。

再回來說成為生態移民對象的牧民們。他們來到移住的地方後，便興建畜舍，被要求成為「定居」型的畜產農家，不管願意不願意，最後都會被捲入現金經濟浪潮之中。就這樣，不管是開墾農民還是生態移民，結果都變得比以前更貧窮，成為中國沿岸地區資金、資本家手中的生財工具。

兩個英雄的形象

耶律阿保機之像

行程來到第五天的九月四日，我們來到這次調查地區據點城市的林東暫做休息，並且順路去參觀剛剛落成的遼上京博物館。博物館位於林東市的郊外，距離以前契丹帝國的首都上京臨潢府的遺址非常近，所以博物館附近處處可見已經變成土堆的城

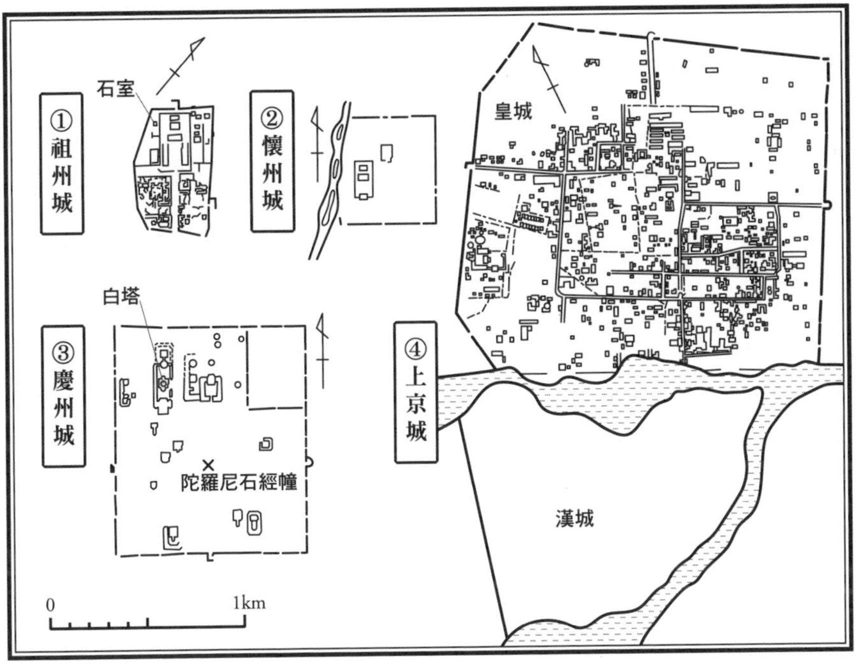

契丹帝國的四座城市　以向井佑介先生的映描圖為依據所繪製的平面概略圖。

牆、宮殿、建築群的遺址，並且根據土堆的大中小，猜測其原本的規模。博物館的名字便是由這些遺跡而來的。或許是不想破壞契丹帝國首都的夢般境，所以博物館便設立在遺跡的旁邊。

做為當地的博物館，這裡的歷史可以追溯到舊滿洲國時代的巴林左旗博物館，是一所長期運作的博物館。我們一行人到訪時，正好有大批的展示品轉移到剛剛新裝修好的遼上京博物館進行展示。外觀宏偉的新博物館，即使在林東一帶，也是一棟壯觀並散發著新文化氣息的漂亮建築物。博物館的前面是一片開闊的廣場，在這個開闊的大廣場中央，矗立著一座雕像。

這座雕像是契丹帝國的創業英主、耶律阿保機的銅像。那跨馬的英姿，展現出超越「地方英雄」的氣派。那是凝聚了當地人對

耶律阿保機的銅像　矗立在遼上京博物館前的廣場。

已經消失的契丹帝國的期盼與想念，而塑造出來的偉大雕像。

對近代化的提問

對這件事，要稍作說明。林東市和其周圍的地帶，以前是蒙古遊牧民們的世界。在通稱為清朝的daicing gurun（滿洲語的大清國）之下時，滿洲族與蒙古族是密不可分的「統治層」，位於寬鬆的帝國統治的上層位置；對他們來說，那幾乎是一個牧歌般的時代。

到了十九世紀，迎接了「西方衝擊」，那是歐美列強征服世界，展開對亞洲侵略的時期。在清朝皇帝統治下的中華本土、東北地方（西方人稱為滿洲）、內外蒙古、新疆、西藏地方（不僅包括現在的西藏自治區，也包括整個青海省和四川省的西半部等本來的西藏），進入了大而漫長的「動蕩」、「艱難」的時代。某些地方的「動蕩」、「艱難」，至今還持續著。

如果用「現代化」這個辭彙來概括一切，那麼「現代化」的所帶來的種種改變實在太多了，而且，因為「現代化」而出現的悲慘事實，更是複雜得難以用筆墨形容、一言難盡，事實與狀態總是因地而異、因人而異。現在稱為林東的這一帶，昔日是蒙古時期巴林王的遊牧領地，附屬於清朝的皇帝，是大清帝國旗下的小小一員。若只問體內流的血統，那麼實際上是各式各樣都有。然而純粹的蒙古人或滿洲族人到底有多少呢？確實存在嗎？事實上，這種情形在統稱為漢族的人們的身上，也是一樣的。

但是「現代化」就如同區別與識別的手術刀，強行切入樣態模糊得難以區別的人們之間，在想組建的地方劃定分界線或疆域線，硬性建立名為國家與國境的人造牆。所謂的「民族國家」，是歐洲某一個時期歷史過程下的錯覺，或者也可以說是「心的肖像」；但是，在經過百年世界變動、亞洲動蕩的現代，這個世界已經呈現出「國際社會」的面貌了，但還是以「民族國家」之名的國家單位在處理世事。在此情況下，成為「國家」的實際情況與內容，基本上並不重要，只要被視為是「國家」就可以了。在成為「國家」以前，還不是「國家」的地方地區、社會、人們，是什麼樣的情形呢？我質疑「少數民族」這個用語本質上的獨特意義，也想從人類史的立場，對「現代化」這百餘年來創造了前所未有的部分，與不得不承受其後果、生活在現在的人們，重新進行審視。

西方的帖木兒之像

上面的說明有點冗長了，再回來說耶律阿保機的銅像吧！看到耶律阿保機的銅像的瞬間，我聯想到了某個東西。那是位於中亞的烏茲別克斯坦共和國從蘇聯獨立後，在首都塔什干樹立起來的帖木兒銅像，是有名的英雄騎馬英姿像。

繼承了蒙古帝國的衣缽，以中亞為中心，建立了帖木兒帝國的帖木兒，生活在十四世紀中葉至十五世紀初，而耶律阿保機活躍的年代是九世紀到十世紀。他們兩位都是可稱為帝國的國家創建者，但兩個帝國的時代中間，還夾著蒙古世界帝國，所以說耶律阿保機是先行者，帖木兒是後繼者，兩個人之間相間了將近五百年。

對烏茲別克斯坦來說，帖木兒與其帝國是「統合國民」或「創造國民」的象徵。在蒙古帝國以後的歷史發展之中，突厥系穆斯林們在經過俄國與蘇聯的長時間帝國統治後，終於取得獨立，成立烏茲別克斯坦共和國時，國內就有多種族的人民，其中也包含了俄羅斯人。在帖木兒帝國時代繁榮一時的兩座歷史古都撒馬爾罕與布哈拉，就在共和國的領土內。烏茲別克斯坦共和國立國的兩大不可或缺的要素是突厥系與伊斯蘭教的信仰，因此向古代的帖木兒尋求國家的認同感，或許也是順理成章的事情。

帖木兒銅像　立於烏茲別克斯坦共和國首都塔什干。

另外，以耶律阿保機為始祖的契丹帝國與現在的蒙古人，其實很難說他們有血統上的直接關係。不過，契丹族作為蒙古帝國的先人，其語言、身體、習慣，確實都和蒙古人酷似。從歷史上來說，成吉思汗所領導的草創時期蒙古與契丹系的諸軍團，共同繼承了遼與西遼這兩個契丹帝國的經驗與訣竅，打開了通往世界帝國之路。如此說來，現在被叫做蒙古人的人們中，應該多少有契丹人的血統[6]。所以，不能說兩者之間毫無關係。

傳奇的彼方

話說回來，耶律阿保機的雕像跨越蒙古族與漢族標誌，是很多生活在當地的人們心中的共通希望之星。林東與其周圍一帶，散落著各種契丹時代的歷史遺跡，以上京臨潢府為首，包括阿保機皇帝陵的祖陵，與其奉陵邑的祖州等等。也就是說，此地的觀光資源豐富，振興地方的王牌就是打契丹的名號，開發觀光事業。

目前林東的街上正興起為了復興而建設的風潮，馬路好像工地般，破舊建新的工程，搞得到處塵土飛揚，整個城市因為粉塵的籠罩而變得灰濛濛的，讓人呼吸困難，可想而知這樣的情況對身體很不好。新建築中令人印象深刻的，就是位於市區中央新建成的華麗購物中心，名為「大契丹街」，好像在告訴大家，就從這裡開始吧！

西邊的帖木兒雕像，是為了建國而存在的傳說。東邊的耶律阿保機像，是為了繁榮地方的傳說。至於今後還會有什麼變化呢？如果能用「只有天知道」來做總結，也算得上是幸運的事了。

令人感到衝擊的皇帝陵

總之，這是一個衝擊。九月四日的午後，我們去參訪契丹國家的創始者耶律阿保機的皇帝陵祖陵，這個參訪讓我產生了翻轉歷史的想法。

美麗的聖地

位於林東的市區西南約二十公里的地方，最初遠望時是相連的岩石山脈，但隨著距離的縮短，越靠近就越發現那一帶是綠意特別濃密的肥沃之地。離開了柏油路段後，就是土石路了。土石路的兩旁是結實纍纍，種植著各種作物的農作地。繼續緩慢地往西北，對面起伏的山巒大約是東南方的角落，出現了一個好像要把我們這些旅行者納入懷中的開口。像是守護著那「山谷」似的周圍群

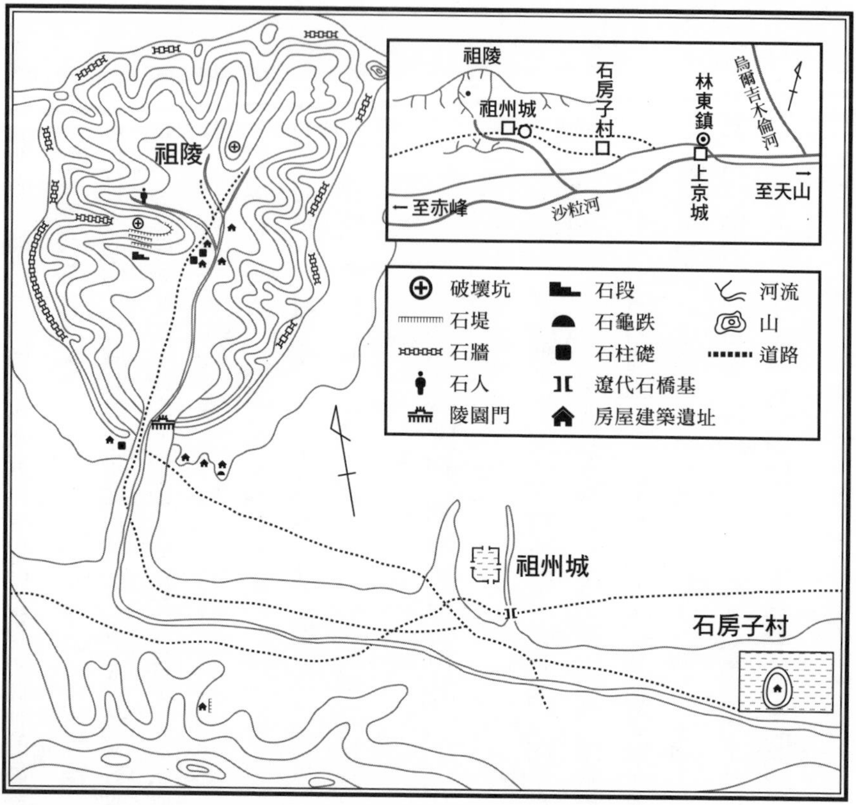

祖陵與祖州城及其附近的地形圖　以向井佑介先生的映描圖為依據所繪製。

山，完全被綠色的樹木覆蓋著。是聖地嗎？是靈地嗎？總之，那裡飄散著不尋常的氣氛，這裡和其他地方完全不一樣……。

首先，祖陵奉陵邑的祖州城遺址，以守護這個特別的「山谷」的姿態，座落在北側的半山腰。祖州城的規模雖然非常小，但建築在坡地的特別結構，卻讓人一眼就可以看出祖州城存在於該地的用意。用意之一是在上面的人可以清楚地看到來人，達到看守的目的。另一個用意無疑地便是期待進來的人可以看到這個城邑建築群的整體多層構造，達到視覺上的效果。總之，祖州城是一座兼具看守與觀賞功能的城邑。這看法雖然是我個人的「直覺」，但是和我同來的夥伴們都沒有反對。這個看法，或許真的被我說對了。

但是，比起看到祖州城，當我看到在祖州城旁邊，或者說是在祖州城後面的祖陵的風貌時，我的心情一下子就激動起來了。相當於高樓層的兩塊巨大而怪異的塔狀岩石，彷彿一對瞭望塔或門柱般，聳立在我們的眼前。不只如此，直徑大約五百公尺的圓形或者說是環狀的、幾乎與直徑等高的、看起來極為險峻的岩壁阻絕了外面的世界，岩壁的後面是另一個世界。我如遭雷擊般，受到極大的衝擊——原來傳說是確實存在的。

傳說確實存在

「額兒古涅·崑傳說」，以波斯語記述，被視為蒙古帝國「正史」，由拉施德丁編纂的《史集》裡，詳細地記述了蒙古的開國傳說。說到蒙古的傳說，就會聯想到有名的「蒼狼」。額兒古涅·崑傳說與蒼狼傳說有著微妙的關連，卻又是自成一格的故事。

簡述這個傳說，就是蒙古的始祖逃到額兒古涅·崑（被稱為「額兒古涅之崖」的封閉世界）後，好不容易保住了性命。那裡被險不可攀的鐵質斷崖所圍，是完全與外界隔絕的世界。蒙古的始祖們就在那裡繁衍生命，人口逐漸增多，終於獲得熔鐵的技術，鑿化鐵岩壁，奔向外面的世界，那就是蒙古人的祖先。

這個傳說裡有幾個在其他的傳說裡也會出現情節。在蒙古以前，歐亞各地便流傳著種種傳說和神話故事，例如狼祖神話故事、被封閉的世界、在某個地方繁衍生命、逃出那個地方、奔向新世界，當然還有使用鐵……等等。「走出封閉世界」的情節，北魏的祖先從嘎仙洞裡出來的故事也很有名。

傳說與神話及其存在

蒙古語的額兒古涅，就是俄語的Аргунь（Argun，即額爾古納Ergün-e）河，此河流經嘎仙洞所在地，即興安嶺北域。經過千年的歲月，北魏的神話故事與額兒古涅崑傳說，明顯地連在一起了。再說，突厥帝國的故事裡，也有被絕壁所圍繞的封閉世界的情節，並且又加上狼祖的傳說。《周書》突厥傳裡這一則有名的故事裡，同時發展出兩種情節。總之，故事的結構可說基本上與額兒古涅・崑的傳說差不多，與突厥的祖先是鐵匠的傳說也有所重疊。附帶一提，成吉思汗的本名「鐵木真」，大家都知道這個名字的意思便是「鐵匠」。

回鶻國家承接了突厥帝國時期重整的開國神話模式，這個事實可以從蒙古時代的史料中得到證實。也就是說，包括我在內，我們可以認為蒙古帝國的額兒古涅・崑傳說，是中歐亞遊牧民族世界與在該地形成國家的共同「神話」體系。那麼，此時要怎麼說契丹的情形呢？目前還不清楚。然而，雖說是神話，額兒古涅・崑傳說的原型，就這樣出現在我眼前，那是契丹開國始祖耶律阿保機的陵墓，我震驚得啞口無言。

到底要如何去思考這件事呢？總之，是耶律阿保機本人，或他的後繼者耶律堯骨，在祖先曾生活過、也可以說是「祖籍地」之處——那裡也是突厥帝國以來，更或是拓跋氏以來，與「開國傳說」相似的知名地，建築了皇帝陵。

被創造出來的神聖力量

當然，那個地方的地理形狀有可能是天然形成的。

然而，構成祖陵的岩石斷崖，是在山稜線上堆積石頭，打造出文字所形容的完美圓形「被圍起來的世界」。也就是說，祖陵並非天然形成，而是人為加工完成的。說不定前面說到像瞭望塔的巨大岩柱，也是人為加工而成的。另外，有人將在不夠高的山稜線上堆積岩石，解釋為是「為了防衛」。我不得不說這是不恰當的解讀。我認為那是為了「完美」而做的「完美」施工。

政治上的意義當然是重要的。在契丹國家出現的很久以前，生活在歐亞乾燥地帶的人，就已經非常熟悉「封閉的世界」是一切發祥地之類的神話、傳說，契丹國家把那樣的傳說化為現實了。在曾經是契丹國家帝都的上京臨潢府附近，建造了契丹國家的初代皇陵，好讓去那裡參拜的皇族、貴族、王臣，在去參拜時看到神話與現實合而為一的景象。另外，北宋使節或高昌回鶻等周圍各地域的人，應該也會來眺望阿保機的皇帝陵。蒙古帝國的祖先們應該也曾經被要求來此拜謁，以表達對耶律阿保機與契丹國家的崇敬之意。

祖陵可以說是契丹國家的精神支柱，是成為力量根源的「神話聖地」。祖陵與上京，可視為兩者配套成為一體的政治結構。相反地，蒙古世界帝國的額兒古涅・崑傳說，則是直接參訪祖陵，感受到那裡的神聖性，「傳承」了傳說的人。契丹國家的創始者們，把自己的國家上溯到拓跋、突厥的命脈，這是想以內陸世界的「正統」自居，在歷史之中為自己定位。

把祖陵及作奉陵邑的祖州當做起點，往西北方向畫一直線，首先會連結到第二代可汗耶律堯骨的懷陵，及其奉陵邑懷州；再來就會連結到埋葬了第六代的契丹中興英主、耶律文殊奴及其兒孫等三代的慶陵與慶州。被契丹族視為聖山的黑山，就位於慶陵附近，從祖陵到慶州的距離大約是八十公里。阿保機、堯骨、文殊奴這三位契丹國家的特別帝王，按照歷史順序長眠的這一條線，對契丹帝國來說，是最最重要的樞要之地。從位於廣闊平原中央的王城上京往東眺望時，不是可以說從祖陵到慶陵一帶正是契丹的中軸線嗎？總之，對我來說，能夠參訪祖陵就是此行的最大收穫。

契丹與拓跋氏，契丹與蒙古

那麼，契丹國家是自居為內陸世界的後繼者了嗎？恐怕不只如此。契丹國家也認為自己是唐朝的後繼者。

與唐朝的連動關係

關於唐朝與契丹的連動關係及相似之處，有幾件讓人印象深刻的事情。首先是前面已經提到過的，西元九〇七年唐朝滅亡後，耶律阿保機稱帝。可是，不只阿保機稱帝，之後契丹國家的皇帝陵格式，也與唐朝是一樣的。

自秦漢以來，中華國家的皇陵都設置在平地，但唐朝的皇帝陵是依山而設。做為中華王朝，唐朝的皇帝陵是明顯的特例。契丹國家的皇帝陵也是依山而設的，不僅祖陵如此，慶陵的東陵、中陵、西陵也都設在山中岩石突起的下面。很明顯地，這與唐朝實際上的建國君王李世民（唐太宗）著名的皇帝陵「昭陵」，有著互動的影響，「昭陵」的核心象徵，就是形狀特異的岩石。且不說慶陵，更重要的祖陵核心象徵，並非「都是岩石」，而是「岩石的本身」。很遺憾的是，這次的行程沒有安排參訪契丹第二代君主耶律堯骨的懷陵。不過，從在中國看到的報告裡，可以知道懷陵似乎是和祖陵同類型的皇帝陵。

總之，契丹的皇帝陵雖然有程度上的差異，但都和岩石有關連。此外，這次的行程也很幸運地有機會去參訪韓知古一族的「王陵」（韓知古的家族受到準契丹王族的待遇），雖然不是帝陵，但設於相似慶陵的山形中，並且也是以岩石築起。還有，在祖州城內被認為是阿保機「葬禮」之地的地方，有由數片巨石築起的「Čulu'un Ger」[7]，這一點似乎可以做為契丹族人對石頭，乃至於對岩石有特別感情的佐證。相反地，當時與契丹國家並存的北宋帝陵，就是「中華型」。在皇帝陵這件事上，唐朝與契丹是有傳承關係的。

唐朝是拓跋氏的政權

唐朝的譜系原本就來自北魏拓跋氏，代國、北魏、東魏、西魏、北齊、北周、隋、唐，都是屬於鮮卑拓跋氏的政權。我認為將他們統稱為「拓跋國家」，是一種相當符合歷史現實的說法。西方人稱「拓跋國家」為「Tabgač」。拓跋是Tabgač的訛音。隋唐成為「中華統一王朝」的結果，讓「Tabgač」成為代表「中國」的字語。西方人存在著「拓跋」等於「Tabgač」又等於「中國」的聯想。

唐朝原本就是非漢族出身的「中華王朝」，它的起源是前面所說的嘎仙洞故事中的主角拓跋氏。在歷史記錄上，鮮卑拓跋集團被認為就是興安嶺地方的「東胡」。早在額兒古涅・崑傳說出現之前，契丹就已把「封閉的圓形世界」真實地呈現出來了。而根據記載，契丹也源自東胡。若從大範圍來看，契丹與唐，或者說契丹與拓跋屬於同系，甚至可以說是來自同地域的人類集團。不只對山與石頭有共同的感情，兩者有連動關係或許也是理所當然的事。

既然如此，中華王朝與北域國家界線，到底要畫在什麼地方呢？這是個問題。所謂的「中華」與「塞外」的區別，不過是後世之人創造出來的印象。另外，在此要畫蛇添足地多說幾句，「秦」的契丹語發音是「Chin」，「拓跋」的發音是「Tabgač」，都是第三者的周圍國家對「中國」的稱謂，被中亞以西的歐亞地方人士廣泛使用。此外，例如在俄語中，中國的發音是「Китай」[8]，英語也有用「Cathay」來表示中國的情況。

蒙古的領導者

如果說契丹的前身是拓跋，那麼，契丹的後繼者便可以說是蒙古了。正如已經被寫成論文的內容一般，很多蒙古帝國的系統制度，都是向契丹學習來的，並得以向世界化發展。例如歷史上有名的「站赤」（驛傳制）等，應該就是傳自契丹的。還有，蒙古時代明顯的可汗制度與使用可汗的稱謂，很可能就是直接來自契丹的用法。這類蒙古襲自契丹的例子，實在太多了。

另外，第一契丹帝國後，第二契丹帝國在中亞立國，君臨帕米爾高原東西八十餘年，這也成為蒙古可以往東西擴大的直接導因。這是無庸置疑的。此外還有，第二契丹帝國的構成成員部落之一，後來前往伊朗的起兒漫（克爾曼）地方，建立了所謂的「喀喇契丹王朝」，最後成為蒙古政權旭烈兀兀魯思在伊朗境內的百姓。一直以來我們都對契丹不夠了解，但就從契丹是蒙古的前導者這一點的意義來看，不得不說契丹在歐亞史上有其特別的地位。

對歐亞大陸史的提問

若要以「契丹與蒙古」為題，寫文章做論述的話，大概會寫出一本大部頭的書吧！話雖如此，本書只會提到蒙古帝國治下的契丹軍，分別向多個地方展開的活動。蒙古帝國治下的契丹軍至少有四支軍團，向山西——陝西——四川——雲南有一支軍團，在中亞、伊朗方面有兩支軍團，在遼東、朝鮮半島上有一支。上述所說的最後一支軍團，與日本所說的「蒙古襲來」有關。

又，完成於蒙古時期，以波斯語編寫而成的世界史《史集》裡，關於契丹的敘述也不多。尤其是對於「西遼」，也就是「喀喇契丹」的記述，和《遼史》對「西遼」的記述一樣，是極其冷淡的（事實上，「喀喇契丹」是契丹本身的自稱，而「西遼」是蒙古帝國對第二契丹帝國的漢語說法）。整體來說，蒙古帝國在自己編纂的歷史書中，確實是想要淡化契丹的影子。如果蒙古率直地記述與契丹有關的歷史，或許我們就沒有挑戰研究契丹的餘地了。相反的，正因為如此，我們在探討契丹的歷史與文化時，才會超出中國史的範圍，進一步向亞洲史，甚至是在歐亞史中尋找更多的資料。

1 【編註】「諾門罕戰役」是第二次世界大戰期間，日本及蘇聯在「遠東」（與中國境內內蒙古海拉爾接壤的外蒙古境內的諾門罕地區）所發生的一場戰爭。蘇、日雙方的軍隊各自代表滿洲國及蒙古人民共和國交戰，但是雙方並沒有向對方正式宣戰。戰事的結果：日本關東軍戰敗、蘇聯勝利。蘇日雙方此後在二戰中一直維持和平狀態，直至一九四五年八月六日，美軍在日本廣島投下原子彈為止（蘇聯在八月八日對日本宣戰）。

2 「慶陵〈第1〉I東モンゴリアにおける遼代帝王陵とその壁画に関する考古学的調査報告」，I是研究篇，一九五三年。II是圖版篇，一九五二年。

3 指的是哀悼皇帝、皇后的文章。

4 【編註】「Q」是介於ㄎ與ㄏ之間的音，而非想像中接近注音「ㄑ」。

5 漢語稱為赤峰，蒙古稱烏蘭哈達，意思是紅色的山崖。這個城市的郊外可以看見漂亮的紅色山峰，所以得到赤峰的譯名。

6 內蒙古的達斡爾族被認為是契丹族的後裔。又，生活在靠近雲南與緬甸邊境地方的人群，也是蒙古帝國時代契丹駐軍的子孫。

7 čulu'un是古蒙語的čila'un，也就是石頭的意思。čulu'un ger是指由石頭築起的房子，漢語就叫「石房子」。

8 【譯註】Китай與契丹同音。

第五章　亞洲東方的多國體系

西夏與李元昊

敘述西夏時的困難點

要講述西夏的歷史，實在非常困難。造成困難的最大原因，當然就是缺乏完整的資料。雖說我們還是可以看到以西夏語書寫的文書與各種文獻，但那些文書與文獻卻大多是片斷且不完整，想要藉此再次重現歷史的全貌，有很大的距離。在此情況下，只好不得已地採取包括《資治通鑑》在內的各種中華方面的典籍史料為基本，做間接的了解。總之，從西夏的立場撰寫歷史非常困難，而必須為此情況負責的，恐怕就是蒙古帝國了。

屬於蒙古帝國，位於東方的大元兀魯思政府組織了文臣們，讓他們撰寫被蒙古滅亡的契丹、金國與宋朝的歷史，也就是《遼史》、《金史》、《宋史》這三部正史，也稱為三史[1]。如同前文略述的那樣，對於十世紀到十三世紀的中華與草原歷史，蒙古的編纂方式，是採取三史各自的「王朝史」立場與形式，來劃分時代，因此不管是在時期上還是內容上，都會出現互有重複的情形。

拉施德丁的《史集》中所描述的成吉思汗　坐在大帳中者。

另一方面，在西方的旭烈兀兀魯思的宰相拉施德丁主編的「*Jāmiʿ al-tawārīkh*」，也就是《史集》，是蒙古帝國史，也是史上最初的世界史，總述了在那個時代以前的人類宏偉歷史。《史集》也是由國家編纂的，所以也能說是蒙古的正史。在歐亞東西的各一方，漢文與波斯文雖然是完全不同的語言，並且有著不一樣的文化體系，但是在整理「時代史」或「綜合史」這一點上，卻有意外的相似之處，同時編述出歷史書乃至史集。這件事情的本身，在人類史上可以說是空前絕後。

然而，東西雙方卻都只把西夏當做極為渺小的存在。在東方，完全沒有想要編纂《西夏史》或《大夏史》之類的正史。結果党項族與西夏國的歷史，僅出現在全書共四九六卷的大部頭鉅著《宋史》當中接近末尾的地方，在外國傳的開頭，以「夏國傳」的身分，做上、下兩卷簡單地做了交代。另外，全一一六卷的《遼史》，在倒數第二卷的「二國外記」中，接在高麗的後面一起並提敘述。還有就是全書一三五卷的《金史》也曾提到西夏，但同樣也只是在倒數第二卷的一三四卷中立了一段「西夏傳」而已。

不管是哪一部史書，西夏都像是一個「前夫所生的子女」般被冷漠看待。而且每一部史書裡對西夏的敘述都非常粗略，缺乏連貫性的敘述。無論怎麼看，都會覺得那些敘述是以宋為「本」，明顯地偏向中華本位或契丹、金國本位。那樣的歷史敘述，只是呈現片面的事實而已。

另外，在西方的《史集》開卷「蒙古、突厥諸部族志」中，「唐兀」（Tanggut，即党項）是當時眾多存在於歐亞內陸的各集團之一，也列名在其中。然而，關於「唐兀」的記述卻只有一點點。明明也是一個國家、一個王朝，但是西夏國的歷史卻被淹沒在蒙古帝國史的發展中，只在記述事件時，以「配角」之姿，在必要的時候露一下臉。

在國家編纂的書物裡，有多少記錄或文獻是可以成為資料的，而那些資料又能使用到什麼程度，這是左右歷史書面貌的因素。這種情形不管是在東方還是西方，都是一樣的。但是，直接接收了整個西夏國家的蒙古，應該也承接了西夏本身的完整記錄。西夏的記錄應該不致於被銷毀了。另外，蒙古帝國好像也不是很願意詳細地敘述和契丹有關的事情。或許這就是蒙古帝國的本質，只是對西夏做得更徹底了。雖然沒有把西夏當做完全不存在，但卻極端地忽視西夏的存在，甚至可以說是到了「蔑視」的程度。

掌握關鍵的西夏語研究

其實，蒙古是很在意西夏的吧！現實裡，蒙古在很多事情上都受到了西夏國的影響。要如何把不同來歷、族群的各種人聚合在一起，成立一個國家呢？蒙古除了從契丹帝國及其後裔那裡得到這方面的知識外，也從西夏國學到了很多。例如，在蒙古帝國裡可以很明顯地看到西藏文化，很多方面是從党項族的西夏國引進的。從

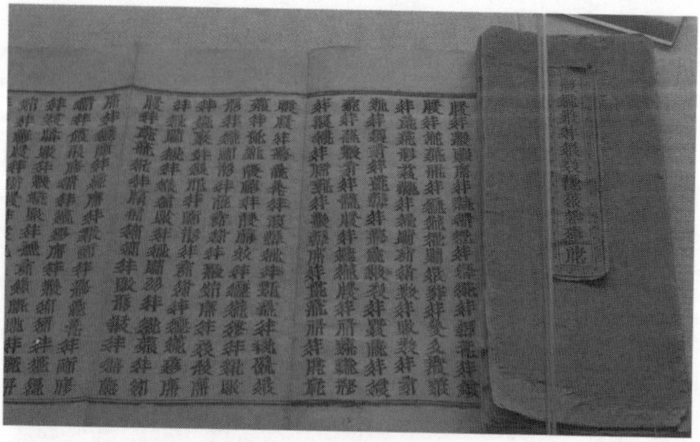

西夏文《大方廣佛華嚴經》 翻譯佛經的事業在西夏國非常興盛，即使在西元一二二七年西夏被蒙古滅亡後，翻譯佛經的熱潮仍然持續著。（寧夏博物館展覽品）

忽必烈皇帝時期的八思巴開始，著名的國師、帝師制度，也是模仿西夏而來的。

概觀蒙古帝國的歷史過程，很容易就能看到舊西夏人的身影，例如成吉思汗身邊的貼身宿衛隊長、活躍於一時的察罕，還有在崖山海戰時使南宋「流亡朝廷」沉於大海的李恆，都是舊西夏人。除此二人為外，蒙古帝國裡還有許多武將、軍人、行政官、文化人、宗教人士，也是舊西夏的人。原本的西夏王族，包含前面說到的李恆，都是依靠蒙古王權而存活下來，而西夏系的諸軍團也被配置到蒙古帝國的各要地。例如現在安徽省的省會合肥一帶，就還有數千西夏族的後裔，這是已經被確認過的事實。這些人便是忽必烈時代蒙古與南宋作戰的時候，被派駐到此地的西夏軍團子孫。

如果西夏的歷史也被認為是中國正史的一部分，那麼現在研究西夏歷史的狀況應該就會截然不同。反過來說，現在既存的中國史，是基於中國王朝史觀的中國史。說這種情形是「正史」史觀，也無不可。說實在的，成為中國史骨架的，正是被修編了正史的各個王朝斷代史。沒有被修編正史的國家、政權不僅被矮化了，更可怕的是連基本史實也讓人無從看清，西夏便是這種情形的代表。

不過，思考東方亞洲的歷史或內陸世界的發展時，西夏人與聚集在該地的各種人們所具有的意義，將是一大關鍵。然而，這裡仍然存在著許多謎與猜測的部分。

研究西夏史就像走進歷史的黑暗中一樣，在亞洲史的研究中，其困難度特別明顯。而其中的一個大困難，就是西夏語、西夏文字。為了完整地了解西夏語、西夏文字，就必須學習以西藏語文為首的相關諸國的各種語言。也就是說，嘗試研究西夏語文的本身，就幾乎是一個壯舉。

關於西夏的研究，日本的西田龍雄先生有不小的貢獻，之後也有在西夏語言、歷史研究上表現出色的優秀學者。還有近年來，尤其是十九世紀末到二十世紀，經過調查，發現了許多西夏語的文字資料，這些資料超越國界地被俄國、中國、英國等國家利用於研究上。事實上，加上從遺跡、遺址、文物遺物等得到的知識，與西夏有關的研究正在緩慢進步中，解開西夏之謎的門，可以說已經開啟了。

因此，下文會敘述的西夏國歷史概略，僅能試著將一點一點的資訊連接起來，完成最低限度的草圖。但即使如此，對西夏的觀察視角，會與契丹國家的出現，或沙陀政權的浮沈、北宋的發展等「已知歷史」不同，思考多方向化的亞洲東方形態。

各式各樣的党項集團

西夏是以西藏系的党項族為中心，在國家發展的過程中，除了吸收了各種的羌族和吐谷渾之外，為數不少的回鶻與漢族也加入其中，讓西夏成為一個多種族的國家。由不同的族群混合而形成複合國家、複合社會這一點，與從北魏到隋、唐的「拓跋國家」，或契丹、金國的形成構造，是很相似的。包括蒙古帝國在內，西夏其實也和在歐亞大陸興起、滅亡的許多國家一樣，是由多種族組合起來的複合國家。

總之，藉由部族聯盟擴大軍事力量，然後以此作為「槓桿」，形成人口大國——原則上這樣的構造並沒有多大的變化。但是，以西夏來說，成為其主軸的党項族可說還存在著許多與河西、鄂爾多斯、青海有關的地域性特徵。

党項族崛起的時間與形式，與沙陀有著意外相似之處。漢字寫成「党項」的這個民族，原本生活在西藏東部的高山地帶與河川交織的土地上，按現在的中國省界劃分，是四川省西半部偏北一帶。現在的四川省範圍，超過原本的四川盆地，往西擴張之後，現在成為面積大到不自然的巨大四川省。七世紀時，吐蕃在西藏高原建立政權，一部分的党項人便生活在那個政權之下。

但是，因為包括以「拓跋」為名的集團諸部族不願意被吐蕃併吞，便離開了原本的居住地，往吐蕃的勢力不易延伸到的東北方向遷移，來到了唐王朝的西北部一帶，分散成數個集團而居。那裡是現在陝西、甘肅、寧夏的交界地，也就是鄂爾多斯地區。這些個集團後來成為唐朝的軍事力，為唐朝所用。例如八世紀中葉發生安史之亂時，這些集團便曾經成為哥舒翰與郭子儀麾下的戰鬥部隊。不過，党項族欠缺統一的團結性，契丹討伐党項時，一部分的党項族被契丹收服，成為契丹軍團的部隊。雖然說是一個党項族，其實卻分成好幾個集團，各有各的生存方式與命運。

鄂爾多斯地方的党項族，開創新歷史並成為核心，而且是以鄂爾多斯南部的夏州為根據地的拓跋氏集團。在北魏的時代，匈奴系的赫連勃勃建立了名為「夏」的小王國，並且修建了統萬城，這就是夏州的由來。夏州以南就是陝西，以長安（京兆府）為中心都市，在此展開了「關中」之地。自稱是昔日北魏的後裔，又以「拓跋」為姓，占據了赫連氏的「夏國」之地的党項集團，在中華被稱為平夏部。

邁向李元昊之路

九世後半，党項的首領拓跋思恭接受了有名無實的唐朝下令，去征討黃巢，並被賜國姓。從此以後，党項的首領便延續了「李」姓，並且被任命為定難軍節度使，領有夏、銀、綏、宥、靜等五州，從鄂爾多斯到陝西北境的遼闊土地，形成實際上獨立的王國，與中華內地各國的中小王權沒有兩樣。不過，這個「夏州王國」的人民，以擁有傳統語言、文化的党項族為基本，又有以部族為單位的強悍軍事力量，再加上地處東西南北的交通要地，所以是一個令人矚目的國家。總的來說，它是一個獨立心旺盛的「邊境王國」。

在草原出現了契丹國家、沙陀崛起於華北、經過了「五代」的興亡，北宋誕生之際，這個「夏州王國」的形勢仍然不變。北宋曾經有意與「夏州王國」結盟。因為當時沙陀的殘餘力量在山西建立了北漢，並且成為契丹帝國的後援，對北宋造成了很大的威脅。那時北漢因為展露了西渡黃河、進攻鄂爾多斯的企圖，所以變成了「夏州王國」的敵人。北宋的第二代皇帝趙匡義（太宗）消滅北漢時，身為族長的夏州王國之「王」李繼筠曾經出兵助趙匡義。西元九八〇年，李繼筠的弟弟李繼捧繼承了李繼筠的地位；誰知兩年後，李繼捧竟將領地獻給北宋，並攜親族家搬到北宋的都城開封。當時党項部內陸續有人反對李繼捧，他感到厭煩了。

有百年歷史的「夏州王國」就這樣莫名其妙地消失了，對此，繼捧的同族李繼遷決意獨立。李繼遷重新結合了鄂爾多斯的党項族人，與北宋開戰，為了得到契丹的後援而臣屬於契丹，形成契丹党項同盟對抗北宋的局面。西元一〇〇二年，李繼遷率眾稍微往西，定都於靈州。就這樣，這個新生的党項王國，選擇了往河西擴展的路。奠定西夏建國基礎的，正是李繼遷。

隔年，西元一〇〇三年，李繼遷死於征戰的途中，他的兒子李德明繼承父業。西元一〇〇四年，契丹與北宋訂定了澶淵之盟；西元一〇〇六年，李德明統治的党項王國與北宋達成和平協議。為了安全與利益，李德明採取了既臣屬於契丹，也臣屬於北宋的雙重臣屬政策。另一方面，李德明專心治理河西的領地，還經過一番苦鬥，從潘羅支等人率領的吐蕃勢力手中，奪走牧馬的要地涼州，還藉著兒子李元昊的奮力作戰，打敗了甘州的回鶻王國，牢牢地將控制東西南北交通的大綠洲握在手中。

李元昊的西夏國

西元一〇三一年，李德明去世，翌年太子李元昊即位，時年二十九。李元昊的霸業建立在繼遷與德明兩代的基礎上，從這一點來看，可以說李元昊並不是一個開創者，但是李元昊的成就卻遠遠超過了祖父與父親，將他們的王國推到更高的位置上，把部族王國水平的党項，建設成新的國家——西夏國，這是李元昊一生的志業。如果從這一點來說的話，可以說李元昊是建國的英主，是一代英雄男子漢。

李元昊渾身充滿英雄氣概。對北宋，他放棄父親李德明持續了二十五年的和親政策，停止對北宋的臣屬，企圖獨立，與北宋形成對等的關係。對契丹帝國，他娶了契丹的公主為妻，成為契丹的駙馬，維持謙恭的依附姿態，這是三者之間的力量關係。李元昊認為與北宋開戰是無可避免的，而且一旦開戰，要打敗北宋並非難事。

形勢演變成準備發動戰爭的党項與採取防衛的北宋對峙，而契丹王國則是站在高處觀望的局面。澶淵之盟後，隨著李元昊躍上時代舞臺，短暫平靜的亞洲東方政局產生變化了。翻動那個時代的主角，無疑的就是李元昊。

西夏王陵　位於銀川市郊。

李元昊一氣呵成地整頓了國家的體制。他以興安府（現在的寧夏回族自治區主要都市銀川）為首都，興建宮殿，採用中華式的官制，建年號為開運（西元一〇三四年），訂定了兵制。並且，不管是官制還是兵制，都表現了「蕃」、「漢」之分，也就是分為党項系等非漢族系與漢族系兩種。另外，因為還制定了西夏文字（蕃字）為國字，所以在文字文化上也有雙重的體制，在各方面都和先行的契丹帝國做法有共同之處。軍隊是軍事國家的基本，党項族的男子從十五歲到六十歲都是軍中成員，以身材魁梧出名的党項精兵自然是國家的支柱。

擁有精兵的李元昊併吞了占據沙州（敦煌）、瓜州的歸義軍節度使——曹氏的小勢力，控制了河西地區。就這樣，東起銀州，西到敦煌一帶的草原、綠洲、沙漠之地，盡歸李元昊的國域，而這個國域裡，是一個多種族融和的社會。西元一〇三八年，李元昊稱帝獨立，國號「大夏」。因為「夏」是中華的雅稱，所以北宋不承認其國號，便稱之為「西夏」。

李元昊終於吹起攻打關中之地與長安京兆的號角，與北宋進入全面戰爭。北宋軍屢屢敗北，處於劣勢。北宋的仁宗政權緊急派了韓琦、范仲淹等能幹的文臣，到前線進行防衛，構築了大量的防衛要塞群與重武裝地帶，拚命地渡過了危機。不久之後，戰爭便陷入膠著的狀態。

北宋一邊努力地防守，一邊和藏系宗喀族青唐王國首領唃廝囉聯繫，威脅西夏的背後。唃廝囉是意為「佛子」的王號，本名又稱欺南陵溫贊普，他有吐蕃王室血統，與李元昊之爭，同時也是東西貿易的爭奪戰，雙方不時有激烈的交戰。不過，唃廝囉最後還是沒有制伏西夏。

慶曆和約

北宋方面為了抗衡西夏的攻勢，派駐了五十萬到八十萬的龐大軍團在西北方，成為北宋巨大的財政負擔，而西夏這邊也不耐長久之戰。對契丹帝國而言，這種情況卻是絕佳的良機，便趁機要求北宋歸還趙匡義北伐時失去的瓦橋關、益津關以南的十縣，順利地索取了歲幣增額的「回報」。而西夏這邊，雖然一直依賴契丹，但也早有脫離契丹的想法。北宋與西夏的戰爭變成了一種契機，在契丹帝國的斡旋下，西夏與北宋協議和平。

北宋年號慶曆四年，也就是西元一〇四四年，以西夏向北宋行臣禮為條件，畫定了兩國的疆界，北宋每年以歲賜為名，送給西夏白銀七萬二千兩、絹十五萬三千匹、茶三萬斤的鉅額財物。北

澶淵之盟後的亞洲東方勢力圖

宋得到了面子，但西夏得到了實質的裡子。從北宋的立場來說，這次的協議稱為慶曆和約，前後長達七年的消耗戰，暫且在此畫下句點。

澶淵之盟正好四十年後，北宋與西夏締結幾乎相同的盟約關係。既存的北宋與契丹的關係，再加上契丹與西夏的關係，北宋、契丹、西夏等三國形成了獨特的三角鼎立狀態，而亞洲東方的局勢則因此進入和平共存的時代。

只是，相對於安定的契丹、北宋關係，西夏與北宋卻時有相互入侵的情況，因此北宋不得不派了將近百萬的龐大兵團，駐紮在陝西一帶。給人文化大國印象的北宋，事實上是擁有龐大軍隊的軍事國家。比起政府的財政問題壓力，北宋的社會安全壓力更大，是一個有沈重負擔的政權。西夏與北宋之間的不安定關係，在後來女真族的大金國占據了華北，宋室南遷的情況下，才宣告結束。

締結了以「和約」為名的國際條約四年後，李元昊以四十六歲之齡去世。以英雄人物來說，李元昊少見地只有五尺多的身高，雖然個子矮小，但意志力、企圖心、智慧與創意都高人一等，並且能盡情地發揮才能，為西夏國的強大奉獻一生。西夏國兩百年左右的歷史基礎，幾乎都是李元昊一手奠定的。

女真族的聯盟——大金國

國家的光與影

自此以後，亞洲東方以契丹、西夏、北宋等三國為中軸，東有日本、高麗、西有青唐王國、天山回鶻、喀喇汗國，南有南詔、黎朝等國，形成被多極化結構包覆的情況，這是前所未有的局面。看來這樣的局面似乎就要成為定局時，十二世紀初發跡於滿洲北半部，以松花江流域的完顏部為中心的女真族聯盟，突然竄起了。

「女真不滿萬，滿萬不可敵」這句話，就是在形容女真兵與騎馬軍團的精實強大；靠著這樣的精銳部隊，一口氣浮上檯面成為新興勢力，打敗了十世紀以來的政局中心契丹帝國、瓦解了北宋，樹立了大金國。當初的正式國名是「大女真金國」，女真語為「Amba Jusin Alcun Gurun」，開國皇帝是完顏阿骨打，據說他是一位身材十分高大的猛將，並且擅射。這樣的形容讓人聯想到契丹的國家開創者耶律阿保機。

只是，在短時間內就成為亞洲東方核心國家的大金國，其國家體制比契丹國家鬆散許多，而且，女真族聯盟原本就並不嚴謹。因為太快就打敗了契丹與北宋，根本沒有時間去整頓國家體制，只能集中全力去處理快速成長的版圖與陣容，無法根本改變女真各部族在國家主權中並列的狀況。大金國的版圖從女真根據地的滿洲地區開始，到大半的契丹直屬領地，與淮水以北的北宋舊領土，遼闊的疆域飄散著原野的牧歌氣息，君臣的關係也如鬆散的生活般，一直無法獲得改變。也就是說，做為一個國家，其制度系統的力量實在太薄弱了。

大金國的皇帝不是真皇帝，權力大概只像一個聯盟的盟主。以國家而言，大金國崛起於滿洲，席捲了內蒙古與中華地區，當初的強大讓人瞠目咋舌，但歷經數次大幅的政治變動後，又受到蒙古的侵略，大版圖迅速地瓦解，政權只好南遷，先是被困在黃河以南之地，後來又遷到離長江不遠的蔡州之地，最後還是走上了滅亡之路。大金國一百二十年的歷史裡，光與影的對照實在太強烈了。

女真族的生活與原本就是遊牧民的契丹族或奚族不同，也和有居住地的沙陀或党項的畜牧民不一樣。女真族住在森林地帶，使用通古斯語，過著狩獵、農耕、漁撈的生活。不過，他們也很會騎馬、熟稔軍事活動。至於女真族的「血緣」或者說是「族系」，應該屬於被耶律阿保機消滅的渤海國，與當時也存在的高麗國血緣相近。

《金史》中「世紀」的趣味

關於女真族的起源、由來和轉變，記載於由蒙古帝國時代編纂的《金史》開頭第一卷《世紀》。《金史・世紀》裡記述的主要內容，以阿骨打建立大金國之前的十位完顏部歷代首長的事蹟

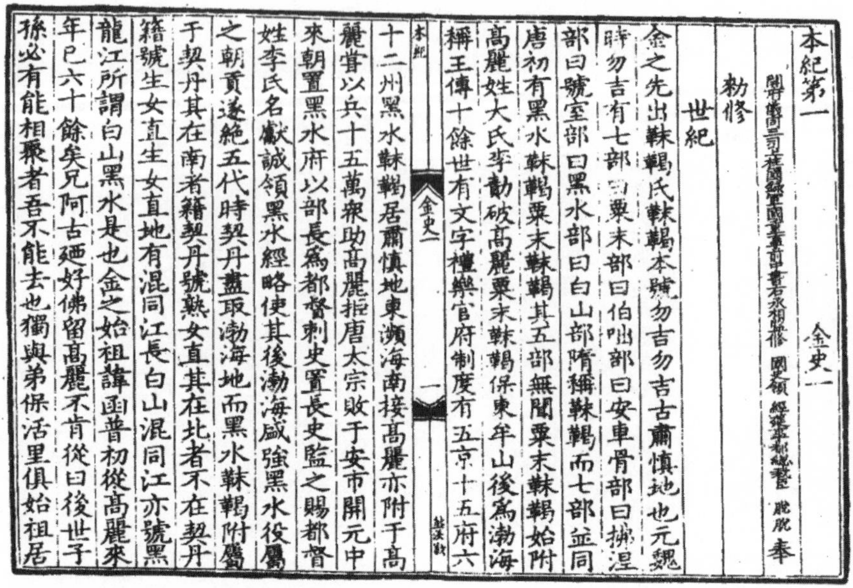

本紀第一　　金史一

開府儀同三司上柱國錄軍國重事前中書右丞相監修國史領經筵事都總裁臣脫脫奉

勅修

世紀

金之先出靺鞨氏靺鞨本號勿吉勿吉古肅慎地也元魏時勿吉有七部曰粟末部曰伯咄部曰安車骨部曰拂涅部曰號室部曰黑水部曰白山部隋稱靺鞨而七部並同唐初有黑水靺鞨粟末靺鞨其五部無聞粟末靺鞨始附高麗姓大氏李勣破高麗粟末靺鞨保東牟山後為渤海稱王傳十餘世有文字禮樂官府制度有五京十五府六十二州黑水靺鞨居肅慎地東瀕海南接高麗亦附于高麗嘗以兵十五萬衆助高麗拒唐太宗敗于安市開元中來朝置黑水府以部長為都督刺史置長史監之賜都督姓李氏名獻誠領黑水經略使其後渤海盛強黑水役屬之朝貢遂絕五代時契丹盡取渤海地而黑水靺鞨附屬于契丹其在南者籍契丹號熟女直其在北者不在契丹籍號生女直生女直地有混同江長白山混同江亦號黑龍江所謂白山黑水是也金之始祖諱函普初從高麗來年已六十餘矣兄阿古廼好佛留高麗不肯從曰後世子孫必有能相聚者吾不能去也獨與弟保活里俱始祖居

《金史》「世紀」　卷一的開頭部分。

為中心，是由各種神話傳說、逸事交織而成的「開國傳說」。更正確的講法應該是說，那是有關女真族始祖與開國的「傳說」或「神話」。在中國的正史裡，把這樣的內容放在《金史》開頭的卷一，是非常特別的。

在《金史》內所描述的內容，無論如何還是不能直接當成「事實的原貌」流傳下去。不過，就像流傳在世界各地的故事或神話傳說一般，都是以經過假設、接合、集合、濃縮等加工處理過的事實片斷，被形象化之後的故事。那是一個被意識化、觀念化的世界。而那樣的印象、意識、觀念和價值觀的本身，無疑是真實的。更重要的是，《金史．世紀》的故事，是完顏阿骨打建立了大金國後，經過整理、體系化，再以文字書寫出來。從文字的敘述中，可以看到以口頭傳述歷史的深刻痕跡。也就是說，書上的主要內容其實是一代傳一代的口傳歷史，整理再「表象化」，賦予那些口傳歷史內容各種價值，成為可以被政權利用來整理秩序的歷史。那不是單純的傳說、神話、故事，那是編寫出來的「大故事」。

這個「故事」是完顏王室與完顏部的「正史」，而這樣的「正史」也同時投射出匯集在完顏政權下的女真諸部族的立場，以及諸部族和政權的緣分。換個說法就是，對女真聯盟來說，那是把「現在」反照在過去的「統一與團結的故事」，所以說那是政治性明顯的史書。從這一點來看，這個大故事的意義與大家熟悉的蒙古帝國的「元朝祕史」，及與其相關的一系列「故事」的情況，是相當接近的。

波斯語的《史集》或《元史》開頭的《太祖本紀》裡，都記述了成吉思汗和其先祖的「故事」，內容講述了蒙古人在成吉思汗家的帶領下，走上富貴之源和繁榮之路。那是使用押韻的詩句，寫成可以口頭傳頌的開國故事。在聽到抑揚頓挫的語調說唱出那雄壯的開國故事時，蒙古人都為祖先的辛苦而落淚，也為祖先們千軍萬馬的功業感動不已，加強了他們要更團結的心意。這樣以「說唱故事」完成的開國故事，不久後就以回鶻文蒙古語寫下來，之後又翻譯成阿拉伯文波斯語，然後直譯為漢字、漢語。基本上《金史．世紀》也有同樣的結構，但比《太祖本紀》更早出現。

根據《世紀》的開頭說明，北魏時的勿吉，隋朝時的靺鞨，就是女真的本源。靺鞨後來分裂為黑水靺鞨與粟末靺鞨，後者建立了渤海國，沒有統合的前者便臣屬於它。還有，黑水指的就是黑龍江，粟末水是松花江。渤海國滅亡後，黑水靺鞨們便臣屬於契丹，其南半部附戶籍於契丹者稱為「熟女真」，沒有登錄戶籍者稱為「生女真」，也就是後來的完顏部。

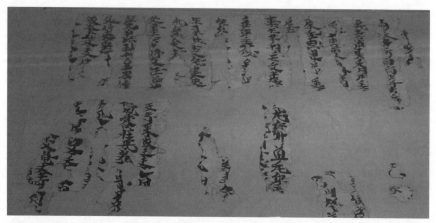

女真文書殘頁　女真文字是大金國的開創者完顏阿骨打命令完顏希尹制定的，西元一一一九年首先公布了女真大字，大約二十年後又發布了女真小字。兩種女真字與契丹文字不同，大、小字的文字體系相同，可以混著使用。女真文字在大金國滅亡後，仍被持續地使用了約兩百年。

內容接著便敘述十祖先的事蹟。第一代是函普，他六十多歲時帶著兄弟，三人從高麗來到完顏部，與完顏部聰明的老女人結婚了，而這個女人的身份好像是薩滿。這故事有點奇怪，但這就是完顏王室的開端。函普的兩個兄弟也分別成為女真聯盟其他派別的祖先。這種「現在」的有力集團、家系，從古以來彼此就是親屬的說明，在以後敘述的歷代歷史時，也會一再出現。關於這十位祖先的敘述，從第六代的烏古迺開始變得詳細起來，顯示那應該是真實存在的人物。阿骨打的父親劾里鉢是第七代，被大書特書為一位了不起的英雄人物，這是可想而知的。劾里鉢的弟弟們繼承了劾里鉢，到了第九代的盈歌時，奠定了阿骨打的創業基礎，這些都可以視為真實的歷史。第十代的烏雅束是阿骨打的哥哥，關於他與高麗國之間的記事並不正確，由此可見阿骨打政權與哥哥之間的關係是微妙的，但也僅能如此猜測，其餘的無從得知。

《金史》卷二以傳奇式的風格，記述了阿骨打這一代的事蹟。關於這一點，二次世界大戰前，在日本的大陸政策與時代狀況下，曾經興起一陣研究的熱潮。近幾年來在純粹的文獻研究風之下，這股熱潮再起。其實除此之外，也希望整個金史有更嚴密的分析與考證。包括金與後來的清朝——也就是大清國的關連，還有很多問題等著我們去解答。

海上之盟

完顏部的根據地是往北之後流入松花江的按出虎水流域。「按出虎」是女真語，語意為「黃金」。完顏部在劾里缽—盈歌—阿骨打的兩代中，慢慢地變強，成為滿洲北半部「生女真」們的中心，而此時的契丹帝國已是阿保機建國之後的兩百餘年，在太平的社會裡習慣了安樂的生活，昔日勇猛的遊牧民們也完全貴族化，國家社會的各個角落螺絲都開始鬆弛了。消失尚武之風已久的契丹王族、貴族們，熱衷於娛樂、遊興的鷹獵，更為了求取「海東青鶻」這種鷹，常令生女真諸部族痛苦不已。長久以來，生女真對契丹的橫征暴斂與壓迫的不滿一直在累積中，到了西元一一一四年，完顏部的阿骨打終於公開地舉旗反抗契丹。

完顏部的軍隊一旦在國境線的要衝之地寧江州擊潰契丹的討伐軍，阿骨打便一鼓作氣地立刻在按出虎河畔即皇帝位，以「收國」為年號。既然已經舉了反旗，就必須將女真諸部族結合起來，團結一氣，趁機提高氣勢，為了這一點，最重要的事情便是宣告獨立。總之，大金國就這樣誕生了。

在這個時間點，大金國還被認為是反叛軍。但到了隔年，大金國的軍隊攻克了當年耶律阿保機逝世的據點城市黃龍府，接著又在混同江（指松花江）河畔，擊敗了契丹天祚帝親率號稱七十萬的大軍。七十萬大軍被擊敗的原因，在於天祚帝不懂戰爭，又帶領了過度龐大的軍隊，而組成這支龐大的軍隊成員，又來自多個不同的種族，軍隊中還發生叛亂。總之，是契丹軍自身崩潰瓦解，自己打敗了自己。契丹皇帝親率大軍卻敗北的之事，給內外帶來極大的衝擊。

情勢急轉，契丹的威信一落千丈，在滿洲南半部的渤海人於是在各地製造暴動。阿骨打趁契丹混亂之際，糾合了「熟女真」的諸部族，再配合渤海遺民，控制了遼東全域，進一步攻打契丹本土的架勢已經準備好了，雙方攻守的位置已然互異。

契丹與女真開戰的消息，很快就傳到北宋。北宋朝廷與契丹雖然聯手和平共存了百年，是結盟的夥伴，但心中還是暗喜契丹背後出現了女真這個新國家，並且還能力抗契丹。西元一一一八年，北宋派遣了使者從海上出發，經過遼東半島，前往按出虎河畔，向大金國提議聯盟，一起對抗契丹。此時的阿骨打正與契丹進行協議和解，便暫時擱置了北宋的提議。但阿骨打把北宋與契丹放在天秤的兩端觀察之後，見與契丹的交涉並不順利，便決定與北宋合作，並提出條件，條件之一就是北宋將每年送給契丹的歲幣，轉移送給金國。北宋與金的同盟，就是「海上之盟」。

就這樣，大金國與北宋各自出兵攻擊契丹。西元一一二〇年，金軍攻克契丹的首都上京臨潢府，追擊往西逃逸的天祚帝，也成功地攻下西京大同府。另，北宋軍攻打燕京（南京析津府）時，卻屢被契丹軍擊敗，主將童貫於是向金軍求援，金軍很俐落地就攻下了燕京，這樣的戰況成為未來局勢的導火線。

結果，金國方面將燕雲十六州中燕京以下的六州讓給了北宋，做為損害的補償。西元一一二三年，阿骨打死了，其弟吳乞買繼位，而契丹帝國的天祚帝被吳乞買的手下所虜。西元一一二五年，契丹帝國滅亡了。但是就像前文所述，耶律大石在中亞建立了第二契丹帝國。

北宋為了收復燕京付出龐大的代價，國家的經濟情況大為混亂，頻頻發生叛亂事件。但在這種情形下，北宋還反覆地對金國做出挑釁的行為，也不履行送歲幣給金國的約定。此外，北宋還肆無忌憚地三番兩次耍陰謀、背信。西元一一二五年，吳乞買給契丹最後的致命一擊，同年終於對北宋興師問罪，大軍直接來到開封前。

簡述後續情況大致如下：北宋因此滅亡，金軍將北宋的上皇徽宗、皇帝欽宗，以及他們之下的皇室宗族、官僚等數千人帶往北方；時為靖康二年，也就是西元一一二七年。北宋從建國到滅亡，共計一百六十七年。我忍不住會有這種想法，如果沒有澶淵之盟的和平共存系統，軍事力一直都很羸弱的北宋或許在更早之前就滅亡了。

勢均力敵者當中的中華

大金國滅了北宋後，並沒有繼續南下攻打依靠長江之險而再建的南宋，讓南宋逃過一劫。此後，在對華北的統治上，金國雖然扶植了楚、齊等傀儡政權，但最後還是由自己統治，並讓大量的女真人移居到華北。關於這一點的始末，限於篇幅，只能點到為止地略述於此。

西元一一四二年，金國與南宋簽定了和約，雙方以淮水為界，南宋向金稱臣，並以每年送給金國白銀二十五萬兩，絹二十五萬匹等物資為條件，達成和平之約。這個約定讓人聯想到一百三十八年前的澶淵之盟。在此之前，金國對西夏沿襲了契丹帝國的先例，讓西夏稱臣，確定了雙方的和平共存，此刻「澶淵系統」再現。依照國際條約達成了和平共存的模式，是亞洲東方開創出來的歷史智慧。

西元一一四九年，完顏迪古乃（中華風的名字為「亮」）殺害了金國的第三代皇帝熙宗，為了當真正的中華皇帝，他從按出虎水的上京會寧府遷都到燕京，並且在西元一一六一年開始南伐。可是，在北方滿洲的反迪古乃派，推舉了迪古乃的堂兄弟完顏烏祿（中華風的名字為「雍」）為領導，展開叛亂。那時正準備渡江的迪古乃只好轉身北行，卻又在軍中被暗殺。迪古乃生前雖然是皇帝，但死後卻被貶為「海陵庶人」，後來地位雖然恢復了，但也只恢復到即位前的舊稱號「海陵王」。

金國的新皇帝完顏烏祿也決定以燕京為都，再度與南宋展開議和。西元一一六五年，雙方再簽訂和約，國境線不變，但君臣關係改為叔姪，歲幣的銀、絹各減少五萬，這次的和約修改稍微偏向南宋。

之後的四十年雙方相安無事，和平地過去了。廟號世宗的金國皇帝完顏烏祿在位二十八年，被大多數人認為是一位名君。但是，完顏烏祿其實是一個平庸而且性情陰鬱的人，他之所以能當上皇帝，是因為迪古乃為了壓制反對派，幾乎殺盡了金室的人，烏祿因為平庸，所以僥倖逃過一劫。現在我們對於金國前半部的歷史多有不清楚之處，其實就是烏祿成為金國的獨裁者皇帝後，為了自己的名聲能流傳到後世，刪減了很多前代的記錄，文獻史家們經常被烏祿一手「導演」的歷史記錄所朦騙。

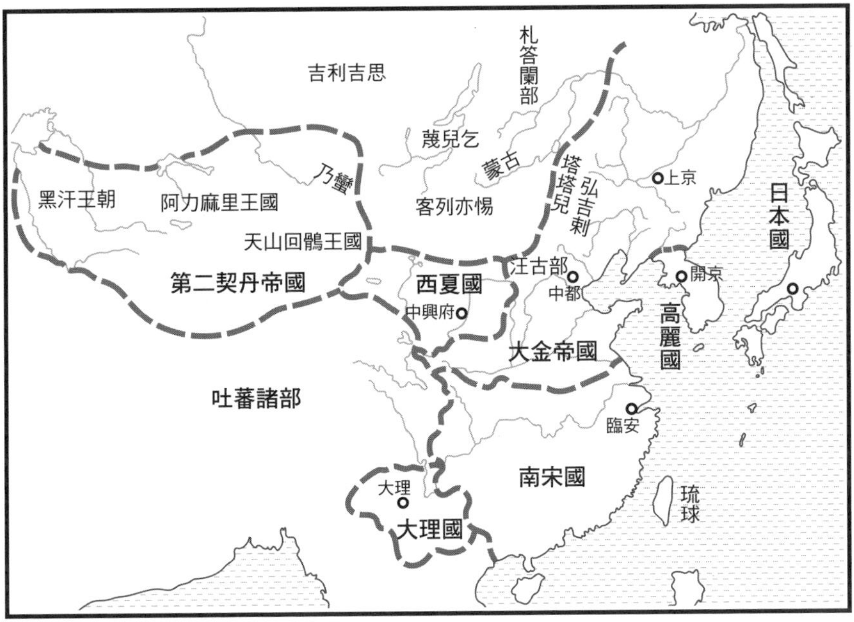

十二世紀至十三世紀初的亞洲東方勢力分布圖

西元一二〇六年，這次輪到南宋大舉北伐了。南宋政權的實力派人物韓侂胄知道金國因為蒙古的崛起而陷於困窘的內情，認為不可錯過這個可以留名歷史的大好機會，便鼓動南宋興兵。但是，雙方一旦真的動起刀槍，南宋軍還是一樣的弱，處處敗給被認作弱兵的金國軍隊，結果韓侂胄掉了腦袋，南宋只好向金國乞和。一二〇八年雙方再度簽訂和約，國境線仍然不變，但叔姪關係改為伯姪，並且增加了歲幣。除了兩次變故的例外，「澶淵系統」仍然持續有效。

回顧歷史，西元一〇〇四年的澶淵之盟後兩百多年間，亞洲東方維持著兩強國，乃至於三強國為中心，外圍圍繞著數個小國並存的固定局勢。德國的亞洲史學家傅海波（Herbert Franke）[2]對此狀況以「勢均力敵者當中的中華」來形容。這是一個相當巧妙的形容方式。

若「中華」只限於北宋、南宋，那麼確實是那樣的吧！

另外，例如西夏，從某方面來說是「中華國家」，金國也是，這點很難否定。連契丹國家也帶有濃厚的中華色彩，這裡其實存在著各種形態的「中華」。

而北宋與南宋，則是被過度純化的「中華」。雖說如此，當時的局勢其實是超越所謂的「中華」的範圍，是多重、多元的數個國家較少互相攻伐並持續和平的時代，或許可以視此狀況為一種體系，也就是說，當時的亞洲東方出現了多國並存的體系。

註釋

1 在此要稍做說明，蒙古為何必須替契丹編纂正史呢？這或許會讓人感到納悶。因為消滅契丹帝國的，並不是蒙古，而且，契丹帝國滅亡到蒙古崛起，這中間還相差了將近一百年的時光。然而，這是來自狹隘的中國史的想法，因為另一個契丹帝國，也就是所謂的西遼，確實是被蒙古消滅的。在當時的感覺裡，西遼就是契丹。西元一一二五年滅亡的東方契丹帝國，就是「遼」的直接繼承者，用別的說法，「東遼」與「西遼」是同系的國家。所以說，整理東西、前後兩個契丹國家的歷史，就成為蒙古的責任了。

2 【編註】傅海波（Herbert Franke，一九一四～二〇一一年）是一位德國的漢學家，專門是研究金朝和元朝的歷史，同時也是《劍橋中國史》（*The Cambridge History of China*）的主編之一，負責前述套書的第六卷《遼西夏金元史》。

第六章　在橫跨歐亞的蒙古帝國領域之下

蒙古的出現

重新回頭來看十世紀到十二世紀的歐亞大陸，不管是草原還是農耕地區、乾燥還是潮濕的區域，突厥和蒙古系的遊牧民崛起，成為在東西方轉動歷史的原因與主角。另外，各區域的政權不論大小，一個區域多個政權化的情形也深化了。還有，隨著東方的突厥系人往西移動的趨勢，以「十字軍」之名的法蘭克人，則從西方朝著東地中海一帶前進，時代越發流動化了。換句話說，就是超越地域世界的相關動能慢慢生成浪潮，準備好要開啟更大的變動。在那個時代，有極大的可變性。

蒼狼與光之子

後世所說的蒙古高原，有著歐亞最大、最優良的草原地帶，在被大小不一的突厥、蒙古系的部族集團割據下，一直呈現著混亂的局面。在森林與草原交錯的東北角，有一支還留有狩獵民影子的蒙古部族，流傳著蒼狼與光之子的兩種先祖傳說。

一個男孩誕生在這個小部族裡，他叫鐵木真，就是後來的成吉思汗。關於他的誕生年有很多說法，有人說是西元一一五五年，但也有人說是一一六二年或一一六七年。鐵木真的父親也速該原是蒙古內部中乞顏．孛兒只斤氏的實力人物，卻早早就被毒殺，所以鐵木真的青少年時期過得非常艱苦。不過，與此有關的確切史料並不多。直到西元一二〇三年秋天，鐵木真幸運地奇襲打敗占有優勢的克烈部汪罕（又作王罕），掌握了蒙古高原東半部的霸權後，關於鐵木真的事蹟記錄才多了起來。

隔年（一二〇四年）的四月，鐵木真擊破了占有蒙古高原西部杭愛山到阿爾泰山一帶的突厥系乃蠻部，獲得重大的勝利。在此之前，乃蠻部向陰山北麓一帶同樣是突厥系的有力部族汪古部提議，想要聯手夾擊蒙古，但汪古部卻把這個提議告訴了鐵木真。擊敗了乃蠻部後，鐵木真在高原上的有力對手，就只剩下蔑兒乞部了。西元一二〇五年春天，鐵木真率部隊北進，終於征服了宿敵蔑兒乞部。僅僅兩年多的時間，除了金國治下的熱河草原與其附近一帶外，鐵木真一口氣拿下了大半個蒙古草原。

模糊不清的真相

後世流傳著各種關於成吉思汗與其人生的英雄傳說，但是，包括他的容貌在內，成吉思汗的真實面貌，實在難以確定，只能說做為一個戰鬥指揮官來說，恐怕找不到像他這麼出類拔萃的了。

進行高原統一戰的時候，據估計，當時的鐵木真至少也有四十歲了，對遊牧民來說已經不算年輕。鐵木真雖然也算出身名門，但居人之下的時間實在不算短。他有傾聽別人意見的度量，並將之

元太祖（成吉思汗）半身像　元朝劉貫道所繪（藏於國立故宮博物院），約一二七一至一二九四年所作。成吉思汗雖然歷史上赫赫有名，但是卻幾乎看不見與他的容貌、風采相關的史料記錄。能夠看到的肖像也只有這一幅。從畫風看來是中華式的畫法，是否能夠確實表現成吉思汗的容貌，後人就不得而知了。

善用的才能；又有豐富的經驗和值得信賴的政治敏感度，也懂得看人和觀察狀況，他也擁有適度的平衡感，是一個有素質的組織者、調停者，同時還是一個果敢而有實行力的人。在這些方面上，鐵木真更勝一籌。

在之前，由於長年的部族割據，各集團內部的身分秩序與社會關係，是固定且閉塞的，對要求打破現狀的人們來說，不被一成不變的部族關係或門第、身分拘束的鐵木真，成為他們寄託自身命運的領袖。越來越多不同經歷與出身的人聚集到鐵木真的旗下，並且與鐵木真形成一對一的信賴關係。

像這樣的遊牧民領袖，除了鐵木真外，一定還另有他人，但他是笑傲到最後的英雄。另外，歷來不斷干涉高原的金國，在章宗的時代，因為專心於治下的和平主義與振興文化，對國家的安全保障與軍備之事多有疏忽，不能不說這也是鐵木真的幸運。

西元一二〇六年的春天，鐵木真在鄂嫩河上游的草地召開大集會，並在那裡舉行了即位儀式，號稱「成吉思汗」。蒙古語「兀魯思」的意思是「人民的集團」，成吉思汗取人民集團的核心集團「蒙古」之名，成立了遊牧民的聯盟「蒙古兀魯思」，這就是「大蒙古國」。

隨後，成吉思汗馬上著手建立新的遊牧國家體制。首先，他將麾下的全部遊牧民重編成九十五個千戶的集團，封創業的功臣與同族、有功勳的親族為千戶之長，並讓他們各自治理。各千戶集團的內容與編成方式不盡相同，但基本上同部族或氏族，會編在相同的千戶集團裡。另外，對在爭霸戰爭中的對手：克烈、塔塔兒、乃蠻、蔑兒乞等部族，除了讓有特別功勳的人成為部族的千戶戶長外，還解散其部落的集團完整性。如此一來尊重了牧民們的出身與來歷，同時也避免了敵對勢力的再起。

蒙古兀魯思的原點

接著，新編成的千戶集團之中，成吉思汗將一部分分給了兒子與弟弟。分別給長子朮赤、次子察合台、三子窩闊台各四個千戶，給二弟拙赤．哈撒兒一個千戶，三弟合赤溫的遺孤按赤台三個千戶，而給么弟鐵木哥．斡赤斤的千戶包括在給母親月倫太后的千戶裡，共有八個，這是特別的待遇。給三個兒子的遊牧地集中在蒙古高原西界的阿爾泰山一帶，給三個弟弟的遊牧地則在相反方向的東方興安嶺一帶，呈數珠狀排列。

三個兒子的千戶數合計為十二個，三個弟弟的千戶數總計也是十二個。成吉思汗在蒙古國家的草創期時，就在東西兩邊配置了相同數量且同族的兀魯思，這些兀魯思在日後各自形成獨立於中央的個別勢力。而分屬於各兀魯思的千戶，就是兀魯思的基本部隊。這時的配置，決定了日後各兀魯思的發展與命運。

除了分給兒子與弟弟們的二十四個千戶外，其餘的千戶直屬於成吉思汗本人與他的小兒子托雷，這些千戶也分置在東西的左右兩翼，位於兩翼的中央，則是直屬於成吉思汗的一萬名近衛兼宿衛軍，稱為「怯薛」，和四大氈帳「斡兒朵」與其附屬的牧民人們，同為成吉思汗的私人財產。

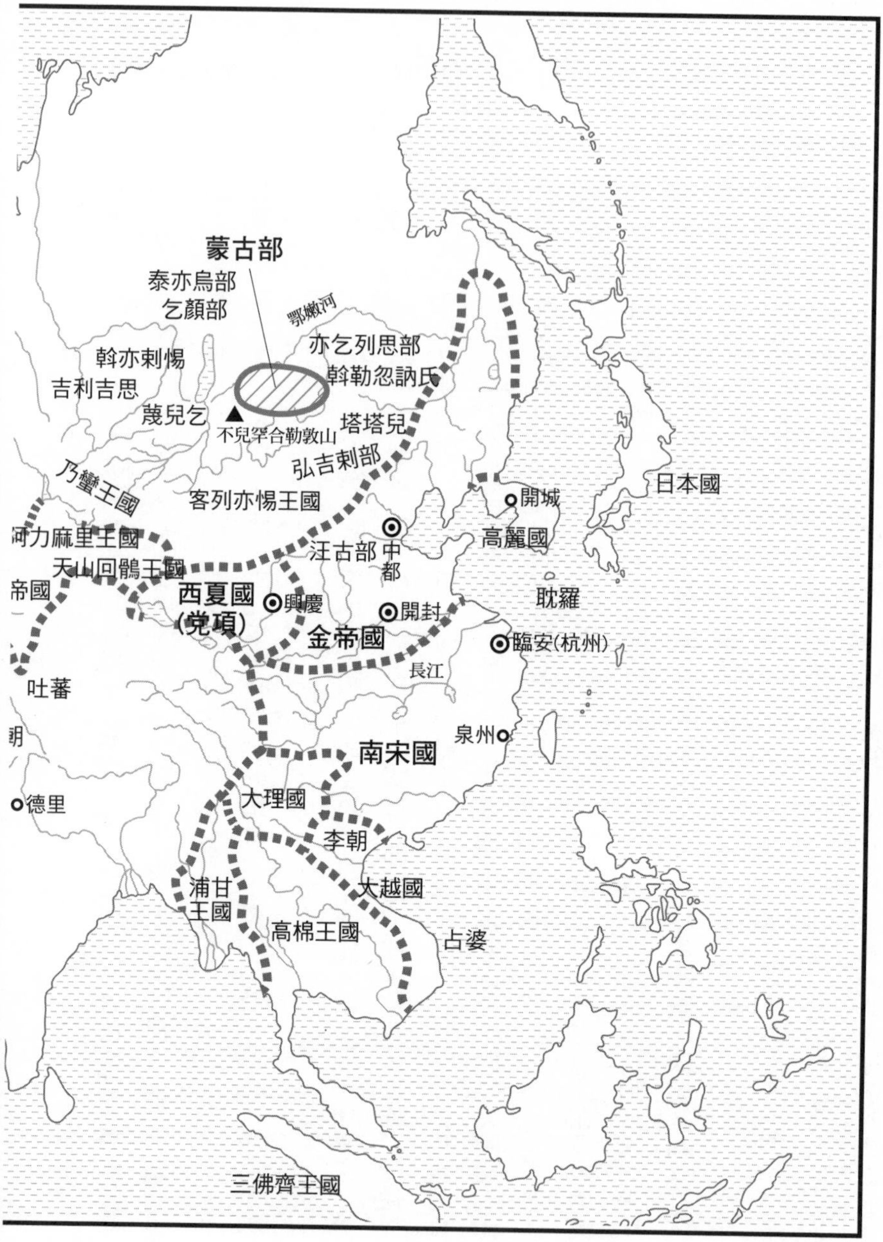
蒙古部
泰亦烏部
乞顏部
鄂嫩河
亦乞列思部
斡亦剌惕
斡勒忽訥氏
吉利吉思
蔑兒乞
不兒罕合勒敦山
塔塔兒
弘吉剌部
乃蠻王國
客列亦惕王國
日本國
開城
阿力麻里王國
汪古部
中都
高麗國
天山回鶻王國
帝國
西夏國
(党項)
興慶
開封
耽羅
金帝國
臨安(杭州)
吐蕃
長江
泉州
南宋國
德里
大理國
李朝
浦甘王國
大越國
高棉王國
占婆
三佛齊王國

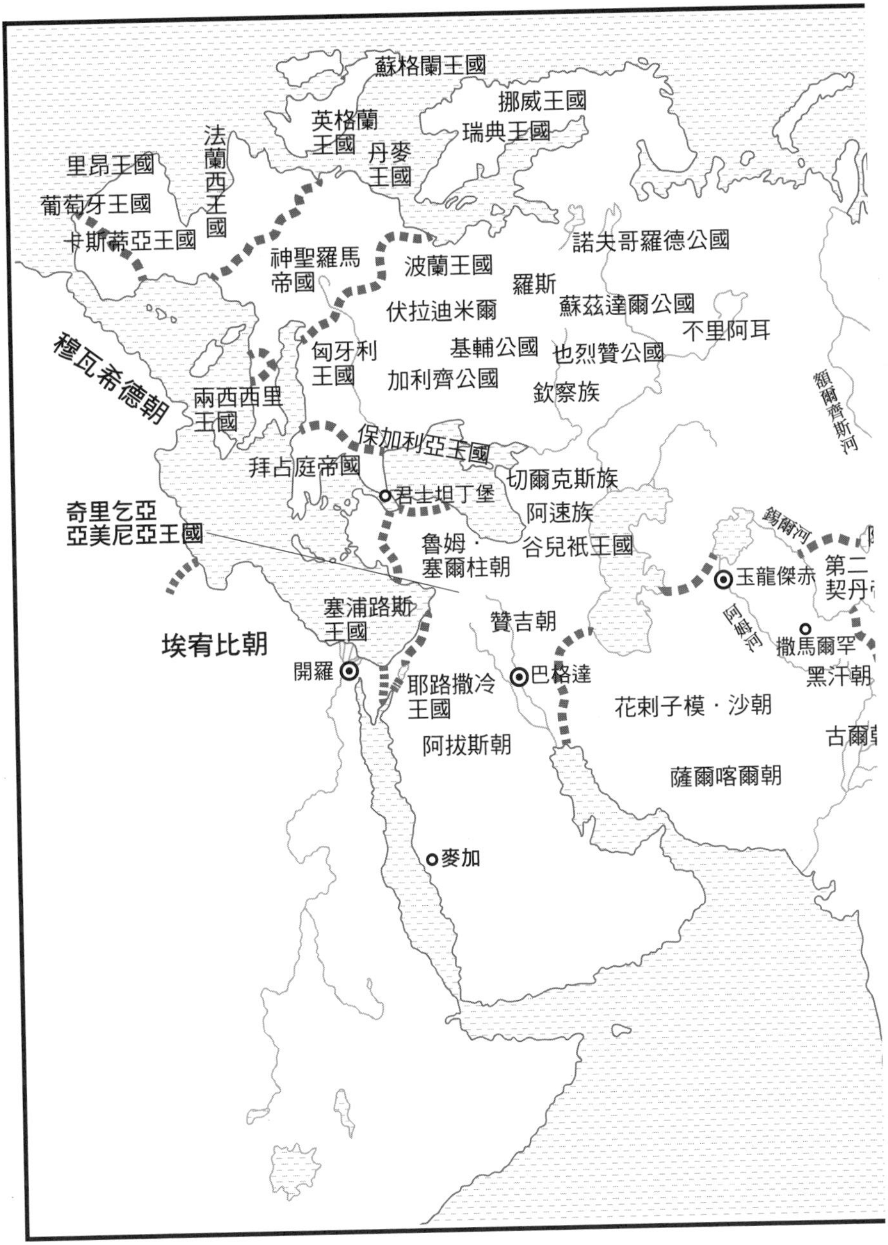

在成吉思汗之前的歐亞地區（十二世紀）

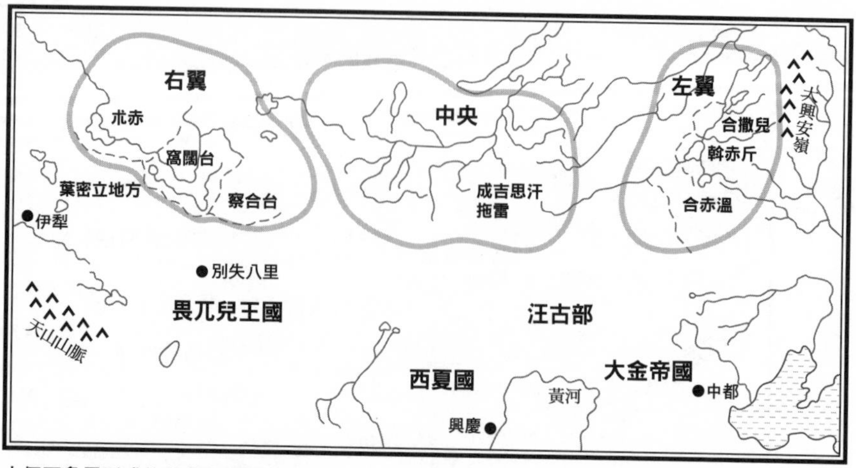

六個兀魯思形成後的蒙古初期王國

各千戶的內部還有百戶、十戶之分，三個階段各有指揮官，他們與千戶長、萬戶長一樣，擁有象徵遊牧貴族意味的稱號「那顏」。成為千戶基礎的，並不一定是嚴格限於一千個家庭（住在同一個氈帳內的人），而是由大約幾百個家庭所組成，要提供一千名戰士。代替以前的部族所編成新的千戶，形成蒙古新國家政治、行政、軍事、社會等方面的基礎組織，而千戶長是行政官，也是軍事指揮官。

十進法的軍事組織、左右兩翼的體制等遊牧國家的大框架，是自匈奴國家以來的長期傳統。成吉思汗將這種傳統徹底地整頓成以自己為中心的命令系統，把麾下的全體遊牧民，變身為容易管理並統治的軍事集團。這時成立的集團與組織，便是日後蒙古可以極力擴張的根源。

總之，蒙古自從以一個統合了諸部族，再重新編組人民的「兀魯思」面貌出現時開始，就幾乎是一個成形的國家了。它以一個完善組織的軍事權力體之姿，一口氣躍上歷史的舞臺。蒙古超過十萬騎兵戰力的機動軍團，不僅在當時歐亞地區是絕無僅有的，就是在歐亞史上，或許也從來沒有過。蒙古的擴大，就像是與老天約定好的一般。

還有一個不容忽略的重點，蒙古後來接收了綠洲社會，取得了農牧並存的區域，進一步陸續併吞了更大型的定住型區域，版圖有如滾雪球般越來越大。這一切其實是建立在契丹國家與西夏、金國、西遼、塞爾柱等等先行國家的基礎上，自然地承接了他們的知識而來。蒙古好像按照順序追趕著以前的歷史經驗般，不斷地擴大，以結果來說，蒙古負擔起歷史總合者的任務。從國家、社會開始，統合了各個方面的系統，這就是蒙古的命運。

中亞東半部的雪崩現象

奠定了新國家的基礎後，成吉思汗立刻展開對外的征服行動。遊牧民的領導者必須是部族內的調整者，在完成了統一的組織後，也必須成為對外掠奪戰爭的企劃、執行者。

西元一二〇五年夏天，蒙古就已經開始了對南鄰西夏國的試探性侵擾。建國後，成吉思汗首先便命令長子朮赤制服北方的森林之民。穩定了北方後，西元一二〇八年追擊乃蠻的王子屈出律及其殘餘部隊直到阿爾泰山的西麓，平定了西邊。此時的屈出律便經由畏兀兒斯坦，進入位在楚河的西遼領內。

當時位於東部天山、吐魯番的畏兀兒王國[1]，臣屬於在蒙古時代被稱為西遼的第二契丹帝國之下。畏兀兒國王巴而朮．阿而忒．的斤，預測蒙古國家即將強盛，便殺了西遼的監國，隔年宣布歸附成吉思汗。天山畏兀兒的歸附對蒙古國家的將來發展有很大的影響，自唐以來，在回鶻累積起來的高度政治、經濟、文化，及豐富的知識與人材，在畏兀兒歸附蒙古後，完全被蒙古所接收，許多畏兀兒人後來活躍於蒙古治下的政治、行政、財務、軍事諸方面，與蒙古幾乎一體化了。

位於天山畏兀兒西方，巴爾喀什湖之南的葛邏祿族，曾經臣屬於西遼，加上位於天山北麓伊犁河溪谷的穆斯林王國阿力麻里，他們都對契丹族的佛教信仰不滿，於是投到蒙古的旗下。

第二契丹帝國統領之下的天山周圍諸附屬國，版圖橫跨帕米爾東西，雖然統治力鬆散，但形成了廣大的勢力圈，紛紛脫離第二契丹帝國，投向蒙古國。很明顯的，這個新興的蒙古國，力量比西遼更加強大，單單它的存在本身，就讓人感到壓力，後來它的發展更擴及到中亞，也有效地利用了西遼累積起來的統治智慧與方法。

金國之戰

成吉思汗與金國的全面對決終於開始了。西元一二一一年的春天，成吉思汗集結了克魯倫河河畔的蒙古軍，僅留兩千騎兵在當地，帶著其餘的全部軍馬，踏上長達六年的南征之旅。

蒙古軍首先往陰山進軍，在該地駐牧的汪古部族聯盟早已歸附蒙古，在汪古軍的引導下，成吉思汗擊潰了駐屯在南麓沃野的金軍。接著，在小兒子拖雷的陪伴下，成吉思汗東進到內蒙古，攻打金國的官家牧場（現為錫林郭勒大草原），虜獲了大量的軍馬。

這是遠征的最初目的，在歐亞乾燥地區進行的戰爭，歸根究底，勝負關鍵就是「馬」。因此，金國在從陰山一帶，掠過戈壁的南邊，直到東北的呼倫貝爾草原，建築了蜿蜒有如長城般，名為知了。「界壕」的土牆與壕溝，藉此守護軍馬的牧場。這個官方軍馬牧場一旦被破，雙方的勝負便可想而知了。

原本就在機動力上占上風的蒙古軍，自然就占有優勢，而金軍從開戰之初，就幾乎喪失了機動力，最後只能躲在城內固守城池，專守防衛了。蒙古軍一口氣逼近到保護中都（金國首都）的居庸關南口。但是，看到金軍拚命防衛首都的情況，蒙古軍不再勉強進擊，便撤退到北鄰的內蒙古草原，暫且駐紮在那裡。這一年，有相當多數的契丹族脫離金國，轉而歸順蒙古（第一次戰役）。

就這樣，在內蒙古渡過冬天和夏天的成吉思汗軍隊，於隔年的西元一二一三年秋天來臨時，再次揮軍南下。這一次，成吉思汗的軍隊避開了居庸關之險，從中都西南方的紫荊關，進入河北平原。成吉思汗在那裡把軍隊分為三路，分別席捲了華北、遼西和遼東，這次作戰的目的是摧毀大半的金國領土，孤立中都（第二次戰役）。

再隔年、西元一二一四年春天，蒙古全軍在中都會合，包圍了中都。在此期間，中都的金國宮廷發生政變，對蒙古懷抱強烈敵意的金國皇帝衛紹王允濟被殺，繼位的是宣宗。宣宗即位後，立刻奉上皇室的女子，並且允諾每年納貢銀、絹，以此做為求和的條件。成吉思汗立刻接受了，馬上退兵到內蒙古（第三次戰役）。

對金國的作戰　或許成吉思汗的預定就只是如此。幾乎搶走了金國的全部軍馬後，金國已經失去機動力，而且肥沃的內蒙古草地也到手了。從這個時候起，成吉思汗占領了蒙古高原全域，還吸收了散佈在這個區域裡的契丹族大集團。這些契丹族集團也被編入千戶的組織中，此時蒙古的千戶總數已經增加到一百二十九個了。後世把這些千戶視為蒙古國家的基本部隊，契丹族也變成了「蒙古」。

對蒙古人來說，契丹族是偉大的先人，被視為蒙古系的契丹族人能夠與成吉思汗等蒙古人自由交談。成吉思汗因此能夠接收契丹帝國和大金國合起來三百多年的豐富經驗，熟悉草原與中華雙方的政治與統治方式。還有，這個時候的契丹人大多通曉漢語。

從戰略上來看，與內蒙古契丹族的合流有兩大意義。第一，這些契丹人在此後蒙古征服中國的過程中，完成先行的任務。第二，讓另一個契丹集團——西遼，更容易併入蒙古，成為蒙古向中亞以西伸展的導入點。對蒙古來說，契丹與畏兀兒的意義不相同，或者說契丹族歸屬所帶來的影響更為重大。

蒙古軍從中都的周圍撤軍後，西元一二一四年五月，金國決定遷都到黃河以南的北宋舊都開封，認為繼續守在中都，國家將不保。宣宗及其朝廷幾乎來不及打包，便匆忙南下開封。此時，負責防衛首都的乣軍叛變，留守中都的剩餘金軍因此陷入混亂中。乣軍是包括金國北邊契丹族的諸部族混成軍，他們向在中都之北、內蒙古草原駐紮過夏的成吉思汗求援。當時正好有不久前才來歸順的契丹族在成吉思汗的陣營中，他們強烈要求成吉思汗再度攻打中都。

就這樣，成吉思汗同意再度出兵中都，在乣軍與契丹軍團的呼應下，一二一五年五月，中都被攻陷了（第四次戰役）。這次戰役的結果，造成黃河以北的華北全域陷入無政府的狀態。之後，金國撤退到黃河以南，只會偶而出擊一下河北。

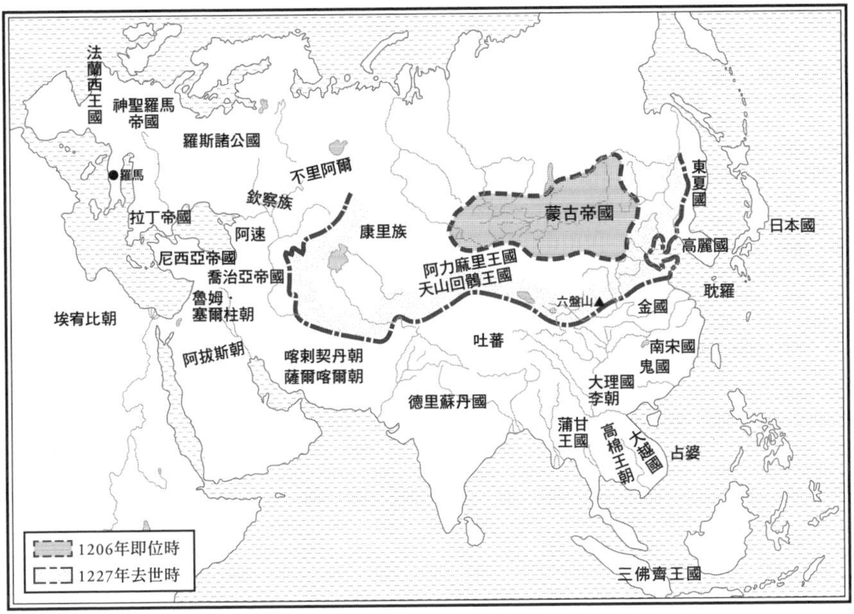

成吉思汗時期的蒙古帝國（一二〇六～一二二七）

亡命到西遼的乃蠻王子屈出律，受到對蒙古懷抱敵意的西遼歡迎，還

遠征中亞與成吉思汗之死

成為駙馬。成吉思汗遠征金國之旅中的西元一二一一年，屈出律結合曾經是西遼屬國的花剌子模國蘇丹摩訶末，趁機篡奪了西遼的權力。

屈出律的行動，動搖了已經歸順於蒙古的天山畏兀兒王國與阿力麻里的葛邏祿王國。而成吉思汗也不願看到乃蠻接受西遼而復活。於是，在遠征金國回來後，又在西元一二一八年給部將哲別兩萬騎兵去追討屈出律。哲別追到巴達克山，殺了屈出律，終於消滅了西遼。因為蒙古軍接受信仰自由，所以曾經因為契丹族推行佛教政策而苦的穆斯林們，暗地裡都支持蒙古的統治，於是帕米爾以東的西遼舊版圖，很自然地成為蒙古的領土。蒙古的版圖就這樣擴展到帕米爾，直接與伊斯蘭區域接境。

西元一二一九年，成吉思汗把留守本土的要務委給么弟鐵木哥・斡赤斤，除了木華黎（札剌亦兒族）所統率的中華方面軍隊不動外，親自帶著全體蒙古軍出發，展開長達七年的大遠征。這次的遠征軍也動員了天山畏兀兒王國等屬國的部隊，是賭上國家命運的勝負大挑戰。

對於蒙古的來襲，蘇丹摩訶末並沒有集結花剌子模軍，而是採取各城市各自防衛的戰術。但是，蒙古軍今這次的攻擊戰術，完全不同於對金國的戰術。蒙古軍確實地包圍、攻陷了訛答剌、氈的、布哈拉、撒馬爾罕、玉龍傑赤等大城市。失算的摩訶末只好渡過阿姆河，往呼羅珊逃去。雖然計畫挽回頹勢，但是國王倉皇而逃，原本就是烏合之眾的花剌子模軍馬上失去作戰的鬥志，各個城市開始各自行動。雙方開戰兩年左右，花剌子模王國事實上已經解體了。西元一二二五年，遠征軍凱旋回到蒙古本土。

剛回到國土的成吉思汗馬不停蹄，又去攻打拒絕參與西征的西夏，但就在西夏的末代皇帝「睍」打開首都中興城城門投降的前三天，成吉思汗在六盤山的夏營地去世了。西元一二二七年，當成吉思汗去世時，蒙古的版圖東起滿洲，往西擴展到呼羅珊。成吉思汗是一位純粹的遊牧君王，在他那個時代的蒙古國家，是名符其實的草原帝國。

成為史上最大的陸上帝國

成吉思汗建立的蒙古國家，並沒有固定的地位繼承制度。不過，最小的兒子拖雷因為一直跟著父親，所以成吉思汗的軍隊與財產大部分由拖雷繼承了。成吉思汗去世後，拖雷代理了兩年的國政，他於西元一二二九年在克魯倫河畔集合了同族的諸王、貴族、族長，召開大集會，席間推舉成吉思汗的三子窩闊台為新君主。

金國滅亡

在這場忽里勒台大會[2]上，蒙古也決定了要全力討伐金國。消滅金國的戰爭由新皇帝窩闊台為首，全族的實力者直接參戰。為了維護廣大的領土，諸軍必須分散於各處，所以能夠投入討伐金國之戰的蒙古軍，大約只有五、六萬人。但是，金國有超過二十萬的大軍，大多集中在依靠黃河之險的首都開封，與陝西的京兆這兩大城市，守護兩城之間的是潼關。蒙古軍隊要進入這樣的重兵防守地帶、打敗金國，並非易事。

蒙古採取傳統的三軍團戰略：察合台負責留守從蒙古本土到西方的草原地帶，拖雷的右翼軍經由陝西，繞過南宋國境的山岳地帶，到達開封的背後；斡赤斤率領的左翼軍，從河北、山東方面逼近到開封東側的黃河一帶（當時的黃河是南流的），窩闊台的中央軍經山西徐徐南下，移動到黃河北岸後伺機渡河，從北方觀察開封的情形。

這個戰略中最辛苦的，是拖雷的右翼軍。右翼軍首先獨力打敗了防守京兆地區的金國大部隊，接著強行突破了陝西、四川、河南交會地的山中難行山路，於西元一二三二年的正月，在開封南郊

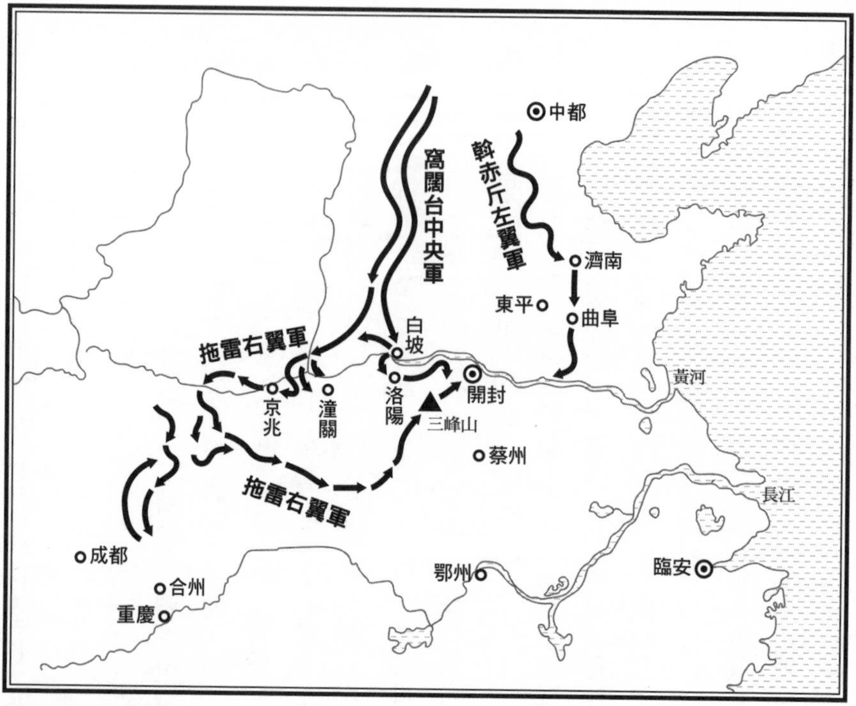

第二次對金戰爭進攻圖

的鈞州三峰山與金軍的主力展開決戰。當時拖雷軍有一萬三千人，但對戰的金軍人數有十幾萬之多。於是拖雷軍下馬挖戰壕，以此躲避金軍的攻勢。那時正值隆冬，對雙方來說都是要忍飢耐寒的持久戰。拖雷軍掌握到大寒流和降下大雪的時機，跳出戰壕突襲金軍，一舉殲滅了金軍。失去主力的金國，命運也就到此為止了。

與拖雷會師後的窩闊台，為了包圍已無防衛能力的開封，僅留下速不台的一支部隊，親自帶著其餘部隊與拖雷一起北行。當時開封城內至少有三百萬到五百萬的逃亡人口。金國的哀宗及他身邊的人雖然陷入絕望中，卻仍然計畫逃出開封，準備東山再起。但在黃河以北的情勢已經不行了，便再次渡河，逃到靠近南宋國境的蔡州。然而此時又遇到與蒙古有協約的南宋來軍，蒙古的攻擊小部隊也趕到了。在受到前後包夾的情況下，西元一二三四年，金國在遠離故土的南方之地滅亡了。

金國的滅亡，成為蒙古國家的轉機。西元一二三二年九月，拖雷在從開封之戰北還的途中突然生病去世了。拖雷之死，對窩闊台來說是絕佳的機會。拖雷握有絕大多數自成吉思汗以來的千戶團體，是蒙古最具有實力的人。拖雷去世後，蒙古並沒有發生內部對立的情況，窩闊台很順利地接收了拖雷的未亡人唆魯禾帖尼守護的拖雷舊部民，成為全蒙古的主人，可以完全按照自己的意思行使權力。

窩闊台政權的新企畫

從西元一二三四年到一二三五年，窩闊台自信滿滿地推出了一個個新政策。首先，西元一二三四年的春天到夏天，他在鄂爾渾河流域的行營地召開忽里勒台大會，犒勞同族的諸王與功臣，也發布了全體遊牧民必須遵行的各項規定。這些規定補充了成吉思汗制定的大法令，確定了諸王、各千戶之下的部民，都屬於中央權力框架內的事實。

隔年的西元一二三五年初始，窩闊台宣布建設新都哈剌和林，並且推動一項大計畫，要設立從哈剌和林通往全蒙古領地內的驛傳站（站赤）。另外，史上有名的蒙古站赤，其實突厥時代就已經存在了，所以可以確定，站赤是直接學習自契丹國家的制度。

藉著依不同目的而設置的數種驛傳網，以哈剌和林為中心，把廣大的領域連結起來。不過，做為一個都城，哈剌和林的城市規模有點太小了。從窩闊台到後來蒙哥的蒙古宮廷，是在鄂爾渾河和汪吉河的河谷之間，隨著季節南北移動、保持著遊牧帝王的生活形式。而哈剌和林就在這南北移動的途中，若非必要，通常不會入城。又，哈剌和林的遺跡目前正由蒙古國與德國挖掘調查中。

同年（一二三五年）的夏天，窩闊台在新都郊外的草原上，再度召開了一次忽里勒台大會。大會開始的第一個月裡，經常舉辦名為「脫亦」的宴會，之後便開始了討論會，並在會議裡計畫了東、西兩次的大遠征。

一次是以朮赤的次子拔都為統帥，對欽察部落及不里阿耳方面的西征；另一次是以窩闊台的三子闊出為總帥，對南宋的攻擊。與此同時，還決定了各派遣一支軍團去東方的高麗國與西方的克什米爾。這兩次戰爭的兵源來自整個蒙古，每十戶必須提供兩名兵力，一個隨拔都西征，一個與闊出南征。這是為了不破壞蒙古本土的基幹部隊，所以要編制新的軍團。整個蒙古平等地分擔遠征的負擔，也平均分配戰後的利益，這個方式成為以後的基本方針。

陸上的世界戰略

拔都為主將的西征軍，以成吉思汗四個兒子的各個王家所提供的部隊為構成中心。西元一二三六年春天，部隊由各自的營地出發，首先便征服了伏爾加河流域的不里阿耳王國。

隔年的一二三七年春天，對遊牧的突厥系欽察部落展開攻擊，他們位在伏爾加河至南俄草原一帶。欽察部落聯盟分為數個大集團，勢力相當強大，但仍然不敵蒙古軍，最後其殘餘的部隊也被蒙古軍吸收了，蒙古軍的數量一下子暴增了數倍。又，這一次的西征後，南俄的草原地帶變成了朮赤

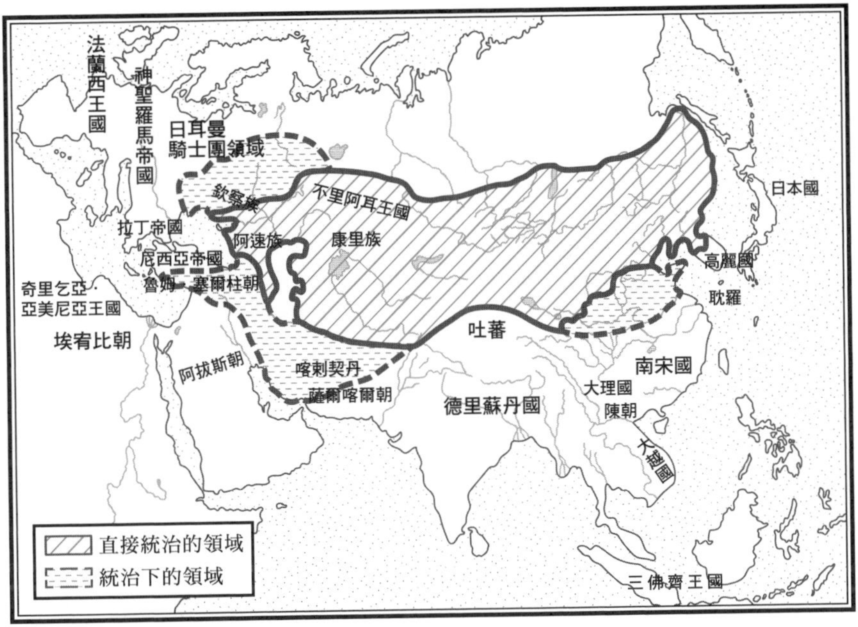

窩闊台時期的蒙古帝國版圖（西元一二二九～一二四一年）

家族的根據地，欽察部族構成了朮赤兀魯思的遊牧戰士主力，因此，這片草原的波斯語便是「欽察草原」的意思，而「欽察草原」也是朮赤兀魯思的別稱。

在征服了欽察部族後，高加索北麓的切爾克斯族等也跟著屈服了。至此，當初西征的目標已經達成。於是西征軍召開會議，決定繼續進擊當時被稱為「羅斯」的俄羅斯，窩闊台同意了這項決議。史上知名的蒙古侵攻俄羅斯、東歐的戰爭，便這樣開始了。但是這個戰役的後續發展超越了中華的範圍，所以暫且在此略過，稍後有機會再做詳細的敘述。

總之，席捲了東歐、正想繼續往西前進的拔都，在西元一二四二年三月時，接獲皇帝窩闊台去世（西元一二四一年十二月）的消息，並且奉命歸還西征軍，西歐基督教世界在被毀滅之前逃過了一劫。

西征軍中，屬於察合台家與窩闊台家的部隊，就這樣歸還了。但是拔都本人並不想回到蒙古本土，他停在伏爾加河畔，以那裡為自己的大本營。就這樣，朮赤一家的領土，東起朮赤最初得到的阿爾泰山西麓額爾齊斯河流域到哈薩克大草原，在往俄羅斯擴展後，更到了多瑙河河口一帶。

另一方面，以闊出為主將的部隊，從西元一二三六年起，展開對南宋的攻擊行動。在此之前，蒙古與南宋國曾經結盟，約定夾擊金國與南北並存，這也可以說是澶淵體系。但是金國滅亡後，南宋違背協定，派遣軍隊北上，占領了開封、洛陽。少數的蒙古駐留軍雖然攻擊了洛陽的南宋軍，卻沒有分出勝負。不過，在那樣的情況下，南宋軍因為糧食不足，不得已只好撤退，放棄了開封與洛陽這兩個城市。這場以南宋的年號為名，稱為「端平入洛之役」的戰爭，士兵必須在人煙絕少的河南之地行走四百公里，又只攜帶了單程的糧食，可以說是魯莽之舉，果然後來悽慘地以敗戰之姿撤退收場。

另外，蒙古時代以後的中國讀書人們，對於此事卻任意地以「蒙古違約」來批判蒙古。然而，從當時南宋政府內部的議論，可以得知其實是南宋違約。違約的結果果然如當時反對北伐的人們所擔心的，讓原本沒有開戰意圖的蒙古，展開了與南宋的全面戰爭。南宋的違約之舉，真的可以說是自掘墳墓。

再說，主將闊出所率領的中央軍，本應南下銜接中華南北本土的漢水流域，前往長江流域，但是，在剛剛開戰不久的西元一二三六年十一月，闊出便在陣中身亡，失去主將的中央軍便撤退了。失去闊出的蒙古軍戰略因此大亂，沒有了統制的人物，各部隊分散前往國境地帶的南宋城市，陷於苦戰之中。相反地，南宋的名將孟珙抓住了蒙古軍之間缺乏連繫的弱點，一個一個地收復曾經失去的城市，甚至奪回了漢水中游要衝的襄陽與其南岸的樊城。西元一二四一年，雙方的戰事陷入膠著。在蒙古找到有效的戰略之前，窩闊台便去世了，征討南宋之事也就自然地停止了。

帝國的波動

窩闊台去世後不久，在他統治時期的強力支持者察合台也死了。至此，成吉思汗的四位嫡子全部離世，蒙古帝國的政權轉移到成吉思汗的孫子這一代。

西元一二四六年，在實力強大的拔都缺席下，終於召開了忽里勒台會，代理皇帝權力的窩闊台第六皇后脫列哥那，以堅強的意志讓與會者屈服，貴由被選為第三代皇帝，仿傚父親窩闊台即位後的親征金國，宣布要親征伊朗以西之地，並且在翌年的西元一二四七年八月，派宿將燕只吉台為先遣部隊指揮，往伊朗方面前進。西元一二四八年四月，貴由表示要回到位於葉密立河畔的私人領地，在往西方行軍途中的橫相乙兒之地去世。有一種說法是，貴由恐怕是被拔都的刺客暗殺的。

拔都以臣從貴由的名義，出發前往伏爾加河畔，那個地方離貴由所在之地已經不遠了。拔都在阿剌豁馬黑山的夏營地接獲貴由的死訊後，便駐留原地不再前進，並以軍事的力量為後盾，命貴由的正室斡兀立海迷失代行權力，並且在原地召開忽里勒台大會。但很多窩闊台家族的人認為，應該在蒙古本土召開忽里勒台大會，所以拒絕參加阿剌豁馬黑山的忽里勒台大會，因此那次的大會就成了以朮赤家族和拖雷家族為中心的帝室會議。

阿剌豁馬黑山的第一回會議，推舉拖雷的長子蒙哥為新帝，但是窩闊台家族不承認，接受貴由支援的察合台家領導者也速蒙哥，同樣也反對。經過了兩年的交涉後，終於在西元一二五一年七月，於成吉思汗以來的駐營地克魯倫河畔強行召開第二回會議，在窩闊台一家人都不參加的情況下，蒙哥在朮赤兀魯思大軍團的守護下即位了。

蒙哥的光芒

蒙哥即位為第四代蒙古大汗後，對反對自己的窩闊台一家與察合台一家，進行了嚴厲的懲罰。窩闊台家天山北麓一帶的連鎖狀領地被細分，軍隊也被奪走。另外，蒙哥把察合台家的領地分割給朮赤家族，察合台家只保住了伊犁溪谷周邊的領地，失去了昔日的面貌。

蒙哥在全國土境內，徹底地肅清窩闊台派的勢力，這項行動的目的，除了為了鞏固帝位外，也為了平息十年來蒙古政府無秩序與混亂的現象。表面上看起來，蒙哥的行動是成功的，但是過度強硬的肅清，卻也加深了皇室之間的仇恨。不管是皇室還是將士，蒙古人之間有一種獨特的一體感，那曾是他們強大政權與廣大領土的支柱。但是，如今帝位變成可以用武力來爭奪的東西，流動在整個蒙古的融合情感破裂了。每一家、每個人，都以利害做為行動的準則，互不信任，甚至疑心生暗鬼，潛伏著骨肉相爭的危機，可以說蒙哥點燃了蒙古內亂與分裂的火種。

蒙哥在新政權的內部，做了強而有力的佈署。他將整個蒙古帝國畫分為四塊，然後把從中亞到俄羅斯的廣大朮赤兀魯思交給拔都。他的基本構想是把其餘的地方由拖雷的四個嫡子管理，從內蒙古草原到南方的中華方面交給二弟忽必烈，阿姆河以西的西亞全域交由三弟旭烈兀經營、統治，自

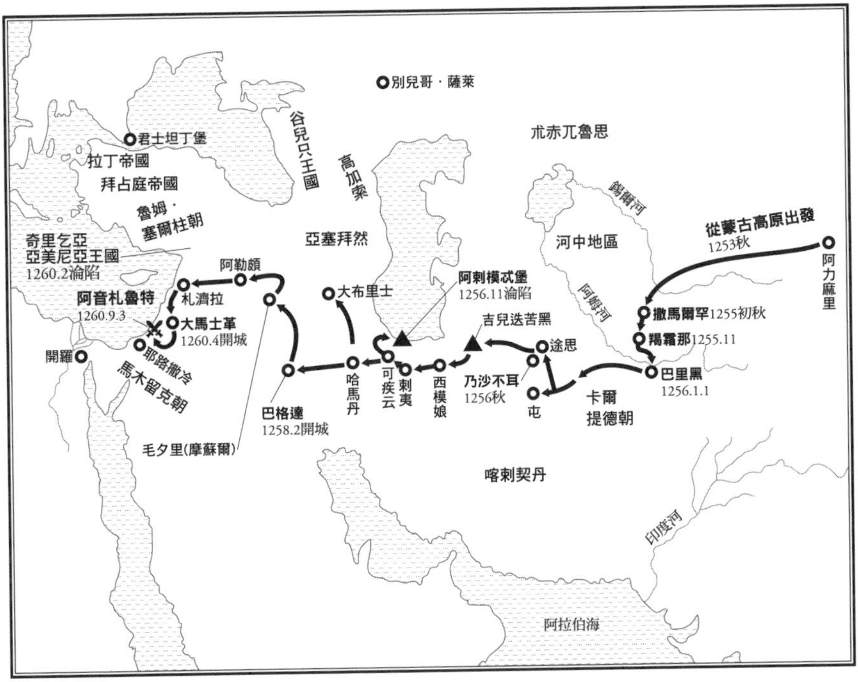

旭烈兀西征軍的前進路線

己則統轄蒙古本土，么弟阿里不哥守護拖雷家的領地。

就這樣，新體制完整後，蒙哥向東、西方各派出了大規模的遠征軍。在東方，西元一二五二年時，蒙哥以忽必烈為主將、老將速不台之子兀良哈台為副將，帶領大部隊到雲南、大理。選擇走西藏東部的這支遠征軍，必須渡過幾條危險的大河，又遇到了瘟疫，據說損失了十之七八的士兵。總之，那是一趟非常艱苦的行軍，所幸於一二五三年抵達大理國後，順利地讓大理國的國王臣服了。

在西方，以旭烈兀為總帥的軍隊於西元一二五三年出發了。包括朮赤等家族提供的部隊在內的西征軍慢慢前進，如期在西元一二五六年的太陽曆一月一日，渡過構成傳統「伊朗之地」東境的阿姆河。之

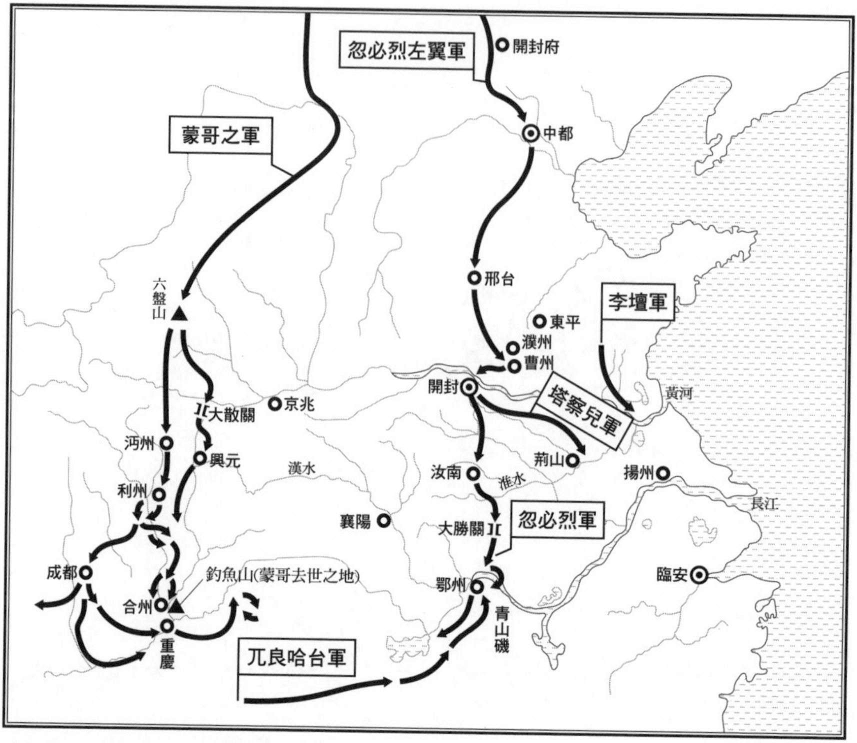

攻打南宋，鄂州之役的路線圖

後，以交涉和實戰的雙手戰略，攻打分佈在厄爾布爾士山中的伊斯馬儀派山城，同年十二月，終於讓教主魯克奴．丁．忽兒沙（Rukn al-Dīn Khurshāh）投降了。西征軍接著經過哈馬丹街道，包圍了巴格達，讓巴格達在一二五八年二月無血開城，投降的阿拔斯朝哈里發穆斯台妥木被殺。傳了三十七代的阿拔斯朝滅亡了，五百年來成為伊斯蘭世界中心的巴格達，相對性的地位也隨之衰微。

旭烈兀的大軍繼續攻向敘利亞，於西元一二六〇年二月攻陷阿勒頗，怯的不花所率領的前衛部隊，在四月攻打了大馬士革。但是，蒙哥去世的消息傳到了還停留在阿勒頗的旭烈兀耳中。旭烈兀於是決定立即返回蒙古本土，便把在敘利亞方面的蒙古軍交給怯的不花，自己退回到伊朗。可是他在大馬士革時，接到兄長忽必烈即位的消息，便放棄了爭取帝位的想法，轉而想以遠征軍為基礎，以伊朗為中心，在西亞建立屬於自己的勢力圈。

另一方面，從一二五六年到一二五七年間，蒙古皇帝蒙哥與受到委任處理中國的忽必烈之間，感情出現了微妙的變化。在對經營中國與遠征南宋的路線上，兩人意見不同，這確實會讓他們產生對立的情形。忽必烈在降伏了大理國後，把經營雲南的事情交給兀良哈台，自己立刻回到在內蒙古草原的本營地。之後，忽必烈便認真地利用漢人智囊團，專心於華北的統治工作，西元一二五六年時還在本營地的一角，建設中華風格的都城開平府。忽必烈對南宋的處理方式，不採取窩闊台時代短期決戰的強攻政策，而是以謹慎的態度去處理。

蒙哥不採用忽必烈的方針，於西元一二五六年決定親征南宋。隔年（西元一二五七年），蒙哥命斡赤斤家族的領導人塔察兒率領左翼軍先發，攻擊襄陽、樊城，另一方面還從中央政府派了心腹阿藍答兒，對忽必烈的私領地京兆地區與河南地區大舉調查，舉發了不少忽必烈的漢人臣僚。

然而，塔察兒的左翼軍在進攻樊城時受阻後，很快就撤退了，打亂了蒙哥的作戰計畫。大怒之下的蒙哥痛斥塔察兒之餘，不得不再度任用忽必烈來取代塔察兒。西元一二五七年年底，忽必烈去參見蒙哥，兄弟倆表面上和解了，忽必烈再度參與對南宋的作戰。

西元一二五八年，在六盤山駐夏紮營的蒙哥率領四萬軍士，攻打四川。另外，忽必烈從長江中游的鄂州（現在的武漢），準備向南宋的首都杭州展開進攻。但是出征的準備費時，再加上還要在途中與河北的塔察兒左翼軍會合、組織漢人軍團，這也花了不少時間。一二五九年八月，忽必烈的軍隊終於抵達淮水之北的汝南。

這期間，蒙哥帶領的主部隊與據守山城的南宋軍陷於苦戰，攻勢進展緩慢。在顧慮到夏天的酷暑下，蒙哥的周圍出現了返北的要求聲浪，但被蒙哥拒絕了。部隊繼續在四川進行作戰，但陣營裡卻爆發了疫情。那可能是霍亂，不過並非鼠疫。戰將們一一倒下，蒙哥也在釣魚山附近的大本營去世了，那是一二五八年的八月。

跨陸地與海洋的超廣域帝國

蒙哥執意親征的結果是突然死在最前線，這給蒙古帝國帶來動蕩不安的莫大危機。這時蒙古帝國最有實力的人，是蒙哥的盟友拔都，他也已經死了。經過短暫的曲折後，拔都的弟弟別兒哥繼承拔都，大本營是伏爾加河畔的朮赤家。

忽必烈的政變政權

西征中的旭烈兀在敘利亞，忽必烈在中華本土大約中央的地帶。很多屬於蒙古中央、右翼的諸王、諸將，都跟隨蒙哥本隊在四川，塔察兒率領的左翼諸王軍布陣在淮水下游流域的荊山，留守在蒙古本土的只有阿里不哥，形勢對支持舊蒙哥政府首腦的阿里不哥有利。

剛剛從與兄長的對立中再度受重用的忽必烈，在爭奪繼承人的位置上，不管名義還是兵力都處於劣勢，但忽必烈勢必一賭；他沒有北返，反而還逆向往長江推進，包圍了鄂州。忽必烈預定要和從雲南出發的兀良哈台在鄂州會合，自安南以中央突破之姿，突入南宋。

形勢逆轉了，塔察兒率領的左翼諸王大部隊決定與忽必烈軍合流。以此為契機，原本一直在觀望局勢的中華方面諸勢力，此時宛如雪崩般，紛紛向忽必烈軍靠攏。連在四川的蒙哥本隊也一樣，除了守護蒙哥大體、立即回蒙古本土的部隊外，出乎意料之外的，有非常多人投靠了忽必烈。蒙哥本隊裡的末哥是拖雷的庶子，其母是忽必烈的乳母，與忽必烈同年，也是他的乳兄弟。能委託相當於自己分身的末哥全權處理本隊蒙哥軍的遺餘事務，這是忽必烈的好運。

眨眼之間，忽必烈的陣營便迅速膨脹了。忽必烈留下一支部隊等待兀良哈台後，立即北上。一旦進入位於中都郊外，從以前就是屬於自己的冬季營地後，忽必烈馬上召來自己派系的諸軍。從一二五九年到一二六〇年，忽必烈和自己的大軍在這個營地過冬後，一二六〇年三月，他在內蒙古草原的大本營地開平府召開了自己這一派的忽里勒台大會。

參與這次大會的主要人物，有以察合台為首的左翼諸王，和五投下[3]等的左翼諸將，與察合台家的庶支——阿必失哈、阿只吉兄弟，與窩闊台家的庶子也可·合丹等少數右翼王家的人物。從名義與實力上看來，忽必烈這一派顯然是以帝國東方的左翼勢力為基本盤。這個會議中最具實力的是塔察兒，與拙赤合撒兒（成吉思汗的二弟）之子移相哥——他是蒙古帝國最長的長老，擅長射箭，會議由他們兩位主導。六月四日，如同事先安排好的一般，當時四十六歲的忽必烈即位了。

再說阿里不哥這邊，在為蒙哥舉行葬禮的同時，也召開了忽里勒台大會，並且緊急派遣舊蒙哥時代的政府要人，前往帝國各地進行爭取多數支持與徵用軍隊的工作。很明顯的，阿里不哥採取了與忽必烈敵對的姿態，並且在忽必烈即位的隔月，在哈剌和林西郊的按坦河畔舉行了即位儀式。

阿里不哥的支持者，以蒙哥的兒子們為首，還有察合台家的女性領導人兀魯忽乃和成吉思汗的庶支、闊烈堅家族的兀魯兀台等人，是帝國中央部與右翼的實力派人物。在遠方的朮赤家族領導人別兒哥，甚至發行了印有阿里不哥名字的硬幣，表示承認阿里不哥的宗主地位。很顯然的，在名分上，阿里不哥是正統的大汗，相反地，忽必烈是當時的反叛軍。

然而，帝位已經與正統性無關，而是實力的強弱。雙方開戰後不久，忽必烈軍就打敗阿里不哥軍，駐進首都哈剌和林，暫時地制服蒙古本土。另一個主要戰場的甘肅、陝西地方，在忽必烈心腹、知名參謀廉希憲（畏兀兒人）的活躍下，也很快就拿下京兆與六盤山兩大據點。另外，阿藍答兒從蒙古本土南下，準備奪回所有失去的領土，在與他所指揮的大軍爭戰時，因為得到了在甘肅當地兀魯思闊端家族的只必帖木兒之助，忽必烈軍也完全地擊敗了阿藍答兒。從一開戰，就可以明確地看到忽必烈軍的軍力占了上風。

撤退到蒙古高原西北地方的阿里不哥表明了要投降的意思，於是，忽必烈留移相哥指揮的部隊在哈剌和林，自己和其餘部隊轉回開平府。然而，阿里不哥獲得實力堅強的斡亦剌惕部[4]的支援，恢復了戰力後，便佯稱投降，接近哈剌和林，奇襲移相哥，獲得了勝利。接著一鼓作氣地強行突破戈壁，準備奇襲忽必烈的大本營開平府，忽必烈這邊危險了。所幸，在左翼諸王與五投下的緊急派兵支援下，雙方展開了兩次的大會戰，最終阿里不哥還是無法獲勝，只得撤退。

其後，雙方便隔著戈壁互相監視，似乎回到了開戰的初始階段。哈剌和林的政府與城市居民的糧食，一直以來都從華北輸入，但是忽必烈阻斷了一條輸送糧食的管道，眼看著糧食見底，阿里不哥軍的戰鬥意志也急速下降。為此，阿里不哥便向陣營中察合台家族旁系的阿魯忽表示，只要能輸送糧食到哈剌和林，就讓他當上察合台家的家主。但是阿魯忽一到伊犁河溪谷的察合台家本營，奪走了兀魯忽乃的家主之位後，竟然背叛了阿里不哥。

阿里不哥大驚之下，大軍撤出了哈剌和林，轉向伊犁溪谷，擊敗了阿魯忽，大軍便在豐饒的伊犁溪谷紮營過冬。這時的阿里不哥十分傲慢，竟然殺死了所有來投降的阿魯忽方面的士兵。這種對同樣是「蒙古人」的殘虐行為，之後成為阿里不哥的致命傷。隔年春天，伊犁溪谷發生嚴重的飢荒，阿里不哥軍因此四散，阿里不哥與蒙哥政權以來的將官們，遂在西元一二六四年親自到忽必烈軍前，表示投降。

至此，歷經四年、動搖帝國的內戰終於結束，忽必烈成為蒙古唯一的皇帝。忽必烈政權的正式名稱為「大元大蒙古國」，簡稱「大元兀魯思」（中華通稱為「元朝」）。這場以蒙古帝國東半部的左翼勢力為核心的軍事政變，大大左右了蒙古帝國與歐亞世界的未來走向。

李壇的野心

忽必烈當初即位時建年號為「中統」，是「成功統一」的意思。但是，帝位爭奪戰進入第三年的中統三年（西元一二六二年）二月，李壇在山東造反了。

李壇是以山東的益都為中心，在沿海地方擴展勢力的漢人軍閥。忽必烈即位後，授給李壇江淮大都督的稱號。這是把淮水到長江的沿海前線委託給李壇的意思，可以說相當優遇李壇。可是，李壇以防備南宋為理由，軍隊駐守在淮水河口地帶按兵不動，對忽必烈要求參與阿里不哥的戰事也不做反應。而且，在戰局的優勢從忽必烈轉移到阿里不哥時，他卻突然舉兵想反忽必烈，結果因為沒有得到廣泛的支持而作罷。沮喪的李壇對益都太過狹小與城溝不夠堅固感到不安，便占領了鄰近的漢人軍閥張宏的根據地濟南，以不足一萬人的兵力同守其中。

西元一二六一年年底，忽必烈在開平府附近遭遇阿里不哥軍的攻擊，好不容易才將之擊退。那年冬天，為了防備阿里不哥軍的再度來襲，忽必烈不僅把主力的蒙古左翼軍佈署在內蒙古草原上，還徵調了漢人軍閥的一部分部隊，佈署在燕雲地方的要衝之地。隔年開年後，忽必烈得知阿里不哥軍放棄了蒙古本土，轉往伊犁的方向發展，立刻親自率領蒙古的騎兵部隊，控制了哈剌和林，準備追擊阿里不哥軍。但這個時候卻傳來李壇舉兵之事，忽必烈只得放棄追擊阿里不哥。

此時的忽必烈形同背腹受敵。但是，畢竟正面的敵人是阿里不哥，所以他讓主力的蒙古軍返回蒙古本土。針對李壇，忽必烈除了以合撒兒家族的旁系諸王合必赤，和老將兀良哈台的兒子阿朮率領少數蒙古軍做為督戰部隊外，其餘只能期待華北漢人軍閥的力量了。忽必烈接納了從益都逃出來的漢人智囊王磐，與精英謀臣姚樞的意見，對漢人軍閥勢力進行總動員。以李壇固守的濟南為同心圓的中心，忽必烈在山東地方的全域佈署了一圈又一圈的防線，所以幾次南宋來救的李壇援軍都失敗了。

固守濟南城內的李壇軍孤立無援，終於在四個月後用盡糧草，李壇投大明湖自盡，但被救起，被史天澤斬於陣前。就這樣，李壇的事變意外簡單地落幕了。不過，李壇的事變爆發不久，山西太原地方的達魯花赤與總管被抓，吐露了李璮透過他們與阿里不哥連繫的事實。以太原為首邑的山西北半部是察合台家的領地，達魯花赤與總管是官職稱謂，是領主方與當地地方的首要負責人。

若以當時的客觀情形來看，對漢人軍閥們來說，阿里不哥是正統的皇帝，而忽必烈是前途未卜的政變政權領導者，所做的事情本身就是危險的。附帶一提，這個事變被稱為「李璮之亂」，其意義與「阿里不哥之亂」是相同的，必須說當視忽必烈政權為正當的時候，其他的事變就會被下意識地視為「亂」了。

總之，李璮的事變及其所造成的影響，就是激起了忽必烈對漢人軍閥的警戒心。忽必烈聽從了姚樞與史天澤的建議，剝奪了大小軍閥們在各個地方所擁有的世襲兵權，要求他們轉負責行政或怯薛。另外，對想繼續留任軍職的人，便移往與南宋接壤的國境線軍事駐屯地。

與上述政策同時並行的，還有大幅重新規畫地方行政區域。以蒙古的投下領為基礎，設定新的行政區域，行政單位也改變成路、府、州、縣的體系。乍看之下，這樣的體制似乎和金代以前的中華歷代行政區域沒有什麼大改變。其實這是在對自窩闊台時代的「丙申年分土分民」以來，約三十年的漢人軍閥統治下的現實狀態，進行追認或使之正式化。

走向多元複合的帝國

西元一二六四年，阿里不哥派全面投降時，整個蒙古帝國除了直接控制了帝國東半部的忽必烈外，帝國的中、西部是三大政治勢力鼎立的局勢。這三大勢力分別是朮赤家族的別兒哥、在伊朗方面的旭烈兀，及成為中亞實力派的

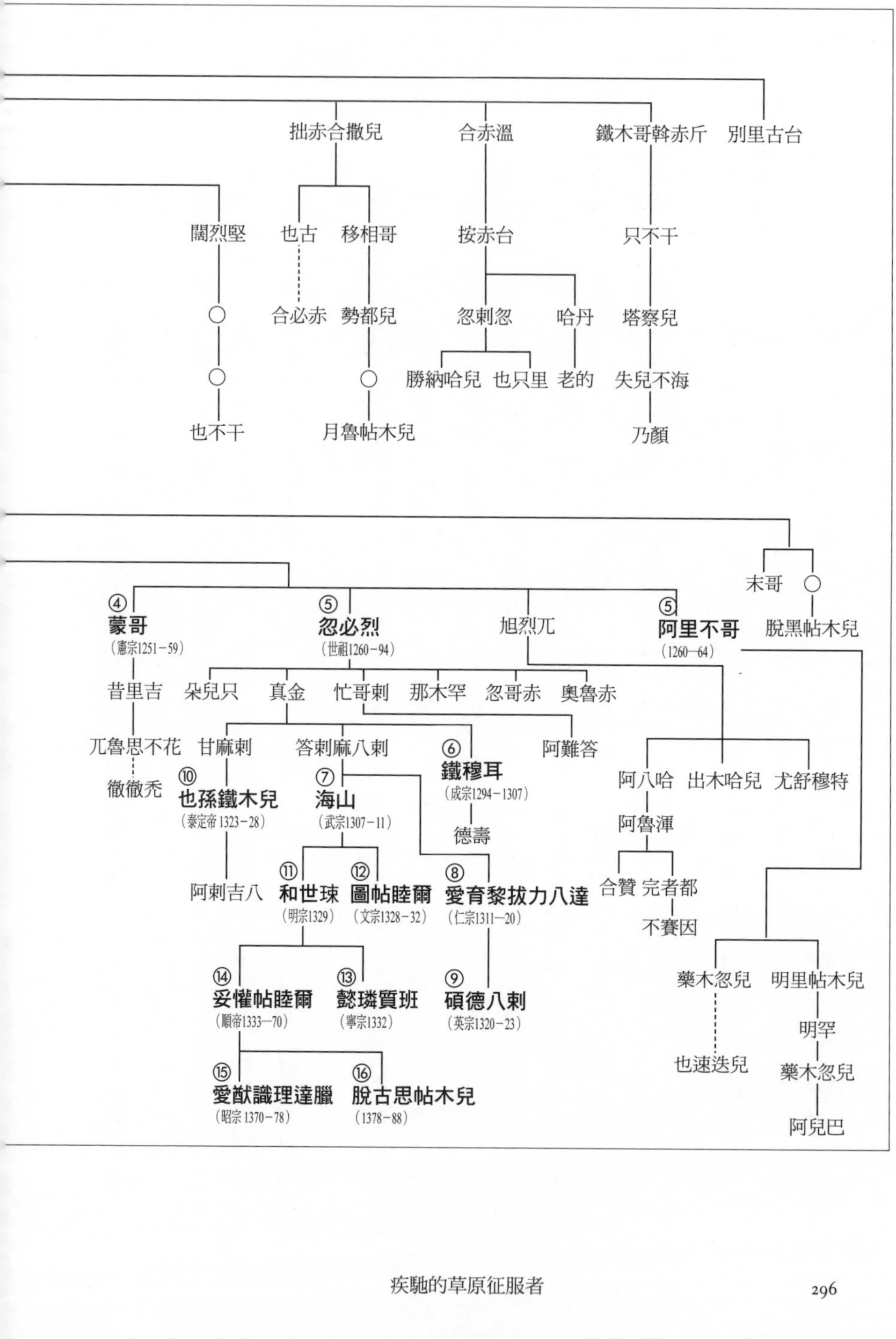

拙赤合撒兒
合赤溫
鐵木哥斡赤斤
別里古台
闊烈堅
也古
移相哥
按赤台
只不干
○
合必赤
勢都兒
忽剌忽
哈丹
塔察兒
○
○
勝納哈兒
也只里
老的
失兒不海
也不干
月魯帖木兒
乃顏
末哥
○
④
蒙哥
（憲宗1251－59）
⑤
忽必烈
（世祖1260－94）
旭烈兀
⑤
阿里不哥
（1260—64）
脫黑帖木兒
昔里吉
朵兒只
真金
忙哥剌
那木罕
忽哥赤
奧魯赤
兀魯思不花
甘麻剌
答剌麻八剌
⑥
鐵穆耳
（成宗1294－1307）
阿難答
徹徹禿
⑩
也孫鐵木兒
（泰定帝 1323－28）
⑦
海山
（武宗1307－11）
德壽
阿八哈
出木哈兒
尤舒穆特
阿魯渾
阿剌吉八
⑪
和世㻋
（明宗1329）
⑫
圖帖睦爾
（文宗1328－32）
⑧
愛育黎拔力八達
（仁宗1311－20）
合贊
完者都
不賽因
⑭
妥懽帖睦爾
（順帝1333—70）
⑬
懿璘質班
（寧宗1332）
⑨
碩德八剌
（英宗1320－23）
藥木忽兒
明里帖木兒
明罕
也速迭兒
藥木忽兒
⑮
愛猷識理達臘
（昭宗 1370－78）
⑯
脫古思帖木兒
（1378－88）
阿兒巴

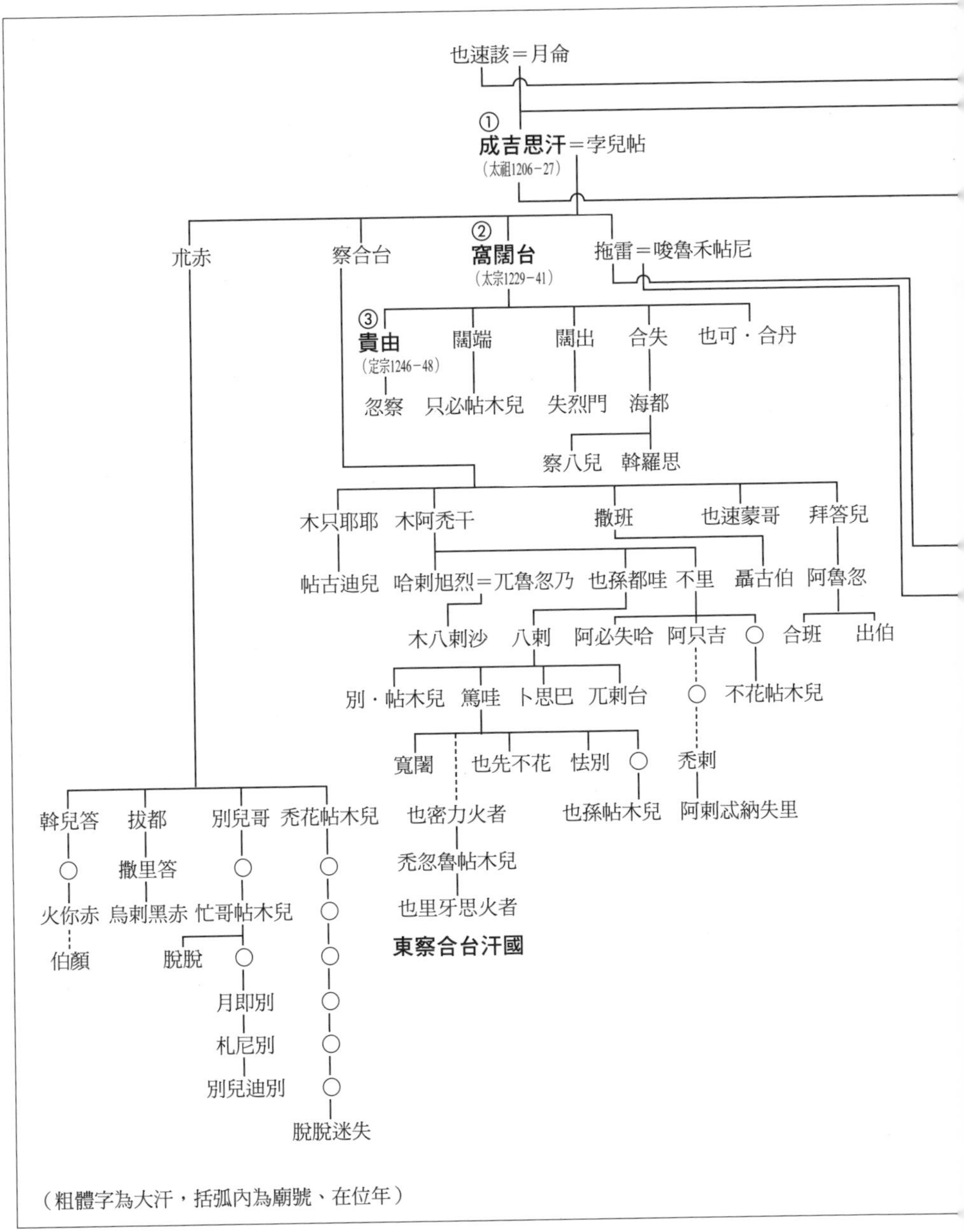
也速該＝月侖
①
成吉思汗＝孛兒帖
（太祖1206－27）
朮赤
察合台
②
窩闊台
（太宗1229－41）
拖雷＝唆魯禾帖尼
③
貴由
（定宗1246－48）
闊端
闊出
合失
也可・合丹
忽察
只必帖木兒
失烈門
海都
察八兒
斡羅思
木只耶耶
木阿禿干
撒班
也速蒙哥
拜答兒
帖古迪兒
哈剌旭烈＝兀魯忽乃
也孫都哇
不里
聶古伯
阿魯忽
木八剌沙
八剌
阿必失哈
阿只吉
合班
出伯
別・帖木兒
篤哇
卜思巴
兀剌台
不花帖木兒
寬闍
也先不花
怯別
禿剌
也密力火者
也孫帖木兒
阿剌忒納失里
禿忽魯帖木兒
也里牙思火者
東察合台汗國
斡兒答
拔都
別兒哥
禿花帖木兒
撒里答
火你赤
烏剌黑赤
忙哥帖木兒
伯顏
脫脫
月即別
札尼別
別兒迪別
脫脫迷失
（粗體字為大汗，括弧內為廟號、在位年）

成吉思汗家的譜系

阿魯忽（察合台家）。其中，別兒哥一直以來是蒙哥—阿里不哥一系的支持者，而旭烈兀與阿魯忽都是擅自獨立的，立場接近於忽必烈。

在軍事法庭上，忽必烈與塔察兒等人決定給阿里不哥和其部屬嚴厲的處置，並且派遣使者去別兒哥、旭烈兀、阿魯忽等三人處，尋求他們的理解。對於此事，阿魯忽提出忽必烈等人承認他為襲封察合台家的事實，與要求召開統一忽里勒台大會；而旭烈兀提出若別兒哥也出席，他就會參加大會。最後，別兒哥終於勉強答應於兩年後（西元一二六六年）參加統一忽里勒台大會。

然而，召開大會一事卻出現了預期之外的情況。因為還沒召開大會，那三人便紛紛離世了。西元一二六五年，先是旭烈兀去世了；別兒哥本打算趁旭烈兀兀魯思陷入混亂時舉兵攻打，也在越過高加索山南下時突然死於途中；西元一二六六年，阿魯忽也因病去世。因為領導人的去世，各兀魯思的內部為了選出繼承人亂成一團，根本顧不到統一忽里勒台大會的事。

其中最讓忽必烈感到頭痛的，便是阿魯忽的突然去世。在這種情況下，中亞再度走向混亂的局面。不久之後，窩闊台家的海都，就在這混亂的局勢中崛起了。

忽必烈想要直接統治全國的計畫，因為西方三位領導人的去世而落空。雖然事實上忽必烈一直沒有放棄對西方的直接統治，但直到最後，他的直屬政權就只限於東方帝國。雖說如此，忽必烈仍然是全蒙古唯一的大汗，這是不容否認的事實。不只旭烈兀兀魯思，連朮赤兀魯思與海都等人，也無法否定忽必烈的宗主權。

不得不說，認為蒙古帝國「分裂」、「瓦解」，實在是過度想像了。蒙古帝國原本就是一個聯盟體，以多重構造為本質，雖然內部有對立的情形，但不同於異種族的國家間對立，只不過是整體系統內的內部糾紛而已。只是，身為大汗的忽必烈對於現實局勢的影響力，性質上與蒙哥時代有很大的變化。

襄陽攻防

忽必烈於西元一二六〇年的陰曆三月舉行了即位儀式，一個月後便立刻派遣郝經為國信使，前往南宋朝廷，除了告知自己即位之事，還準備就半年前在撤退鄂州時，與南宋宰相賈似道針對停戰協定一事做進一步商議。或許忽必烈有意再現澶淵之盟的體系，但是，賈似道對朝廷隱瞞了停戰協定之事，謊稱擊敗了蒙古軍，當時成了救國的英雄。因此，郝經一行一進入南宋領域，便被賈似道下令拘留在真州，可說賈似道自己關上了和平共存之門。

阿里不哥投降後，忽必烈改年號為「至元」。至元四年（西元一二六七年），忽必烈與謀臣們著手進攻南宋的作戰行動，首先花了一年檢討作戰計畫。忽必烈活用了之前鎮壓李璮的經驗，決定使用以漢人部隊與分駐在華北的蒙漢混成軍「新蒙古軍」為主力，純粹的蒙古部隊只有做為督戰部隊、不滿兩千人的阿朮直屬軍。

忽必烈定開封為後勤基地，派遣景教派的基督徒馬月合乃與穆斯林的阿里別等財政官僚，製作水陸補給網，集中龐大的食糧、武器與資材。就這樣，在完成了萬全的準備與支援體制後，至元五年（西元一二六八年），從攻擊漢水中游的襄陽與其對岸的樊城這兩座雙子城開始，展開對南宋的作戰。

南宋方面也很重視襄陽與樊城，鎮守該地的將領是由實力派的軍閥呂文煥所率領之下的私兵所組成的精銳部隊。對蒙古這邊來說，襄陽是三十年前因為闊出的突然去世而被奪走，十年前又因為塔察兒軍的失敗攻擊，逼得蒙哥親征，蒙哥因此而死，與蒙古有著深刻因緣的土地。在襄陽與樊城的戰爭，成了蒙古與南宋兩國的攻防焦點。

阿朮、史天澤、劉整等人所率領的蒙古軍從一開始就避免全力攻城，而是在距離以襄陽、樊城為中心的一百公里處，建築把襄陽與樊城包圍起來的巨大環城，進行把兩城完全與外隔絕的斷糧戰術。另外，在劉整的建言下，為蒙古的不擅水戰做準備，預先打造了五千艘戰船停泊於漢水之上，訓練出約七萬名的水軍。

一開始的時候，南宋以為這是一次性攻擊戰的戰役，直到看到蒙古軍的作戰樣態，才意識到這會是異於以往的長期戰，因此大為吃驚。西元一二七一年的五月，南宋終於派出以范文虎為主將的十萬大軍，前去救援襄陽和樊城。南宋的水陸軍逼近了，但已經完成訓練，並且經過反覆演習的蒙古軍，按照事先已經設定好的作戰行動迎擊范文虎軍，完美地擊潰了對方的水陸兩軍。

面對難以置信的敗戰，南宋政府意氣消沈到極點，完全失去再組第二次救援軍的念頭。呂文煥的守城軍更加孤立無援了，但是他們繼續堅守，支撐了兩年。一二七三年的一月，樊城終於失守了，蒙古軍使用漢語所稱的「回回砲」，以彈射式的投石器，攻擊對岸的襄陽。

回回砲的波斯語為manjanīq（語源來自希臘語mágganon），是一種攻城兵器。在忽必烈的請託下，旭烈兀兀魯思的君主阿八哈麾下的阿老瓦丁、亦思馬因等技師，被派遣到忽必烈的陣中，製造並操作回回砲。巨大的石頭砲彈一一破壞了襄陽的城樓，第一次看到新武器的驚人威力，襄陽的守城兵終於失去了戰意。一直堅持守城的呂文煥在隔年的二月率全軍投降了。

忽必烈下令盛情招待堅持六年守城的敵軍呂文煥及其部下，並且授予呂文煥的主力軍為忽必烈直屬侍衛親軍的榮銜，更封呂文煥為襄樊和漢水地方最高司令官的襄漢大都督。或許是對呂文煥與其部下一直以來的表現感到佩服，所以給予了更高的地位與身分。相對於對自己見死不救的南宋朝廷，忽必烈的這項舉措，讓呂文煥與其部下感動不已。因為受到忽必烈的殊遇，後來他們便全力協助蒙古對南宋的作戰。

輕鬆滅了南宋

征討南宋的戰爭突然迎來了轉折。蒙古於是花了一年，重新擬定全體作戰計畫，大規模地進行兵員、軍備、糧草的準備，並且重編戰線，任命左丞相伯顏為全軍的總司令。又編入了李壇原本的部下與獄中囚犯，組成了一支總括華北、河南士兵的龐大軍團。

西元一二七四年，蒙古開始大舉進攻南宋。伯顏、阿朮率領二十萬軍下漢水，博羅歡指揮下的別動部隊從東路朝揚州前進，就連長期戰況處於膠著的四川各部隊也活躍起來，積極展開攻擊，蒙古對南宋全境展開總攻擊了。

伯顏的主力軍與呂文煥指揮的先導船隊，一起採取了從支流迂迴出長江的奇策，全軍平安無事地渡江。對南宋而言，「長江的天險」就是最大的屏障，但如今已經變得沒有意義了。南宋喪失了阻擋蒙古軍的最後機會，守備鄂州的部隊因此不戰而降。蒙古軍成功地克服了作戰關鍵的長江中游，獲得重大的立足點。

長江中游最大的要衝鄂州投降之事，給南宋方面的將士帶來很大的衝擊，紛紛覺得抵抗也沒有用，各地出現守備部隊一個接著一個投降的現象。另外，在主將伯顏嚴禁蒙古軍施暴、掠奪，又優遇南宋的降將，讓他們能夠續留原職的情況下，江南的城市與士民便安心地開城、歸附了。

不戰降敵，並讓敵人歸順於己，是攻打南宋的捷徑。忽必烈的這個基本戰略完全正確。把來降的南宋部隊編入蒙古軍中，蒙古軍愈來愈龐大，終於開始水陸並進下長江。執南宋朝廷牛耳的賈似道在眾人的期待中被推上了戰線，終於率領大軍出征了。西元一二七五年的三月，賈似道向伯顏提出十六年前的停戰協定，被伯顏一笑拒絕，會戰要開始了。南宋軍雖然號稱有十三萬兵馬，兩千五百戰船，卻都是東拼西湊來的，所以在先鋒小部隊在長江中游的小島——丁家洲戰敗後，整個南宋軍便不戰就潰敗瓦解了。

這一戰結束了南宋的命運。襄陽開城後，蒙古軍幾乎不出吹灰之力就順利地取得大勝利。一二七六年的陰曆一月，南宋的首都臨安也不戰而降，無血開城，蒙古軍只是行軍就贏得了勝利，南宋攝政的皇太后謝氏帶著七歲的恭帝趙㬎獻上傳國璽與降表投降。伯顏於是帶著年幼的南宋皇帝與皇室一族、朝廷大員北行。忽必烈封恭帝為瀛國公，並且厚待了其族人與所屬官員。隨著臨安的開城投降，江南各地好像都已準備好般，旋即接受了蒙古的統治。

至此，分裂了約五百年的中華南北，終於統一了。這不只是中華的統一，也是橫跨中華與草原，前所未有的大規模統合。所謂的「中華」，站在一個全新的次元上了。

又，臨安開城時，一部分的下級軍官、兵卒叛變，他們帶著兩位年幼的皇子——恭帝的哥哥廣王趙昺與弟弟益王趙昰，逃往福州。文天祥在被伯顏帶往北走時中途逃脫，在各地呼籲舉兵反元，並逃竄到江西。至於不斷地更換地點，漂泊於海上的「流亡朝廷」，據說也聚集了不少人，但缺少實際投入戰場的意志，也沒有能力反抗蒙古。

再說持續在內陸地方進行反抗的文天祥，他卻是只有戰鬥意志，而缺少了度量、將才與人望。蒙古軍方面的主帥伯顏北還後，就直接回到北方的戰線，沒有跟隨北還的殘留部隊便分散到各地進行清剿戰。但那時江南的士民在蒙古的統治下生活安定，除了畲族等特定的山地居民外，幾乎無心響應流亡朝廷與文天祥，所以他們也很快就無路可走了。

西元一二七九年的二月，流亡朝廷無處可去，逃到了廣州灣內的厓山後，還遭到漢人軍閥張柔之子張弘範與西夏王的後裔李恆所率領的蒙古軍攻擊。下級軍官出身的流亡朝廷官員陸秀夫於是背著年幼的皇帝趙昺跳入海中，其他很多人也因此沉沒於波濤之中；至此，南宋完全滅亡了。而文天祥在厓山之戰前，因為犯下了難以置信的失策而淪為階下囚，被送往忽必烈處。忽必烈是愛才之人，就算只是徒具虛名，忽必烈認為文天祥「節氣」可用，所以力勸他為官。但是文天祥十分頑固，非常看重自己的名聲，寧死也不願當元朝的官，因此名留後世，成功地贏得忠烈的美名。

草原與中華的大統合，帶來了超越這個大統合本身的更大擴展。陸上的最大帝國蒙古，也向海上進軍，把海洋也體系化，成為將歐亞大陸的海洋與陸地兩方連結起來的超廣域大帝國。這個龐大帝國的下一個目標，首先便是舊南宋領域的江南，還有朝鮮半島。

高麗國的轉變

蒙古與朝鮮半島上的高麗國，早在成吉思汗時代的西元一二一四年就有過接觸。當時因為在遼東製造分裂、企圖獨立的「黑契丹」，曾闖入高麗國內而造成混亂；黑契丹即是「喀剌契丹」，自稱是契丹集團中的一族，高麗國與蒙古的追擊軍一起擊潰了黑契丹。但是，後來蒙古要求高麗國歸順、納貢，再加上高麗國一直在觀望中國的局勢，態度曖昧不清，蒙古對高麗的信任越來越低，從窩闊台時代起，蒙古軍多次入侵高麗，也多次講和。

當時的高麗國王王氏失去實權，正好與日本相同，進入武人政權的時代。主張對蒙古採取強硬路線的武人勢力，把國都從開城遷移到江華島，表現出堅持不惜讓整個半島化為焦土也要徹底抗戰的架式。

隨著忽必烈政權的出現，局勢也改變了。忽必烈從鄂州北上爭取帝位時，以人質的身分被留在元朝的高麗世子王倎前往襄陽郊外迎接，因此與忽必烈建立了良好的關係。忽必烈即位後，王倎接獲父親去世的消息，忽必烈便封王倎為高麗王，讓蒙古軍護送他回高麗。廟號為元宗的王倎藉著與忽必烈的互信關係，計畫從武人勢力手中奪回實權。西元一二七〇年，王倎不顧武人們的反對，從江華島還都開城，並對內外宣告臣服於蒙古之意。

計畫以與蒙古的和平友好政策為盾，好來壓制武人勢力的元宗，當然招來立場和想法都不同的武人勢力反感，形成了兩種對立的輿論。在那樣的情勢下，高麗常備軍「三別抄」，高舉了主張反元宗、反蒙古的叛旗，占據朝鮮半島西南的珍島，擁戴王族中的王溫，成立另一個政府，高麗因此陷入多個勢力割據的局面。

在蒙古與南宋的襄陽、樊城攻防戰還在進行中時，高麗國內的蒙古駐留軍和高麗政府軍合作，與三別抄展開了征討戰。在南宋的襄陽開城之時，在高麗的三別抄也被鎮壓住了。高麗王室的王氏，因為有蒙古駐留軍為後臺，得以「王政復古」，邁向國內的再次統一。就這樣，高麗王國成為忽必烈王朝的最忠實附屬國，歷代國王與忽必烈家族通婚，國王成為蒙古語的「古列干」，也就是駙馬，化為忽必烈皇族的一員。

要如何看待蒙古對日本的侵襲？

忽必烈政府計畫透過高麗國，與日本進行接觸。首先，西元一二六六年，黑的與殷弘以蒙古使者的身分，來到巨濟島，但因為害怕「風濤險阻」，沒有渡海就折返了。從那時到西元一二七三年，前後共有四次的蒙古使者到達日本的大宰府，送交國書給京都朝廷與鎌倉幕府。但日本政府認為那樣的書信為無禮之物，而不曾給予回覆。

以前人們都認為蒙古送交的國書必定用詞傲慢，內容多為強迫日本順從之事，所以日本只能不予理會，但事實上，這是個誤解。和歷代中國王朝送來的國書比較起來，元朝的姿態低調得令人驚訝。忽必烈政權最初並無開戰的想法，但是好幾次送去國書都被無視，再加上使節遭到殺害，這明顯是日本違反了國與國往來之間的規則，被認為是有意開戰，也是無可奈何的事。

西元一二七四年，忽必烈政權終於派出了駐留在高麗的蒙古軍與高麗國軍組合的兩萬七千名聯合軍，向日本前進。蒙古方面採取的團體戰法，強壓了以個人戰鬥為主的鎌倉武士；但日本方面的個別武士團也非常善戰。不管事實的結果如何，雙方好像都認為自己「戰敗」了。於是日本方面趁著半夜的時候，撤回到大宰府，蒙古方面也撤退到停泊在博多灣的兵船上。據說聯合軍正準備返航時，船才剛出了玄界灘，就遇到暴風雨的襲擊。不過真相是否如此，就難以確認了。總之，蒙古與高麗的聯合軍認為繼續在日本戰爭無益，便返回高麗，這一點倒是沒有疑問的，而日本稱這一次戰爭為「文永之役」。

七年後，西元一二八一年，第二次遠征日本的行動開始了。從高麗國出發的東路軍有四萬，從舊南宋領域內出發的江南軍有十萬，再加上世界史上最大規模的船團，浩浩蕩蕩地進軍日本。但是日本方面也防備周全地建造了石垣、石牆，不讓來犯的敵軍上岸。在海上的元軍大船團因為當年八月一日的颱風，而損失了大半，這次就是日本所謂的「弘安之役」。

第一次遠征日本的行動，顯然是對南宋進攻戰中的一環。當時投入的軍隊與船舶，是以征討三別抄的軍隊為中心所組成的。蒙古的目的在於阻止日本配合南宋的行動，只要這樣就足夠了。而且，從之前派遣使者與遞交國書，交涉和平的內容看來，恐怕目的也在於此。

第二次遠征日本的行動就不一樣了。對幾乎沒有遭受損失就順利地接收了南宋的忽必烈政權來說，對南宋的戰後處理中，如何處理收編的四十萬餘舊南宋職業軍人，是一大頭痛的問題。如果任由他們失業，一定會形成社會不安的原因。於是，有實戰能力的職業軍人，被轉派到西方、北方地區的戰線，或派到廣東、廣西地區征討反叛軍。剩下的老弱部隊，便依照他們的意願，成為海外部隊。

十萬江南軍是最初的測試案例，但是幾乎看不出這些人有武器裝備，他們隨身攜帶的是種植作物或開墾用的農作器具，江南軍根本就是移民軍團。

東路軍才是戰鬥部隊，他們先到先戰，是理所當然的。東路軍再加上水手、雜務兵，人數和內容與第一次遠征日本時幾乎沒有變化。因此，有著石垣、石牆和超過十萬戰鬥部隊日本軍，當然占了優勢。所以，即使沒有受到颱風的侵襲，當糧食用盡時，蒙古的遠征軍自然就非撤退不可。把蒙古撤軍的因素推到颱風頭上，根本是多餘的。若因為這樣的結果，日本人就產生「神國」的意識，那麼歷史就顯得太諷刺了。

第三次遠征日本的行動雖然經過多次計畫，最後還是沒有實現。而沒有實現的最大原因，便是下文提到以乃顏為主的左翼諸王舉兵叛亂。最大支持者的叛變，把忽必烈的政權推向存亡危機，忽必烈只好把準備遠征日本的諸軍團，投入北方的戰線中。另外，有人提出應該重視江南方面的叛亂與越南叛亂，然而這絕對不是放棄第三次遠征日本的主要原因。

忽必烈政權也曾經數次派出遠征部隊，前往陳朝安南國、占城、緬國（現在的緬甸）、爪哇。而且，散駐在江南地區的各個軍團，可以個別企畫、提出遠征的申請，只要獲得中央政府的許可，

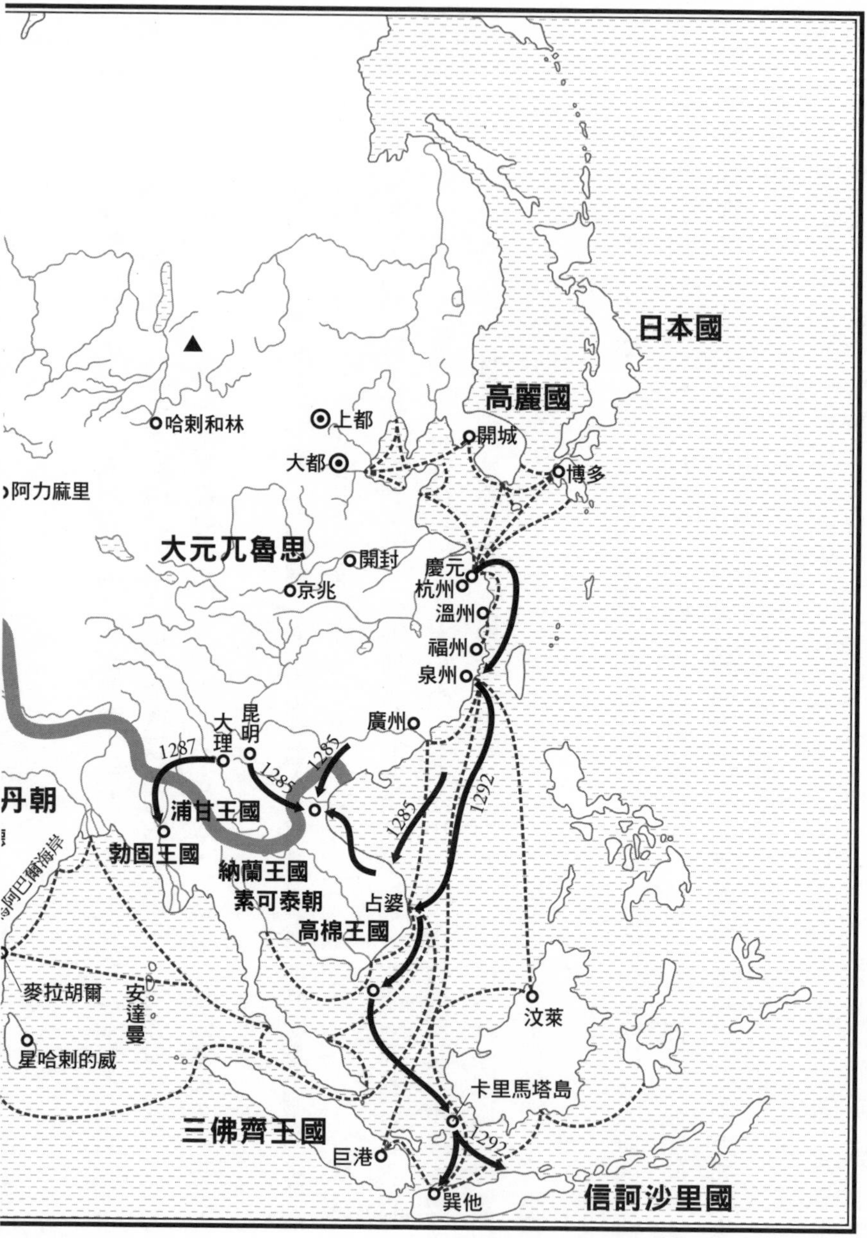
日本國
高麗國
開城
博多
上都
大都
哈剌和林
阿力麻里
大元兀魯思
開封
京兆
慶元
杭州
溫州
福州
泉州
廣州
大理
昆明
1287
1285
1285
1285
1292
丹朝
浦甘王國
勃固王國
納蘭王國
素可泰朝
高棉王國
占婆
阿巴爾海岸
麥拉胡爾
安達曼
星哈剌的威
汶萊
卡里馬塔島
1292
三佛齊王國
巨港
巽他
信訶沙里國

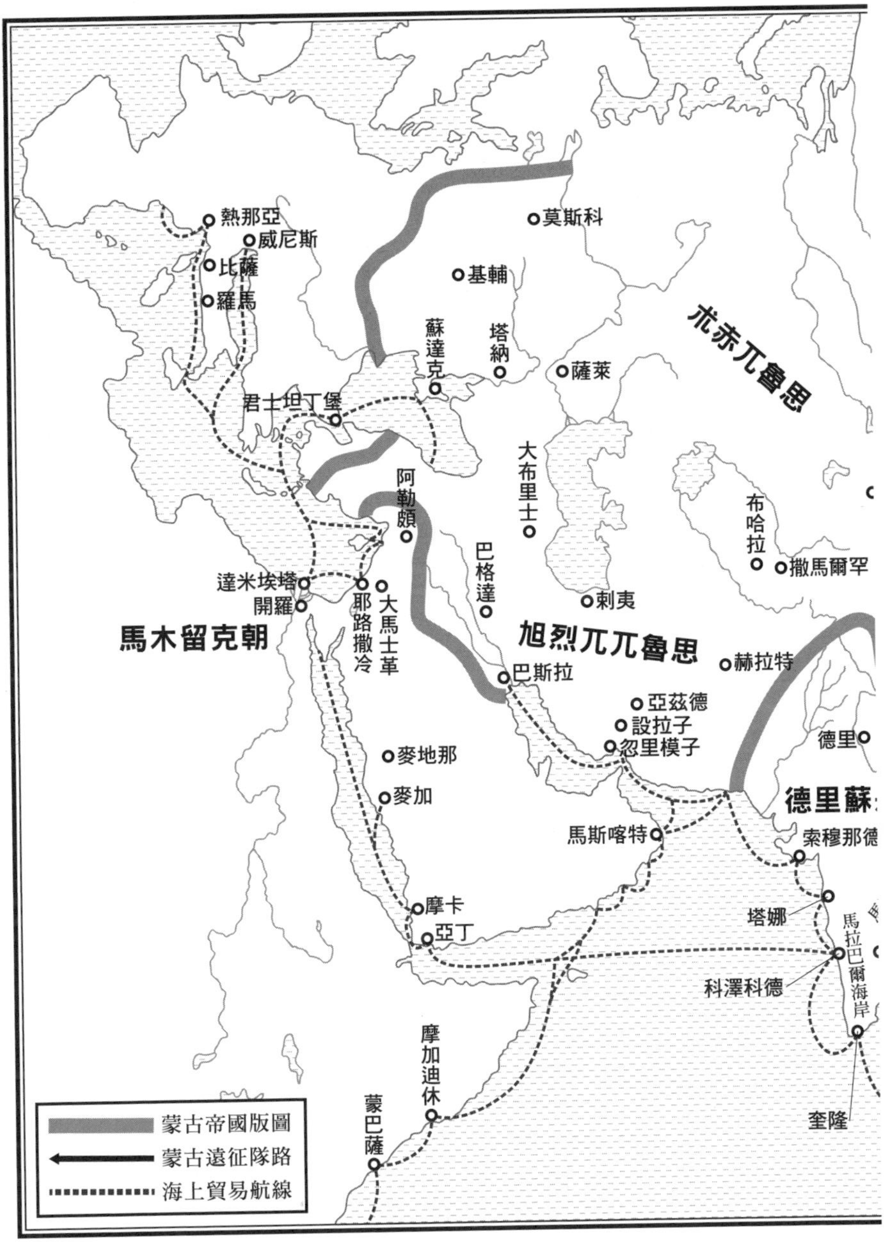

遠征東南亞與海上的大貿易圈

就能自籌經費、自行負責，展開遠征。這其實是駐外機關的一種「商業」競爭。然而，除了遠征緬國外，在酷暑與疫病的阻擾下，多數的遠征行動都以撤退做為結果。於是長久以來，人們便以「蒙古敗退」，來做為這一方面的結論。

其實以遠征爪哇來說，作戰行動本身是簡單地獲得勝利。但後來被當地的抗爭組織利用，又被在遠征軍協助下成立麻喏巴歇王國（《明史》記載為「滿者伯夷」）政權所騙，遠征軍才撤退的。這些遠征行動的目的，不在征服與統治，而是要求臣服與納貢，更重要的是掌握通商的路線。最後，蒙古還是直接掌握了東南亞海域的海上通商管道。從蒙古的立場來看，算是已經實現目的了。

又，這些遠征行動從開始企畫，到籌措兵員、糧草、武器、船隻等等事務，都存在著穆斯林商人團的公開或非公開介入。爪哇遠征軍超過兩萬兵員的遠征部隊，在當時可以說是相當驚人的大規模船團，其實相當於一個大規模的貿易船團。對穆斯林商人們來說，贊助這樣的遠征行動，基本上就是營利事業的一種。

從東南亞諸國到印度西南端馬拉巴爾海岸的港灣國家，最後也藉由納貢與忽必烈的政權正式締結關係。因為只要納貢，蒙古軍就不會出兵，還能得到經濟上的莫大利益。忽必烈的政權也在沿岸各地的主要港都城市，派駐負責貿易的官員。至此，旭烈兀兀魯思所控制的伊朗花剌子模和波斯灣的海上交通，也在蒙古的統治之下了。

印度洋上的東西通商路線，在蒙古的誘導下活躍起來，達到了和以前不同層級的水準。在此之前的北宋、南宋統治時代，以江南沿岸地區的幾個主要港灣都市為中心，被稱為「海上中國」

（maritime china）的交易和往來，就已逐漸興盛繁榮起來，但那都只是地方社會組織的出海行動，北宋和南宋並未作為國家直接推動。直到了蒙古時代，終於出現由國家和政權組織鼓勵、引導的海上通商。

蒙古把海洋也納入體系中，展開了真正的「海洋時代」。就這樣，內陸與海岸的兩條線結合起來，繞過歐亞大陸與非洲北部、東部海岸，可以稱之為「世界通商圈」的交通體系出現了。蒙古的勢力範圍在忽必烈政權末期達到頂點，成為橫跨海陸的巨大帝國。

兩大叛變

回頭再來看西元一二七一年。忽必烈在八剌大王（察合台汗國）去世後，對陷入混亂狀態的中亞，採取了直接干涉的政策。忽必烈的四子那木罕率領大軍進駐伊犁溪谷的阿力麻里，此地是察合台家的冬都，也代表察合台兀魯思的根據地被中央政府軍占領了。忽必烈政權的強硬姿態，反而提高了中亞的軍事緊張氣氛。

西元一二七六年的夏天，投降的南宋皇室與大批珍寶被帶到了上都的忽必烈宮廷，宮廷中充滿了勝利的氣氛。但就在這個時候傳來一個消息，說原本在那木罕陣營中從軍的蒙哥之子昔里吉，與阿里不哥之子明里帖木兒、藥木忽兒等帝室諸王，在拖雷庶系的脫黑帖木兒引導下叛變了。他們以昔里吉為盟主，抓走了那木罕，把那木罕送到朮赤家族的領導人忙哥帖木兒處，又把那木罕的輔佐——右丞相札剌亦兒國王家的安童，送到海都那邊。威懾中亞的強大忽必烈政府派遣軍瞬間瓦解，忽必烈的政權面臨重大的危機。

昔里吉要求與海都聯盟，但海都沒有被說動，忽必烈立即派遣伯顏率領旗下的南宋作戰主力軍北伐。伯顏連連擊敗哈剌和林方面的昔里吉軍，收復了蒙古本土。昔里吉的反叛行動雖然失敗了，但卻造成了很大的影響。忽必烈政權在中亞的絕對優勢瓦解，原本處境岌岌可危的海都復活了。而且，反叛軍中的阿里不哥之子明里帖木兒、藥木忽兒，投靠了海都這邊。

結果就是，海都的陣營裡不僅包含原有的窩闊台家族西方部分（東方是河西党項地方的闊端家族），還有收復了伊犁溪谷的察合台家族，與擁有阿爾泰地方的阿里不哥家族。這三大兀魯思的聯合，很自然地組成了結構鬆緩的「海都王國」。

西元一二八四年，那木罕與安童被釋放，回到忽必烈處，但此時左翼的東方三王家與忽必烈政權的關係，卻陷入險惡的狀態。東方三王家原本是催生忽必烈政權的中心，但忽必烈的盟友——斡赤斤家族的塔察兒去世，新上來當家作主的人是塔察兒的孫子乃顏。

忽必烈政權開始的時候，幾乎沒有干涉東方三王家的勢力圈，放任他們自由做主。但是，西元一二七三年塔察兒去世後，忽必烈政權便在西拉木倫河下游的遼寧平原，設置直屬中央政府的駐外機關，與當地左翼諸王家發生某些磨擦，逐漸顯現彼此的矛盾。其矛盾原因之一，便是為了遠征日本，中央政府要在屬於左翼諸王家領民中的女真族徵兵，還未經商討便擅自砍伐、運走造船用的木材。這樣形同傷害了左翼諸王家的既得權益，讓他們因此對忽必烈政權產生反感。

西元一二八七年四月，以乃顏為盟主的東方三王家——斡赤斤家、合撒兒家與合赤溫家舉兵了，並宣告要推翻忽必烈、奪取政權。擁有蒙古高原中央部位的闊烈堅王家的也不干響應三王家，海都也答應了乃顏提出的協助要求。如此一來，左右兩翼兀魯思的大部分家族決定一起反抗忽必烈。忽必烈的政權面臨了最大的危機。

但是，得知乃顏等人叛變消息，已經七十三歲的忽必烈採取了令人意想不到的行動。首先，他馬上出動與東方三王家並列的左翼大勢力五投下軍團，在邊境之地的西拉木倫河一帶布陣，防範乃顏軍的突襲。緊接著命令伯顏監視乃顏陣營的舉動，然後命令直屬的欽察軍團領導者脫脫緊急率軍前進，擊敗了駐守在土拉河的也不干；讓伯顏進駐哈剌和林，阻斷海都與乃顏的合作。

隔年五月，忽必烈從上都出發，親自征討乃顏。但是忽必烈這邊的蒙古正規軍與乃顏軍原本就是舊識，還有很多成員互有親戚關係，在戰場上相遇時，也是馬上敘舊，根本打不起來。因此，六月時，忽必烈親自率領得到政權後，以欽察、阿速、康里、葛邏祿等遊牧系常備軍所新編成的主力部隊，急襲乃顏的本營失剌斡兒朵。據說乃顏是景教派的基督徒，所以主旗上有豎著十字架。在這場戰役中，上了年紀的皇帝乘坐象輿在前線上指揮，雖然曾經遭遇到危險，但在前述的特殊軍團奮勇作戰下化解危險，獲得勝利，並且俘虜了乃顏。

乃顏戰敗，忽必烈的危機隨之消除。但是，合赤溫家的老王哈丹繼續抵抗，戰火因此從東北亞的各地，擴及到高麗國。忽必烈便以真金的三子鐵穆耳為追討軍的總司令，一再與哈丹對戰，終於在西元一二九二年擊潰哈丹，完全地平定了這次的亂事。

結束這次叛亂後，東方的諸王家很快就與忽必烈政權恢復關係，臣服於忽必烈的勢力範圍內。以這個事件為大分水嶺，從此東方諸王家與西方諸王國，踏出了截然不同的步調。乃顏失敗之後，帝國內與忽必烈對抗的勢力就只剩下「海都王國」了。於是，國內紛爭的舞臺便移往中亞地方。在這期間，忽必烈於西元一二九四年去世，享年八十歲，以蒙古人來說，是非常長壽的；而以一個人的人生來說，他的一生可說是波濤洶湧。

體制化的國家經營

忽必烈的新國家建設事業

回到來看忽必烈的新政策。西元一二六四年忽必烈即帝位後，就連續推出新的政策，進行新國家建設的事業。在他前後三十五年的統治期間所做的國家建設，雖然因為蒙古皇室之間的骨肉之爭，而不得不與最初的計畫有所不同，但仍然想用前所未有的綜合構想，與涵蓋整個歐亞的大規模，打造一個新型的世界國家與跨越東西的交流圈。在世界史上，以如此大的規模與周到的計畫來進行國家建設，可以說是史無前例。

忽必烈的目標，首先就是要創建一個擁有草原世界和農耕世界雙方面基礎的國家。在蒙哥時代之前，蒙古是以蒙古高原為根據地，遊牧帝國型的霸權國家，對華北、東西突厥斯坦、伊朗等占領地的要求，只是期望得到稅收而已。但是忽必烈不一樣，他想要創建一個和中華世界一樣擁有龐大的農耕產業與人口，又兼具有蒙古高原的遊牧軍事力與中華本土經濟力的超地域政權。為此，他把政權的中心移到連接兩個區域的內蒙古草原和中都地區，讓宮廷和軍團可以隨著夏季和冬季的季節變換移動駐留地，藉此創造出可以持續維持軍事力與掌握經濟力的行政新型態。

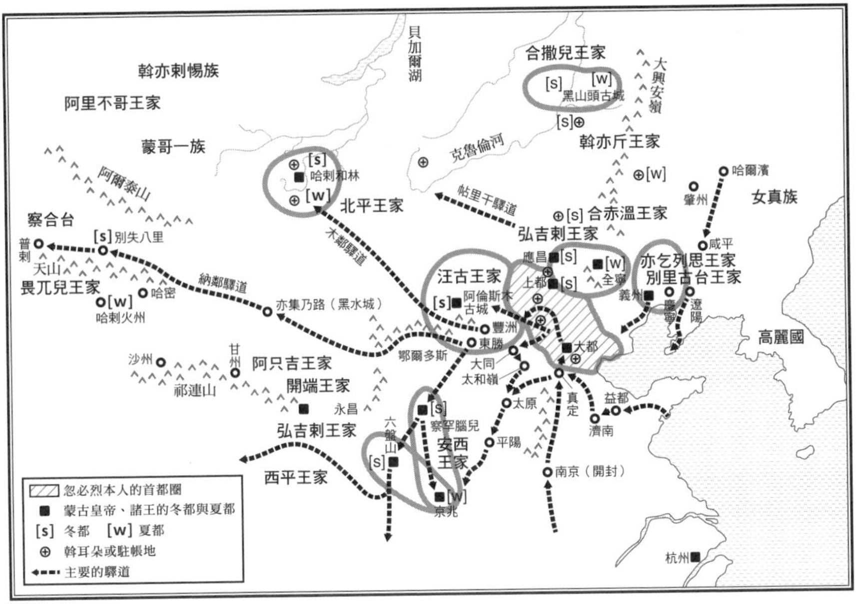

忽必烈政權的主要王家與首都圈

忽必烈改開平府為「上都」，以此地為夏都；在中都東北郊外的一大片空地上興建「大都」，是為冬都。大都就是現在北京的前身。以都市的規模來說，上都只算是中型程度的城市，規模巨大的都市「大都」，才是事實上的「帝都」。就這樣，從安祿山時期的范陽、幽州，到契丹的副都南京、金國的首都中都，再到歐亞帝國的蒙古，「大都」成為世界的帝都。邁向巨大中國的首都北京之路，就是這樣奠定起來的。

除了這兩個都市外，在這中間還設置了各種都市、聚落與設備機關：數個只讓工匠們集體居住的官營工場都市、帝室的斡兒朵相關者的宮殿都市、直屬於皇帝的遊牧系諸軍團的各種軍事基地，還有附屬漢人部隊的屯營聚落等等。各種不同目的與用途的設施，被設置在大都與上都之間，散落在串連成大約三百五十公里的長橢圓形移動圈的中央。

忽必烈把這一整個地域，當作「首都圈」，做為政權的核心地帶，把軍事、統治、物流等等的機能，集中在這個核心地帶裡，並且藉由水、陸交通，從這裡組織出向四面八方進行運輸、通信的驛傳站網路。

忽必烈政權誕生之初的主力集團，例如左翼的東方三王家、五投下、汪古部聯盟、闊端王家的各大本營，也都以忽必烈本人的遊牧地——上都地區為中央，東北起自興安嶺、熱河，西至陰山、甘肅的內蒙古草原，呈數珠狀地串連起來。另外，各個集團的首長家族，也以忽必烈家族為中心，互相通婚；並且仿傚上都、大都的兩都形式，各自在自己領內設置夏都、冬都，隨著季節移動其行政、軍事的據點。擁有小型「首都圈」的集團有十多個，構成了忽必烈王朝的最高統治層，他們的領地與所屬人民，完成了把遊牧世界與農耕世界連接起來的脊柱任務。

忽必烈的政權確立後，首先封嫡長子真金（但其實是次子）為燕王，視他為皇太子，讓他統治「腹裡」（原本是腹部的意思，在此指中心、中央的部位），也就是現在成為內地的北中國，直接統轄大都的軍事、行政兩府（樞密院、中樞省）；這裡是農牧複合的中央區域。接著，針對自成吉思汗以來被當成「本土」、戈壁以北的蒙古高原，忽必烈封四子那木罕為北平王（或稱北安王），讓他統率傳統的千戶，以哈剌和林為中心，確保「國家的根本之地」，而這裡是純粹的遊牧國區域。再來，忽必烈即帝位以前的私領地，是京兆到六盤山地區，他封三子忙哥剌為安西王，以京兆為冬都，在六盤山營造夏都開成，採取和大都、上都完全相同的系統，讓忙哥剌統轄以小型「首都圈」為中心的陝西、甘肅、四川、吐蕃等地方，這裡是農牧並存的領域。上述這「三大王國」，都各自擁有強大的軍團。

除了嫡出三子的「三大王國」外，忽哥赤管理雲南、大理，西平王奧魯赤管理吐蕃，江南成為蒙古的版圖後，安排鎮南王脫歡等其餘庶子負責江南和安南。就這樣，帝國東方的軍事完全在忽必烈家族的掌控中。忽必烈的諸子就是他的分身，如此一來，在各地擁有領地、封邑的帝室諸王、貴族、土著諸侯的分權勢力，就全部被編入忽必烈諸子的指揮下了。這種由忽必烈家族獨占軍事力量的體系，一直維持到後來。從忽必烈開始，到出自忽必烈系的歷代蒙古皇帝，全是站在忽必烈一門的權力集合體上君臨天下。

中華的形式

忽必烈在推動蒙古國家大改造的同時，以導入「中統」、「至元」年號為開頭，宣告以上都、中都為首都，又在中都的東北郊外建大都，制定新的文字八思巴文，採用「大元」為新的國號，也導入立后、立太子的制度，引進了一看就知道是中華風的一連串國家體制。

在這種「漢化」的政策中，最為明顯的，就是採用了中華傳統的中央集權體制下的官僚機關，與統治的組織形式。中央仍然像以前一樣，分成了中書省（行政）、樞密院（軍事）、御史臺（監察）的三個體系，六部也一樣隸屬於中書省。在地方的統治方面，則除了中央的中書省直轄的「腹裡」外，將各地畫分為十一至十二個大區域，在那裡設置行中書省（行省），做為中央的駐外機關。這是全新的地方統治方式。隸屬於行省之下，按照層級依序是路、府、州、縣等行政體系，而

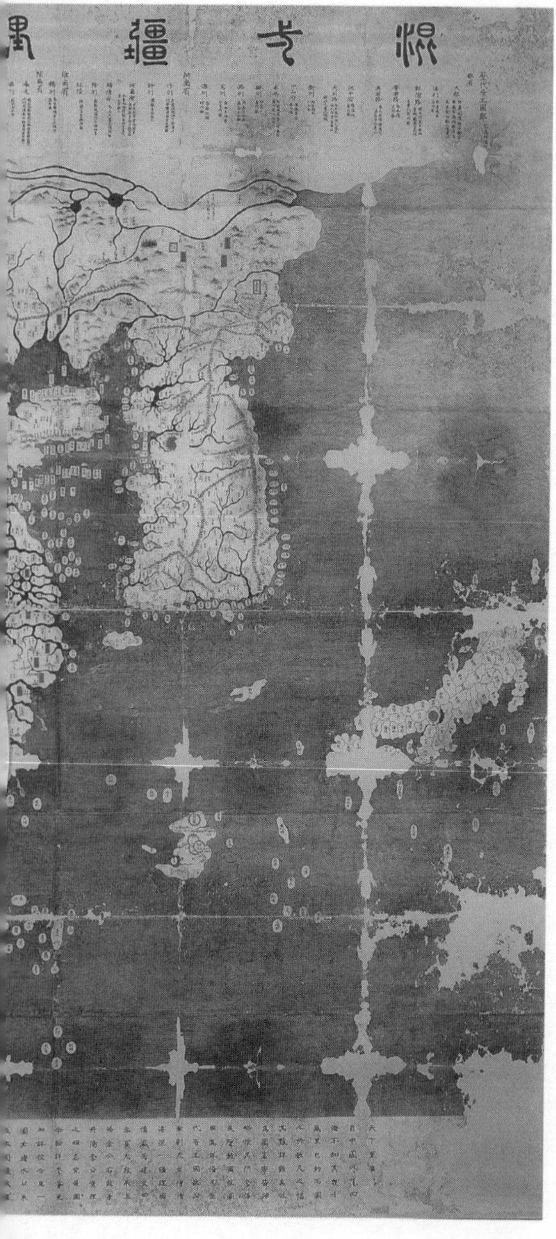

【顛覆人類史常識的「世界圖」】

混一疆理歷代國都之圖　「混一疆理圖」是十四世紀中葉，在大元兀魯思帝國治下的南中國，把根本是為民用而製作的兩幅原圖混編而成，分別是李澤民的「聲教廣被圖」，與清濬的「混一疆理圖」。編成之後不久又經朝鮮王朝合成、補編，才誕生了這幅「混一疆理歷代國都之圖」。圖的下面有李氏朝鮮早期理學家權近所寫的跋文，記載著明朝的年號建文四年（西元一四〇二年）。圖中與圖的編繪有關的中華與朝鮮，明顯被異樣地放大，但仍然一看就知道這是一幅歐非、歐亞地圖。此圖中的大地平面，可以說是人類史上從未被認識的東西。話雖如此，這幅圖也顯示了中華地區之前就有的「華夷圖」傳統。另外，自托勒密以來，尤其是在伊斯蘭中東累積的知識體系，也一脈相傳地存在著，此圖是以東西的文明為依據，畫出了十三到十四世紀的蒙古統治領域，和以此為中心的歐非、歐亞大規模交流圖。本圖藏於日本島原市本光寺，大小為220cm×280cm。

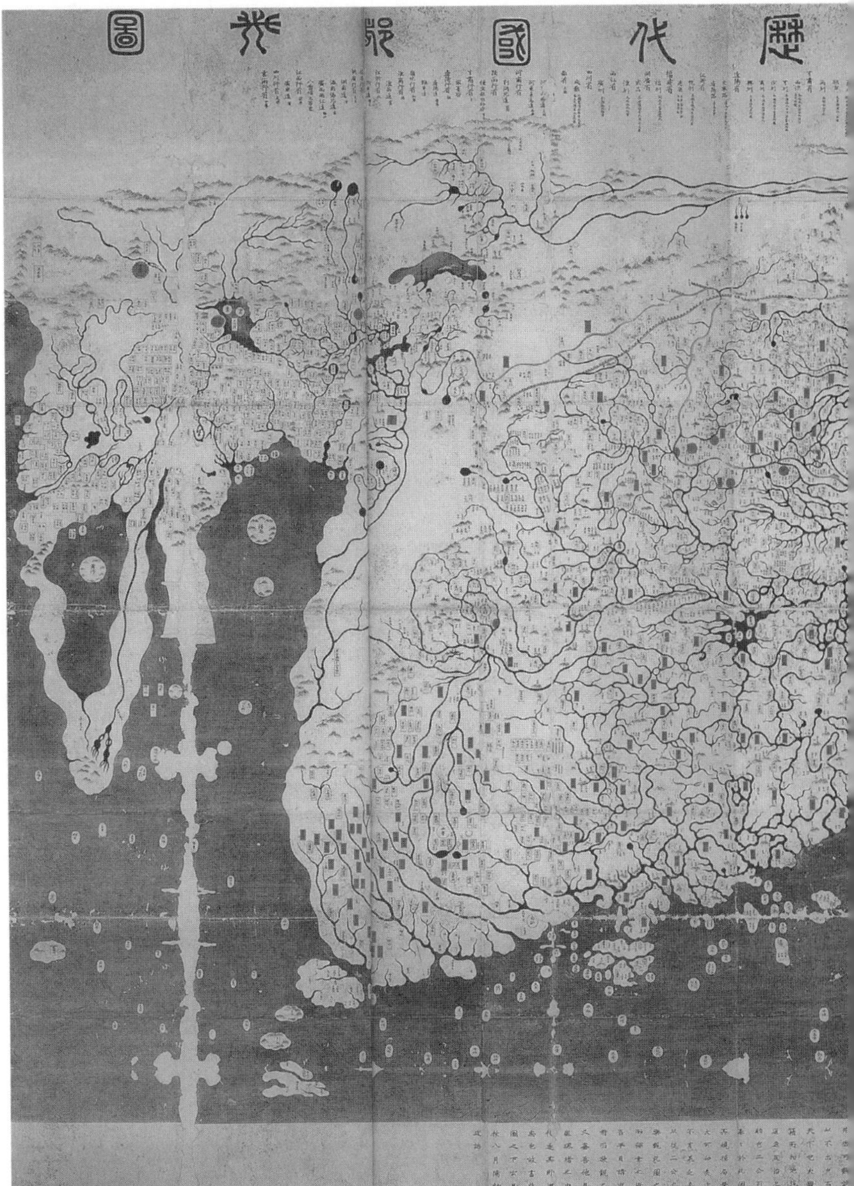

【蒙古時代的遺產——永樂宮】

畫在牆壁上的天女　中國山西省的西南部，往南流的黃河突然向東做了將近九十度的大轉彎，永樂宮的雄壯建築群，現在就座落在那個地方。永樂宮是蒙古時代的道教教團之一——全真教，在蒙古政權的庇護與支援下，花了七十年的時間營建而成的。是現在我們所能見到的中國建築中，既古老又美麗的最好文化遺產。為了避免建築三門峽水壩時被水淹沒，中國在西元一九六〇年代，在辛苦的局勢中克服種種困難，將永樂宮由黃河岸邊的舊址，遷移到安全的地帶，也就是現在的芮城之地。遷移永樂宮本身，就是一件了不起的壯舉。壯麗的永樂宮中，正門無極門，與正殿三清殿、後殿純陽殿的牆壁上，畫著各種豪奢、華麗、纖細、優美的壁畫，完全展示出中國繪畫的優點，幾乎每一幅壁畫都在中國美術史上佔有一席之地。

除了「路」以外，其餘維持原有的管理系統。

這樣的形式，大致沿襲了到宋、金為止的中華王朝基本路線。如果只看外表的形式，那麼，把忽必烈王朝也視為中華王朝之一，似乎並無不可。但問題不在外表的形式，而是內在的實質內容。

以中書省為例，右丞相之下還任命了不少帶有中華式頭銜官員，如左丞相、平章政事、右丞、左丞、參政等等。但是，這些官員的人數並不是固定的；被任命的人員隨時會因為不同的情形而被更換，或有所增減。長期被任命的人，當中首推右丞相安童，他出身自札剌亦兒國王家，就血脈關係來說，他還是忽必烈的外甥，屬於最高權力圈中的人，擁有屬於自己的強大軍事力量。還有，任職右丞相之下的平章政事到參謀等重要位置的人，大多是有實務經驗也有指揮能力，出身自蒙古、畏兀兒、契丹、党項、穆斯林、漢人的有勢者，或忽必烈個人的謀臣。關於這一點，在樞密院或御史臺的長官或次長也一樣，尤其是擔任長官的人通常是擁有部族軍或私兵的族長或軍人，所負擔的事情與中華式的職務頭銜不見得相關。

永樂宮的三清殿　永樂宮以三清殿（無極殿）為首，擁有數座氣宇軒昂的建築，讓來觀賞的人讚嘆不已。舒展而雄壯，高雅又有意境的建築，完全展現了中國建築的精髓，也讓人強烈感受到蒙古時代的氣息。

還有一點不容忽視，這些高級官僚很多是忽必烈的怯薛（近衛、宿衛）出身。遇到必要時，經常會從怯薛中調派適當的人選，進入中華式的官廳機構中，等事情處理完了，再回到怯薛的組織。與國家的根本有關的重大事務，則超越中書省、樞密院、御史臺這個框架的管理，由四位怯薛長與蒙古有勢者，一起召開以忽必烈為中心的御前會議，並在會議中做出決議。中華式官僚機構的下層官員沿襲原本的職權，進行職務，但上層官員卻只是形式上的官，沒有權責，這可以說是蒙古政權傳統的「近幸政治」的延續。這樣的雙重構造，也貫徹於地方的組織上。

觀察忽必烈一連串的整備國制行動，可以看出把中華傳統引進蒙古後的變化。然而，那些種種的「漢化」政策，其實都是出自忽必烈的漢人智囊劉秉忠與姚樞等人的建言，因此遭受重視成吉思汗以來的遊牧國家傳統的蒙古諸王指責，這也是他們反抗忽必烈的原因之一。

不管怎麼說，忽必烈之所以大膽導入雙重構造的中華帝國系統，原因在於原本的蒙古帝國行政、官僚組織雖然足夠處理蒙古帝國的問題了，但在領域包含了人口龐大的中華本土，與歐亞的其他區域後，就明顯地不足了。外表看起來是中華帝國國家，其實內在還是蒙古軍事國家的這種雙面性體制，是歐亞草原史與中華王朝史這兩大世界史的洪流，匯集為一的匯合點。

穆斯林商業網與物流、通商的管理

另一方面，大元兀魯思政權的明顯特徵之一，就是在維持以原本的遊牧軍事力為基本盤的軍事政權下，用經濟管理的手段，做為國家營運的主軸。而成為其中心的，便是來自伊朗系的穆斯林商人集團，與出身穆斯林的經濟官僚。說忽必烈政權是與穆斯林商業勢力的共生關係為軸的財政國家或通商國家，這樣的色彩也是相當濃厚的。

蒙古早在成吉思汗統一蒙古高原以前，就和伊朗的穆斯林商人有連繫。從窩闊台時代到蒙哥的時代，蒙古就把占領地的徵稅統治機構，委託給穆斯林商業勢力來管理。另外，從西亞到中亞，自古以來就是銀經濟的地區，所以蒙古在統治北中國時，在租稅方面便採用納銀制度，由以穆斯林為中心的中亞以西商業勢力負責財務部門。

他們是突厥語稱做ortaq（意指朋友、夥伴，波斯語ūrtāq，漢字音譯成「斡脫」）的行會，或者說是公司組織。利用由一群人共同出資的巨大資本，進行各種商業行為，乃至於承攬徵稅或向納稅人放高利貸。這樣的穆斯林商業勢力，也是支援蒙古擴張的資金來源與消息來源。不過，忽必烈以他們為主力布置國際商業網路，與運用他們的經濟營運能力的本事，更勝於以前的蒙古政權，強力地把他們納入自己的政權之中。

忽必烈政權一方面計畫用穆斯林官僚管理財務與振興經濟，一方面以重新建設成世界帝都的大都為中心，創建了陸路、水路、海路的巨大物流系統。於是，在大都的中央地帶，設置了都市大內港「積水潭」，讓海運帶來的貨物，可以在直沽（現在的天津）轉載到河船上，然後從通州藉著閘門式的人工運河——通惠河，把貨運送到忽必烈的跟前。中國東南沿岸一帶，原本就有很多穆斯林海洋商人在那裡活動，在忽必烈政權統一中華本土後，和蒙古早有合作的內陸穆斯林商業網，終於也延伸到了南中國，與海上的航線連接起來了。

從陸路上來說，大都可以連結集中哈剌和林與上都的內陸線；從水路上來說，大都可以與匯集在通州的金代華北水運、中國南北統一後復活的大運河連結，甚至也可以與南中國的印度洋航線連結。不只整個中華本土，圍繞著歐亞的交通路線，全都設計成可以與大都做連結。憑藉著蒙古的政府能力，運輸環境出現了前所未有的完善與維持狀態。

想來，一個國家的要務，除了要控制集中這個國家力量的首都，與領域內的據點城市外，還有就是要掌握連結這些據點的交通、運輸、流通，總之，交通就是國家。不僅要鉅細靡遺地控制住既有交通體系，更要開創、完善以自己為中心的體系，而且要能直接維持、管理。緊握住牽動人群的溝通管道，就是把握了人與社會。古往今來，這一點是不會有太大變化的。

況且，越是被稱為帝國的複合性發展政權，交通本身的意義就越重大。蒙古是世界帝國，先不談可以利用水路的地方，當時的交通手段，在陸地上能運用得到的，無非是馬、駱駝等，所以蒙古帝國自創立以來，當然積極於交通方面的整備上，甚至可以說把交通的建設當作立國的基本了。整建歐亞大陸的陸路、水路、海路系統，是忽必烈了不起的創舉。

總之，利用了前述的流通網，與蒙古王權有合作關係的斡脫商人，以蒙古的武力為後盾，前往歐亞各地，半強迫地做著他們的買賣，把利潤的一部分還原給也是出資者之一的蒙古諸王家，藉著公家的輸送機構，最後物資送進大都。而管理大都公營集市與課稅的人，就是蒙古王權的總領導者忽必烈。忽必烈再把以這種方式得到的銀子散發出去，賞賜給帝室的諸王，進行著絕對說不上是遊牧經濟的經濟支援。就是這樣的支援，讓諸王與忽必烈的政權緊緊相連。

忽必烈政權的財政營運，是非常重商主義的政權。他的管理系統雖然是點與點的管理，但是在各地的據點都市與交通、物流的要衝地點，都一定配置著穆斯林的經濟官僚，與中央保持著緊密的關係。忽必烈政權統治方式的大特徵之一，便是據點的管理與徹底管理物流與通商，而蒙古的軍事力量與穆斯林的商業量力，正是支撐忽必烈新國家的兩大支柱。

區域單位別的統治

除了上述之外，忽必烈政權的統治系統中不可忽視的，便是為了管理空前龐大的領域，而在蒙古時代以前的舊金國領域、舊西夏領域與舊南宋領域等大單位的領域，採取個別區域管理的方式，在那些領域裡建立「行省」這一前所未有的超大型地方機關，導入分開管理的方式。

大元兀魯思的中央政府，培養了可以應對版圖內每個主要地區、人種、語言的官僚群，讓他們可以處理帝國內的所有問題。但是，中央政府並不直接插手各個地方的現地社會，尊重各地方之前的統治方式與習俗，即使在稅制、法制上，也幾乎沿襲之前舊政權的方式。如此，大元兀魯思是單一主權下，並存著複數社會體系的多元世界。

忽必烈政權為了流通與徵稅，而專注於掌握經濟要地。為此，會直接由中央政府的財政廳（最初稱為尚書省，後來與行政單位的中書省合併）派遣財務官僚到地方上，採取與中央直接連結的體制。這個駐外機關就是前面所說的「行省」，一般會設置在遼陽、杭州、京兆、開封、鄂州、成都、昆明、泉州、廣州等經濟上的主要城市。

行省以軍事力量做後盾，肩負中央的徵稅、財務業務，但現實上也負擔了一般行政，因此漸漸地演變成管理廣闊區域的常設地方統一機構。在這個步調下，行省這個字詞就成為不只是官廳的稱謂，而變成泛指所轄區域的全體了，這就是後來中國的省制起源。

世祖出獵圖中的忽必烈　出自劉道貫之筆的名畫。忽必烈與祖父成吉思汗不同，與忽必烈有關的畫中，他的模樣相當一致，都是高胖的人物形象。此畫中隨同他打獵的人中也有黑人（最右者），可見他有多種族的近衛。此圖現藏於臺北故宮博物院。

龐大的多種族複合國家

回過來看，在這個情況下形成的忽必烈新國家，也就成為了各種人種、社會、宗教、文化、價值觀等混合並存的多種族複合國家。在那個國家裡，除了統治者的蒙古王族、貴族與相關的特定人們外，看不太出種族的差別。

通過蒙古的統治，可以明顯看到的現象，是以蒙古的帝室為核心，聚集而來歐亞各地的種種「王權」，反映了巨大聯合權力的性格。帝國建立之後，在人才的任用上，理所當然地重視出身與門第，但同時也展現出相反的唯才是用傾向，整體來說，看不出這方面有人種的區別。尤其是忽必烈。忽必烈在即位以前就擁有由畏兀兒、契丹、漢人、女真人組成的多種族智囊團與行政團隊，獲得政權後，他也不分種族地提拔他的智囊團與行政團隊，給他們高官位與要職。還有，忽必烈的財務問題主要倚重穆斯林，用吐蕃、印度、尼泊爾、克什米爾人處理與宗教、文化有關的問題，而與學術、訊息、科學、技術有關的問題，則主要仰賴包括歐洲在內的各區域的人才。總之是不分種族地依據個人的專長，賦予恰當的職務。

一直以來都認為蒙古統治下的中華本土上有嚴重的身分階級之分，分為蒙古、色目、漢人、南人四種階級。但是事實卻是，所謂階級之分，其實只出現在後來的極少數科舉考試中。把四種階級之分套在整個中國社會上，是戰前某位日本學者提出的，而且幾乎是「故意」提出來的，但這個說法符合蒙古的「野蠻形象」，所以被很多人接受了，但接受並不代表了解真相。總之，這樣的「創作」與沒有求證就接受一種說法，是世上常有事情。現實的情形是，那是一個跨越人種、語言、文化的框架，重視實質，認同出類拔萃本質的實力主義時代。

世界史上少見的新型世界國家，在忽必烈這一代建立起來了，其結果便是把歐亞與非洲捲入前所未有的國際通商規模，促進了人力與物資的交流。到了十四世紀，蒙古帝國的內部和睦了，包括非洲和跨越歐亞東西的空前超大領域，進入大版圖的和平共存，及無國界大交流的新時代。從這個時候開始，非洲和歐亞世界以一個整體之姿，貨真價實地進入了「世界史」。

融合的歐非、歐亞世界

和睦的帝國

至元三十一年（西元一二九四年）正月，忽必烈與世長辭。同年四月，在上都召開的忽里勒台大會上，真金的三子鐵穆耳即帝位。據說鐵穆耳在忽里勒台大會席上與兄長甘麻剌辯論，靠其雄辯而贏了甘麻剌。但不管怎麼說，鐵穆耳能即帝位的原因，

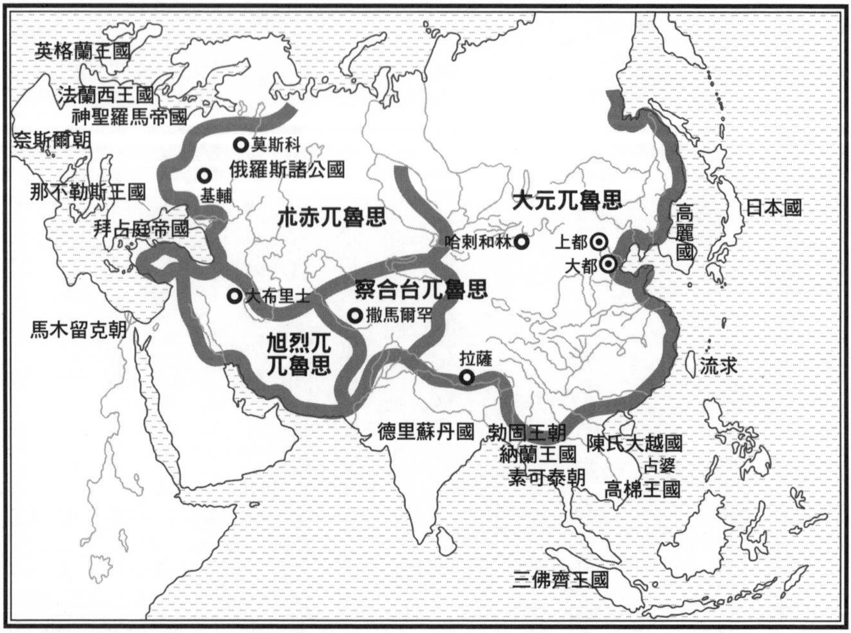

領域超大的蒙古帝國（十四世紀初）

還是因為他得到了伯顏為首的龐大軍團支持。

海都方面開始發動攻擊，是忽必烈去世後才開始的。海都一向畏懼忽必烈，所以避開與他直接衝突，而所謂的「海都之亂」，其實是想像過多，並且帶有中華主義的說法。察合台汗國君主八剌的次子篤哇，在海都的支援下，從一二八二年到八三年左右，成為察合台家的家長，以歷代的遊牧領地伊犁溪谷為據地，與向畏兀兒斯坦方向的西部邊界線擴張的大汗對峙。西元一二九七年，阿里不哥的兒子藥木忽兒、蒙哥的孫子兀魯思不花，及原為忽必烈部將，後來因為戰敗而投靠海都的朵兒朵哈，與一萬兩千名的騎兵叛離篤哇，臣從於鐵穆耳。他們畏懼聰明而嚴厲的忽必烈，所以等忽必烈死了，才敢放心地降服。成宗收服降兵後，為了慶祝而改年號「元貞」為「大德」。

藥木忽兒三人投降成宗，成為海都陣營的

大衝擊。西元一三〇一年，海都發動前所未有的大軍，和以篤哇為首的中亞方面帝室諸王，一起進軍蒙古本土。在哈剌和林這邊，除了甘麻剌的晉王家北方部隊外，成宗鐵穆耳的二哥答剌麻八剌的長子海山率領中央軍團，是最前線的總司令；另外，與忽必烈家恢復舊好的東方三王家的各首領，也都加入大汗的軍團。蒙古同門之間的決戰，就這樣在蒙古高原西部一帶展開了。結果海都軍敗了，海都也在此時受傷而死。

不管海都的陣營怎麼聚集同黨，怎麼樣也敵不過大汗的軍團，這是顯而易見的事情。拼湊了雜亂勢力的海都死後，局勢馬上大變。長期以來一直是海都忠實盟友的察合台家篤哇，開始為了自己而行動。在辦完海都的喪禮後，篤哇推薦海都的庶長子察八兒為窩闊台家的繼承人。但海都還活著時，曾經指定寵愛的兒子斡羅思為繼承人。由於海都家大半支持斡羅思，所以以海都家為中心的窩闊台一門因此分為兩派，互相競爭。

篤哇在窩闊台家占有了自己的立場後，便提議察八兒臣從於大汗。在與成宗鐵穆耳取得連繫的篤哇主導下，中亞方面的帝室諸王也全部宣誓臣服於鐵穆耳，此一消息也傳到赤朮兀魯思的首長脫脫與旭烈兀兀魯思的首長完者都的耳中。自八剌興起，開始了蒙古帝國三十餘年的紛擾後，西元一三〇五年紛擾終於結束，蒙古帝國迎來東西和睦的局面。

這個和睦局面的開始，也是篤哇與海都的庶子爭奪「海都王國」的開始。篤哇的作為與以前篤哇在父親八剌去世後海都的做法完全一樣，在海都死後，趁著窩闊台兀魯思發生內部紛爭時，讓察合台家成為窩闊台兀魯思的中心，掌握了中亞的霸權，形成了新的「統一」權力體「察合台兀魯思」。就這樣，蒙古找回了以前的連帶性，以版圖內的幾個權力體為核心，形成了開放而多元的「世界聯邦」。

大元兀魯思政局的變動

中亞情勢的轉變，與遙遠的東方大元兀魯思中央政局息息相關。元成宗鐵穆耳因為飲酒過度而臥病，在東西方和睦之前，就已經無法處理政務，代替他處理政務的人，是掌握大元兀魯思宮廷實權的皇后卜魯罕。大德十一年（西元一三〇七年）正月，四十二歲的成宗鐵穆耳歸天，卜魯罕皇后為了鞏固自己的權勢，決定擁立安西王阿難答。鐵穆耳原來的皇太子德壽早夭，於是鐵穆耳二哥的嫡子海山與愛育黎拔力八達兩兄弟，就成為皇位繼承人的有力候選。但是卜魯罕皇后嫉妒兩位兄弟的生母答己與鐵穆耳生前感情和睦，便把長子海山派到蒙古高原的前線，然後以封賜為名，把答己和愛育黎拔力八達送到真金家的私領地——河南的懷孟，目的就是要把這兩個兄弟趕出中央。

安西王阿難答那時正與來降的阿里不哥王家的明里帖木兒，一起前往大都的途中，在得知卜魯罕皇后的意向後，大喜之餘便加快了速度前進。另一方面，政府的次席左丞相阿忽台是卜魯罕皇后的人馬，為了阻擋海山回到中央，便封鎖了街道。可是，政府的首席右丞相哈剌哈孫則是馬上派遣密使去通知海山，也派人去懷孟的愛育黎拔力八達母子處，請求他們盡快回大都。哈剌哈孫擁戴很快就回到大都的愛育黎拔力八達母子，於阿難答要強行舉行即位儀式前，在宮中絞殺了阿忽台，還盡數逮捕了以卜魯罕皇后、阿難答為首，及副王明里帖木兒等阿難答政權下的同黨。哈剌哈孫的宮廷內政變成功了，愛育黎拔力八達的政權看似就要誕生了。

海山在阿爾泰山那邊的前線接到鐵穆耳去世的消息。在海山所率領的派遣軍面前的，是曾經與海都合作，剛剛成功拿下窩闊台家的篤哇。海山和諸將協議後，決定留下一部分的部隊，自己帶領其餘部隊返回哈剌和林。這是命運的轉折。向東急行的海山大軍，像怒濤般地抵達蒙古高原的首邑哈剌和林了。

年輕的大元兀魯思軍的總司令，剛剛擊敗了以勇猛著稱的老王海都的大軍，又在中亞的最前線戰功顯赫。這樣的海山深受蒙古高原帝室諸王、諸將的愛戴。所以，當海山舉旗時，數量驚人的支援者紛紛聚集於哈剌和林。他們在這個蒙古興隆之源的地方，要求海山即帝位。但是，海山希望像曾祖父忽必烈一樣，在上都即位，他從自己類似忽必烈的經驗中，看到了自己的未來。於是，海山精選自己麾下最精銳的部隊，編成左、中、右三支隊，每隊各有一萬精兵。三隊從三個方向往上都快速前進，海山親自帶領中路軍。上都的守備軍高舉雙手地歡迎海山的到來，而此時在大都的愛育黎拔力八達卻相反地形同被孤立了。

在這樣的情形下，大都方面不得不讓步。西元一三〇七年六月，上都召開了忽勒里台會議，海山即位為全蒙古的新皇帝。海山尊母親答己為皇太后，並在母親的強烈要求下，雖然自己有兒子，還是立弟弟愛育黎拔力八達為皇太子。隨後，海山趕赴大都，處死阿難答、明里帖木兒、卜魯罕等人。阿難答是虔誠的穆斯林，據說在他的命令下，安西王國的十五萬名軍隊也幾乎全部信仰伊斯蘭教。不過，當安西王家一旦被擊潰，後來兼領安西王家舊領地的人，大抵上就是被指定的皇太子。

海山是隔了許久以後，好不容易才出現的全蒙古都支持的大汗。他或許是想效仿忽必烈，成為新皇後，便一個接一個地推出新企畫、新政策，似乎可以預見蒙古就要迎來新的時代了。但是，海山卻在四年後的至大四年（西元一三一一年），以三十一歲之齡突然去世，顯然是被答己與愛育黎拔力八達等人毒殺了。海山在莫名其妙的情況下突然去世，誘發了大元兀魯思帝室的內部紛爭，連帶地也引起了蒙古帝國全體的動蕩。愛育黎拔力八達在兄長去世後，終於如願即位，然而實權卻落在母后的手中，愛育黎拔力八達只能整天待在大都宮廷內的皇太子宮（後來的隆福宮。現在中國政府要人們的起居地中南海地區，就是隆福宮的遺址）中，連進入皇宮中都得猶豫再三。蒙古帝國就此進入實際上的「女皇」答己的時代。

最初，愛育黎拔力八達原本答應立海山的長子和世㻋為皇太子，但是，害怕海山一派的人復仇，答己與愛育黎拔力八達後來反悔了，以封賜為名目，把和世㻋派到雲南，讓他遠離中央。為此，和世㻋與其將官們便在赴任途中的陝西造反，一時之間大元兀魯思的西境全域陷於混亂之中。結果，和世㻋靠著父親海山的舊關係，投奔到察合台兀魯思。此時被海山派主導的大元兀魯思軍因為之前的紛爭，大軍已經深入到察合台的領域，但因為軍中有人支持和世㻋，防線反而往東後退。

此外，和世㻋的弟弟圖帖睦爾也被謫放到江寧府（現在的南京）。海山家一再被欺壓，引起敬愛海山的蒙古本土到中亞的諸王、諸將的同情。相反的，愛育黎拔力八達則是得不到內外的信任，他自己本人也變得萎靡，無法做出好的判斷。愛育黎拔力八達雖然自古以來也有「名君」之評，但那只不過是因為他小範圍地恢復了科舉之試，也禮遇中華風的文人官僚，所以漢文文獻上有不少對他與他的統治時期吹捧的文章。但是，只要稍加注意，就會看到漢文文獻中也有輕蔑愛育黎拔力八達的記載。

整個蒙古都以疑慮的眼光在看愛育黎拔力八達的政權，而對這個政權抱有強烈復仇心態的，便是直屬皇帝的常駐兵力——欽察、阿速、康里、葛邏祿等軍團。這些軍團中有很多人當年在阿爾泰的前線與海山一起經過艱苦的戰爭，在海山即位後，又被提拔為蒙古的正規軍，打從心底把海山視為主人，以對海山的絕對忠誠之心團結在一起。

帝室內訌的火種早已深埋，愛育黎拔力八達衰弱病死後，掌握實權的答己也去世了，繼位的愛育黎拔力八達長子英宗碩德八剌有滿滿的改革庶政之意。碩德八剌開始新政之後的第三年，也就是西元一三二三年，前述的近衛軍團的一部分，在從上都回到大都的途中，於南坡一地暗殺了碩德八剌。但是，因為當時和世㻋與圖帖睦爾都還在遠方，迫不得已只好立了握有蒙古本土的甘麻剌之子——晉王也孫鐵木兒。西元一三二八年八月，也孫鐵木兒突然死於上都，欽察軍團的首長燕鐵木兒控制了大都，決定擁戴海山的遺孤圖帖睦爾為帝。於是上都與大都展開了約兩個月的內戰，由擁立圖帖睦爾的大都方面，在以蒙古本土諸王勢力為中心下，打敗了上都方面。

但是，這次的勝利後不久，獲得中亞到察合台軍團支持的和世㻋舉兵東進，西元一三二九年二月，和世㻋在哈剌和林宣布即位為大汗。這個時候，海山兩個遺孤和世㻋與圖帖睦爾，呈現隔著戈壁南北對抗的局勢。

掌握著圖帖睦爾政權實權的燕鐵木兒認為，繼續與上都方面作戰是不利的行動，便暫且把玉璽送往和世㻋那裏。九月，和世㻋與圖帖睦爾兄弟二人，在已逝的海山本想營造的「中都」，後來卻放棄的地方——旺忽察都行營會面了。四天後，和世㻋突然過世，燕鐵木兒的計謀成功了，他把和世㻋隔離於蒙古本土的大軍之外後，趁機暗殺了他。此舉結束了泰定帝也孫鐵木兒死後開始的一連串動亂，元文宗圖帖睦爾成為勝利者。當時的年號為「天曆」，史稱這個事件為「天曆之變」。這個變亂的結果，揭開了大元兀魯思中央政府變成非純蒙古中央軍團掌握權力的時代之幕。

人類史上的最初大交流

蒙古崛起後，在結束持續了大約七十年左右的戰爭年代，再加上蒙古本身政治構造的多元化，國際政局迅速地安定下來了。雖說蒙古帝國國內發生了海都等人的叛亂事件，但也只能說是蒙古人之間的內鬥，並沒有阻礙到歐亞的交通。同時，因為西元一三〇五年的東西和睦局勢，讓各地的蒙古政權連帶性地紛紛回到大汗的旗下，彼此也展開熱絡的交流。從戰爭到和平，時代發生了明顯的變化。

大蒙古的全版圖，只受一個政權的統治，以前的國境消失了。以站赤為首的的各種交通、運輸手段，靠著蒙古政權的統治而完備，只要有權威者的庇護或牌子[5]，就可以在旅程中得到保障。而銀成為共通的價值基準，走到哪裡都通用；波斯語則成為國際共通的語言。在主要的都市或港灣之地，一定有可以說波斯語、利用銀子做交易的穆斯林商人。還有，如前面說過的，這是忽必烈之後，因為大元兀魯思得到了當時擁有世界最大經濟力的中華本土，並且獎勵國際通商，採取經濟政策的結果，這促成了橫跨歐亞東西與非洲的空前大交流。

《馬可波羅遊記》中的忽必烈　《馬可波羅遊記》有超過一百四十多種譯本。十五世紀初在法國製作的這本譯本，以其漂亮的插畫而有盛名。其實，這些插畫不過是畫師的想像，所以忽必烈也只能畫成西歐人的模樣了。現藏於法國國立圖書館。

這樣東西方大交流的背景，自然與蒙古完成政治上的大統合有關，但也不能忽視蒙古人發揮了本身的幾個特性。蒙古是少見的純粹軍事、政治集團，除了把對於自己以外的人種、宗教、文化等等都視為統治的手段外，並不會蔑視其他人，也不會有特別的偏見或狹隘的排他意識。相反地，他們還非常熱衷於掌握信息、知識、科學與技術，也很優遇、尊重有那些能力的人。與舊有的看法相反，蒙古時代的出版業很盛行，在各種學術、文化上的表現也很耀眼。

蒙古時代有大量的穆斯林遷徙到中華本土，據說其數量達到了百萬，甚至更多，可以說是目前總人數約八百萬到一千萬的中華回族社會的直接源流。再加上中華本土東南沿岸地區穆斯林居留地的繁榮，又有印度洋航線使之成為東西通商活動的基地，信奉伊斯蘭教的漢族也越來越多，還成為了東南亞華僑的先驅。像這樣的人類群體遷徙、轉換生活型態，是被中亞以西的各地蒙古政權認可的。各地蒙古政權的統治者們也會相互提供不足的人才、信息、技術，幫助彼此的各種統治，把歐亞各地導向多種族、多文化並存的社會，這樣的結果是不容忽視的。

從十三世紀的最後三十年到十四世紀的後半，整個歐亞的經濟進步與文化發展，出現了幾乎是異樣的活化。例如世人所讚嘆的「義大利文藝復興」，便是以因為有威尼斯、熱那亞、比薩等活潑的海洋通商都市，再加上東方貿易帶來財富與自由開闊的時代精神，才結出來的果實——因為有蒙古時代，才有這樣的果實，這一點是很難否定的。在那個時代裡，進行了即使是以現代來說也算是罕見的旅程與活動，並將之記錄下來，留傳到現在為人所知——那就是《馬可波羅遊記》。不過，《馬可波羅遊記》被認為是由多人寫成的合成作品。另外，確實存在的《伊本・巴布達遊記》，也很難否定其中有合成作品的成分。然而，那些能夠留下記錄，或者說留下回憶的人們，是在那個極為通暢的蒙古時代裡，可以自由往來歐亞東西的無名旅人中的極少數吧！

全球規模的天災與通往後蒙古時代的門

從一三二〇年代左右開始，歐亞大陸各地因為長期氣象變動的干擾，不僅乾旱、飢饉連連，還不斷發生了地震、大洪水等等地殼變動的現象，西歐與西亞甚至出現了惡夢般的黑死病。

連續受到全球規模式巨大天災的直接影響，各地的蒙古政權也相繼動搖，蒙古的統治即將走向解體之路。在蒙古的統治下顯現出空前和平與繁榮的歐亞東西的上空，開始出現陰霾，重新走入「封閉的世界」。

西元一三三五年，旭烈兀兀魯思的第九任君主不賽因去世，阿里不哥的後裔阿兒巴繼承了不賽因的地位，旭烈兀家的王統因此外移了。這件事成為一個契機，原本支援旭烈兀兀魯思的札剌亦兒部、速勒都思部、斡亦剌惕部等勢力強大的部族，爭相擁立如手中傀儡的成吉思汗家王侯，其中札剌亦兒部與速勒都思部兩部獨立了。以札剌亦兒王朝為始，蒙古、突厥系的地方政權紛紛割據地方，展開了漫長的蒙古統治瓦解過程，直到薩法維王朝的出現。

察合台兀魯思也陷入分裂，似乎分成了兩派。東邊以伊犁溪谷為中心的人們依然維持遊牧生活，生活在西邊河中地區的人們，則過著都市化的生活。這兩派互看不順眼，很快就流失了統一的氣氛。東部這邊，從於西元一三三八年到一三三九年即位的也孫帖木兒被殺，實權轉移到朵忽拉惕部手中，西部這邊也一樣陷於分裂與混亂中。其間，在東部崛起，自稱是篤哇後裔的禿忽魯帖木兒攻打了河中地區，短暫地統一了察合台兀魯思的東西兩邊。但是，在西部的帖木兒崛起後，東部便維持著由禿忽魯帖木兒、也里牙思火者父子，及其系統統治，被稱為莫卧爾斯坦（波斯語「蒙古之地」的意思），維持著遊牧生活的王國。

至於朮赤兀魯思，因為一直保持著草原遊牧國家的體制，反而沒有像前述的兩個兀魯思那樣陷於多紛爭的極端衰退境地。不過，莫斯科大公國在朮赤所屬領地的羅斯之地，開始逐漸茁壯了。正統的別兒迪別（西元一三五七～一三五九在位）之後，朮赤家的王統混亂，團結的力量鬆散了，數個「群體」以遊牧集團為根基，分立成數個權力體。從東方部分，脫脫迷失（西元一三七八～一四〇六在位）出現，屢屢與帖木兒抗爭，也屢屢戰敗。脫脫迷失之後，朮赤兀魯思的統合更加薄弱，確立了諸王家的並立狀態。在喀山、阿斯特拉罕等伏爾加河流域保持「群體」狀態的集團，到了十六世紀中葉左右被莫斯科併吞，莫斯科大公國便以此為契機，邁向莫斯科帝國乃至於俄羅斯帝國之

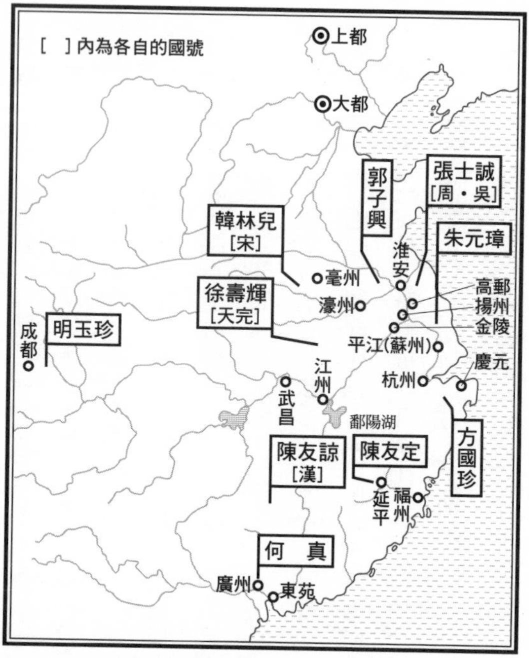

元朝末年中國的武裝勢力集團

路。俄羅斯後來也繼朮赤兀魯思之後，反過來向東前進，得到了很大的發展。龐大的俄羅斯帝國，從蒙古帝國的遺產裡獲得了很多。又，在克里米亞半島分枝的克里木汗國在鄂圖曼帝國的庇護下繁榮起來，汗國的壽命一直持續到法國革命前的西元一七八三年。

接踵而來的天災與叛變

大元兀魯思是「天曆之變」的勝利者。但是，形同傀儡的文宗圖帖睦爾在僅僅三年的統治之後，西元一三三二年八月，因為暗殺親兄長的精神壓力，在二十九歲便英年早逝。掌握實權的燕鐵木兒選了年僅七歲的和世瑓次子懿璘質班繼承帝位，但懿璘質班在位僅四十三天就死了。於是，原本被流放到廣西的和世瑓長子，十三歲的妥懽帖睦爾便被迎回來當皇帝。燕鐵木兒雖然反對此事，但他也在這個時候去世了。西元一三三三年七月，妥懽帖睦爾登基，從他即帝位到蒙古退出中華本土，其間長達三十五年，而他也是蒙古在位最久的皇帝，共有三十七年。

順帝妥懽帖睦爾的統治時期，被渲染為宮廷鬥爭不斷，民眾起義不休的亂世，說他的治理國政一塌糊塗，長期以來飽受惡評。但是，那些惡評多是出自明代政權下的記載，事實到底如何，就不清楚了。

西元一三四二年起，黃河開始大氾濫，河南、山東、淮北之地幾乎每年都有洪災，沒有作物可以收成，出現了人吃人的地獄現象。此時，脫脫所領導的中央政府接納了賈魯的建言，決定讓黃河恢復原本的北流。自西元一三五一年四月起，任命賈魯展開大規模的治水工程，從河南調集了十五萬民工和兩萬士兵，於十一月時一鼓作氣地完成整治黃河的工作。

但是，連年的洪害與飢饉，再加上強徵民工，讓老百姓的痛苦達到了頂點。在屍體遍地的情況下，老百姓終於暴動，揭竿而起了。劉福通等人推戴白蓮教的教主韓山童，煽動他是解救天下大亂的轉世彌勒佛。韓山童身為祕密結社的指導者，能夠召集到眾多虔誠的信徒。

就這樣，造反的計畫被推動起來了。然而，就在舉兵之前的一三五一年五月，造反的事蹟敗露，來不及逃走的韓山童被殺。不過，劉福通等人還是揭竿起義，發動了暴動，參與的群眾多達十餘萬人。他們以紅巾繫頭做為記號，被稱為紅巾軍，長江以北的地方也陸續出現了響應紅巾軍的人。但是這些人之間幾乎並沒有相互合作，分別與元政府的討伐軍對抗，所以被各個擊破，到了西元一三六三年時，紅巾軍完全被鎮壓了。然而，在這段時間裡，陳友諒、朱元璋、張士誠、方國珍等人崛起，割據了江南地方。[6]

【附記】

十四世紀的小冰河期

閱讀蒙古時代的東西方文獻時，會發現十四世紀時的歐亞各地，頻繁地出現以異常氣象為主的各種天災。具體來說，雖然因地域的不同，天災的狀況也會有所差異，但是，自西元一三一〇年代開始，「異常現象」頻發的情形，持續了長達六十到七十年之久，這讓在歐亞大交流上發光的蒙古，快速地蒙上陰影。我曾經想過：或許蒙古瓦解的最大主因，就是這異常的氣象。在環境研究院的數據資料驗證下，老實說我很高興這個想法得到了支持。可見自然科學的數據資料，是歷史研究不可或缺的一部分。可惜現在的數據精準度只有五十年左右，也就是說只對解讀大動向有幫助。若能提高精準度，那麼，不管在時間上或空間上，都能幫助我們對歷史的更深入了解吧！話說回來，即使只靠現在的數據，也確實足夠讓我們知道「危機的十七世紀」是確有其事了。歷史研究與環境研究或許可以在相互檢驗數據下，一起向前。

忽必烈王權的落幕

江南的物資原本靠著海運與大運河，源源不絕地被送入大元兀魯思的首都大都。但在浙江的方國珍和淮東、江蘇的張士誠阻撓下，江南的物資無法輸送到大都。同時，占中央財政來源百分之八十的專賣鹽收入，也出現了危機；再加上成為國際貿易基地的江南沿岸諸城也一一淪陷，由忽必烈打造完成，以江南為主的經濟系統，已經失去功能了。

西元一三四五年，握有大元兀魯思實權的脫脫決定親自南征。這時的脫脫為了誇示自己的權力，組編了過於龐大的軍隊，但就在他準備以壓倒性的軍力去消滅張士誠時，軍中卻發生了與朝廷有關的政變。脫脫被捕，失去大統帥的大元兀魯思部隊如同一盤散沙，只好撤退。此後，大元兀魯思的中央政權，因為沒有了可以統理一切的人物，幾個派系在宮廷內外交互鬥爭的結果，平定江南便成為不可能的事了。

江南各個勢力團體的本身並不具備實力，單純是因為幸運，所以沒有被消滅；是大元兀魯思自毀前程，才讓他們得以存活。於是，這些勢力團體便在長江流域，展開霸權的爭奪之戰。西元一三六三年，朱元璋以逆轉勝之姿，擊敗了陳友諒，從此大勢底定。朱元璋保護自稱是皇帝的白蓮教教主韓林兒，成為紅巾軍全體的盟主，但朱元璋又暗殺了韓林兒，打敗張士誠與方國珍，掌控了江南之地。

西元一三六八年，朱元璋改金陵為南京，在南京即位為皇帝。明朝的北伐軍北上了。因為連年的天災與作物欠收而疲弱無力的華北一帶諸城，在知道明朝的軍隊來了時，幾乎不戰就開城投降，明軍於是很快就迫近大都。但是山西的軍閥擴廓帖木兒與其他蒙古軍都不去後援，皇帝妥懽帖睦爾及其下的大元兀魯思宮廷、政府、軍團，便往北撤退到上都與應昌。明軍進入大都城後，大肆掠奪，並且四處破壞、放火，完全是野蠻的行為，這與蒙古軍無血進入杭州城的情形，是無比鮮明的對照。通常的中國史把妥懽帖睦爾撤退之事，說成了「元朝滅亡」。

其實，在接下來的二十年裡，以江南為基地的明朝，與以蒙古高原為基地的大元兀魯思，仍然持續地激烈對抗，兩邊的陣營隔著華北相抗衡。在嚴峻的環境條件下，情勢多變，勝負難定。其間，明朝這邊還發生了朱元璋濫殺政府要人和官員等等曲折的混亂政治過程，蒙古與明朝雙方都在重蹈覆轍。一般都說明朝在西元一三六八年統治了中華區域，但我不得不說，這是不正確的。

西元一三七〇年，妥懽帖睦爾在應昌過世，其子愛猷識理達臘即位為帝，從占據哈剌和林的蒙古本土，連繫在遼東、甘肅、雲南等地的蒙古諸軍團，與明朝持續進行南北對峙的局勢。洪武帝朱元璋針對此一局勢，於西元一三七二年發動大軍北伐，但被擴廓帖木兒所敗。單純軍事上來說，明朝要稱霸絕對不是一件容易的事。

西元一三七八年，愛猷識理達臘去世，其弟脫古思帖木兒即位。即位後不久，脫古思帖木兒計畫對明朝展開大攻勢，握有遼東的札剌亦兒族首領納哈出響應脫古思帖木兒的計畫，帶兵南下。如果脫古思帖木兒的計畫順利，那麼明朝就岌岌可危了。但是蒙古本土也遭受了天災，與作物欠收之苦。糧食不止足的納合出雖然擁有二十萬大軍的壓倒性優勢，卻不戰就投降了明朝。成為孤軍的脫古思帖木兒朝廷與政府，於西元一三八八年時，在呼倫貝爾一地遭受明軍的急襲而大敗。脫古思帖木兒在戰敗逃走的途中，被阿里不哥的後裔也速迭兒所殺。西元一三九二年左右，也速迭兒即位。

至此，忽必烈王朝結束了。此後，蒙古高原的大汗，則來自忽必烈系以外的其餘成吉思汗後裔。但是，隨著忽必烈王朝的落幕，大一統的蒙古帝國身影逐漸變淡，最後也消失了。

再說另外一方掌握中華之地的明帝國，在建國之前，以「胡元」這一輕蔑的詞語來稱呼蒙古，高唱著中華主義。其實無可否認的，明帝國不僅接收了蒙古帝國乃至於大元兀魯思的諸多遺產，也

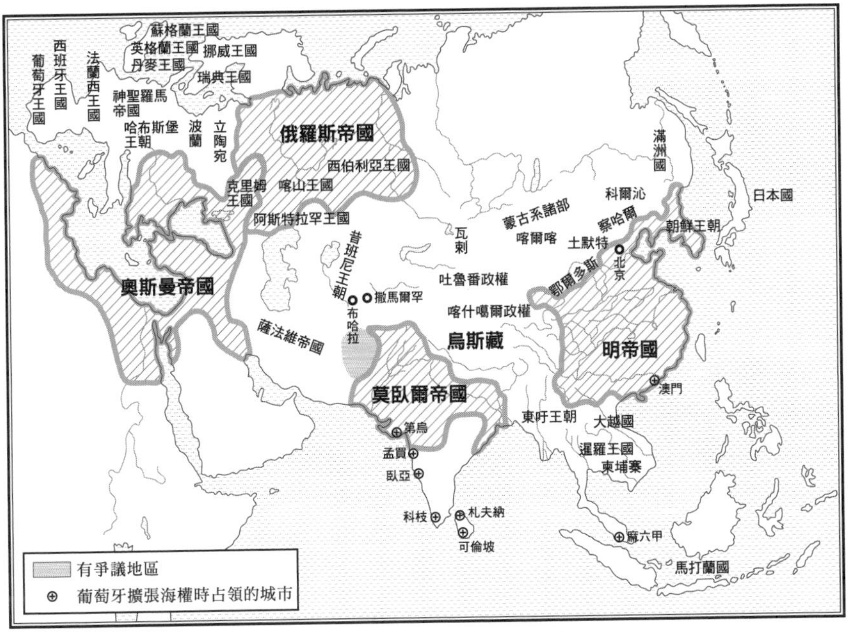

後蒙古時代的大帝國與歐亞大陸　西元一六〇〇年以前的大致狀況。

深受其影響，包括了國家、政權、社會、經濟、文化等各方面。關於這一點，不在此詳述，不過，從擴大了的中華地域與多種族混合而成的社會，就能輕易的看出這一點。明帝國把滿洲南部和雲南、貴州也納入直接的版圖，帝國的影響力甚至遠及西藏高原及其周圍，這些都是蒙古時代留下來的。

順帶一提的是，象徵明朝永樂時期的鄭和下西洋，其航海的路線，其實也不過是沿襲自忽必烈以來的路線。接下來雖然是多說的，但是鄭和的大艦隊太被誇大了，以超過八千噸的寶船為始、一連串「宏偉之夢」的言論，其實都是誇大之言。舉例來說，那樣的大船是靠揚帆航行的嗎？要知道，木造結構的船身，四百噸級就是極限了，超過這個極限的船遇到了印度洋的波濤，恐怕會粉身碎骨，化為木屑。誤讀單純的史料與過度的想像，只會產生幻象。

回頭來看，回到蒙古高原的人，其實不過是大元兀魯思的一部分；而且，那些人也未必全是所謂的「蒙古人」。但是這群各式各樣的人們，卻逐漸形成了民族意義上的「蒙古人」，而他們所居住的跨越戈壁南北之地，就成了名符其實的蒙古高原。人們因為對蒙古帝國的記憶，而誕生了很多成吉思汗的傳說，這也成為大清建國的無形推動力。但是，這個記憶將被即將到來的「近代化」風暴所吞噬。

註釋

1 【譯註】畏兀兒王國，學界習慣稱之為「高昌回鶻」。

2 【譯註】忽里勒台大會，是古代蒙古及突厥民族的一種軍政議會。

3 【譯註】統一蒙古草原的過程中，被征服的五個蒙古部落：扎剌亦兒、兀魯兀惕、忙兀惕、亦乞列思、弘吉剌惕，在蒙古帝國征戰四方的期間，他們是成吉思汗所封木華黎國王麾下的軍隊。

4 【編註】元朝稱「斡亦剌惕部」，明朝稱「瓦剌部」。

5 表示持有者身分的東西，有金、銀、銅等不同種類之分，用於使用驛傳的特權等事時。

6 蒙古帝國在十四世紀的衰亡，詳見《海與帝國：明清時代》（海と帝国　明清時代），上田信，臺灣商務印書館出版，二〇一七年六月。

結語　通往全球化的時代之門

回顧六百年

從安祿山舉兵到蒙古帝國的瓦解，其間約六百餘年。而中華與歐亞大陸在這個期間裡，都發生了很大的變化。首先便是中華的概念巨大化了，另外，歐亞大陸的海、陸兩方，都越過了既有的「文明圈」框架而系統化。中華與歐亞之間的局勢息息相關，已是不爭的事實。

換句話說，中華已經不是「被封閉的世界」。其實，原本就是一個開放空間的中華，經過了這六百年後，很明顯的成為一個「被打開的世界」。從唐初短暫的「世界帝國」，就可以看到這一點。但在隨著「時間」的前進，不管是草原還是中華，都在趨勢下成為無國境的區域，終於到了如字面所顯示的「世界帝國」蒙古時期，歐亞大陸整個區域化為真正的開放空間，遠遠超過陸域、海域界線的來往與交流，一氣呵成地打通了。而這個大開放空間的中心地帶，無疑的就是中華地方。必須說，這是中華歷史上鮮明顯眼的事態。

在中華地區累積起來的種種智慧、技術、方法，到了蒙古時代更上一層樓，不僅被發揚光大，還傳播到全世界。且不說我們常說的火藥、槍砲、羅盤、印刷等等，包括紙幣的使用、銀本位的經濟、產業型社會、海洋與航海的組織化、超越國域的自由通商，甚至資本主義，都在這個時候開始「世界化」。還有，中東以西的知識、學術，思辨與技術，也傳到中華。很明顯地，人類史與中國史都在這六百多年間向前邁進了一大步。

這六百多年可說是人類史上第一次的系統統合「時間」，也就是說，這是歐亞大陸世界史的某一個終點，同時也是邁向下一個全球化時代之門的地點。

國家與權力的形式

那麼，如果從「國家」或者「權力」的層面，來看這這六百多年的「時間」，會是什麼樣的情形呢？若用最簡單扼要的一句話來說，那段「時間」就是「從分立到統合」的過程。也就是說，從眾多分立的「王權」，逐漸淘汰、過濾，形成特定的複數「國家」共存，然後藉著條約的關係走向固定化，最後轉化為單一而巨大的「帝權」。那也是草原和中華超越生態系、超越種族，在「多元複合的超地域帝國」的這個巨大聯結中，走向統合的路程。

回顧中國史，例如跨越了約四個世紀之久的前、後漢時代，其「王權」其實也不是單獨存在的。那時北方一直存在著匈奴國家這個另一系統的「王權」，那是兩個對抗的「封閉帝國」並存的時代。在那兩個王權都崩潰後，時間進入了從北魏到隋唐的漫長「拓跋國家」時代。但即使在「拓跋國家」時代裡，北方仍然有柔然與突厥的存在。

突厥首先實現了「瞬間世界帝國」的狀態。接著，以與突厥逆轉主從關係之姿，唐初的「瞬間世界帝國」出現了。可是上述的兩個「瞬間世界帝國」，都止於只是以極其鬆散的間接統治，或名義上統治的「大帝國」狀態。如果去除了間接統治的區域，「帝國」的範圍就會立刻縮小。在那樣的情況下，支撐著唐帝國實際軍力的，其實就是跨種族的多種族兵團的「實戰能力」，這點是不容否認的。

在此之後，也就是安祿山之後，各種各樣的諸多「王權」紛紛出籠，各自分立於中華與草原及其周圍，擴展自己的勢力。那些擁有各自軍事力的人們，也組成了自己的權力單位。所謂的「唐代後半」，指的就是那個時代。變得羸弱的「中央權力」（唐政府），不得不保有自己的「常備軍」，結果卻讓自己「軍閥化」了，這可以說是此一時代的現象。

在這個可以說是某種「戰國時代」裡崛起的，是擅長弓射、能夠快速展開團體行動，以部族為單位且有團結力的騎馬軍事團體。這可說是一段時間以來，從西方的斯基泰到東方的匈奴，在歐亞史中的大趨勢。回鶻遊牧國家與吐蕃王國，便是藉由那樣的遊牧型乃至於畜牧型的部族軍，而建立起來的聯合權力體。而在這兩者解體後，成為新時代中心的，就是契丹國家與沙陀權力，他們在各自擁有成為中心的部族軍事力基本盤的情況下，組成了多重的聯合或同盟關係的大團體。

那個時候，人們對於種族、人種的區別，不像今日的我們所想的那麼強烈。契丹國家裡的成員，近族的奚族、霫族自不用說，還有党項、吐谷渾，及突厥系、回鶻系、粟特系的人，甚至包括了來自華北地方的人；而渤海系、女真系、蒙古系的人，也是契丹國家的成員之一，這是不容忽視的。不管是從組成權力中心的成員來看，還是從其統治的多區域領域來看，契丹帝國毫無疑問就是一個多種族的國家。雖然它以草原為國家的中心地，但卻不是單純的草原國家，也不是一味依賴農耕的國家；契丹以遊牧部族聯合體為基本軸心，結合了畜牧、農耕、都市，是一個融合了多種族、多地域的多元複合混合體國家。

雖然常常被誤會，但是對契丹而言，所謂的燕雲十六州其實並不是唯一一塊農耕的區域。除了遼寧平原外，契丹本土也是有農耕區的。若把燕雲十六州也包括進去，契丹領土中有相當大的部分，是農牧複合地域，更是和城市共存的社會。契丹國家在整體上創建了一個統合草原與中華系統的新國家形態。這是劃歷史的嘗試，也是開創新時代的開端。然而，現實上契丹並沒有完全統治整個中華。契丹國家是擁有種種可能性的歷史「試驗品」，一直以來我們所說的「契丹民族國家」，其實是一種被單純化的說法。必須說那是過度受到近代「民族」觀，甚或是「民族國家」印象下的投影。

至於沙陀權力，雖然在形象上與契丹國家有異，但也帶著濃濃的混合體國家色彩。沙陀族本身除了一邊以突厥系為中心，一邊也從一開始就納入了粟特系與吐蕃系。他們從在代北之地「定居」以來，就以當地的人為「養子」、「義子」，一邊攏絡當地人，一邊也和契丹國家一樣，拉攏突厥系或党項、吐谷渾等集團，還接受了脫離耶律阿保機新體制的契丹、奚族等人。另外，沙陀也和以占據鎮州的趙王與定州的王氏為首的華北各地以軍閥為名的中小「王權」結盟。沙陀的複雜聯合體的個性，說起來比契丹國家更為明顯。只是，沙陀權力體缺少了明確的國家計畫，只知在不斷的爭奪戰中求生存，沒有足以跨過獨立門檻的絕對性軍事力，也沒有能夠整合各方勢力的國家形象與政治力。又，沙陀這個權力體不常被討論到它的「民族性」，其原因在於某種「中華主義」的反映，但是，如果站在中華這個地方原本就重視「國家」勝於「民族」的角度來看的話，也就可以理解這樣的情形了。

再回頭看，不只中華和亞洲東方，在近代以前的時代裡，談論「民族」或「民族國家」，根本是不可能的事。以前，權力核心的人經常把國家的性格混為一談，這是難以否認的事。中國史裡常用「漢民族」、「異民族」這樣的表現法，非常容易造成誤解，希望能多多注意這點。

延續沙陀脈絡而來的北宋政權，一開始就是與契丹國家並存的「王權」，甚至可以說它是靠著並存而誕生的國家。在「五代」奪權戰爭中，為了從依然保持著獨自軍事力量的軍閥們手中收回「兵權」，北宋不得不採取所謂的文治主義為立國的方針，因此它的國家防禦力，自然就變得極其薄弱。從結果來論「澶淵之盟」的話，可以說這是保障國家繼續存在的劃時代性「發明」。總之，北宋國家的存在方式，與單一的帝權實在相去甚遠。如果只用北宋的眼光來看北宋，是無法看到歷史的真相。

另外，在部族聯合體與多種族結合而成的「混合體國家」這兩點上，西夏國與大金國也是共通的。在草原與中華的系統融合上，這一點也很類似。不過，在國家的規模與地域性上，兩者的差異就很大了。尤其是大金國，它占有整個滿洲地區、內蒙古的東半部，以及華北全境，是史上最先跨越生態系，實現了擁有縱長版圖的國家。說到正式登記在籍的人口，大金國擁有五千三百五十三萬人口，比北宋最盛時期的人口還多，這就更不得不刮目相看了。從這一點看來，以契丹國家為先驅的「歷史試驗」，似乎已有正式展開的可能性。

大金國與西夏、南宋，重覆了契丹、北宋、西夏的鼎立狀態，再現數個國家並存的局面。這個局面經過長期的歲月而系統化，在亞洲東方的歷史上具有顯著的深刻意義。話雖如此，反言之，也就是說大金國做為一個國家，卻缺乏足以把另外兩個國家整合與組織起來的力量。「澶淵系統」之可以繼續存在，是因為不僅南宋、西夏兩國需要這個系統，對大金國來說，也是維持國家的必要條件。大金國在未能達到鼎盛期的情況下，快速地消失在蒙古興起的波濤中，這似乎是在告訴後世，何謂國家與權力的真諦。有關草原與中華的全面性系統統合之事，經過大金國的經驗，移交到了下一代。

蒙古的印記

蒙古帝國囊括了西遼、塞爾柱諸權力，吸取了那些先行者的智慧、經驗、技術，大大改變了一切。蒙古以承接以前的歷史與積蓄的一時終結者之姿崛起，最後成為實現統合歷史的總合者。也就是說，蒙古帝國的發展不止在陸路上，也發展到了海洋，以前所未有的「巨大帝國」之姿，具體化地把歐非、歐亞連結起來，刻印在歷史上。至此，時代有了大轉變，這不僅是中國史的大轉變，更是世界史的大轉變。

後蒙古時代的歐亞形勢，是處在一個不管有沒有意識到，都會不由自主地以蒙古帝國為模範，長期有四至五個「帝權」並存著。亞洲東方有明、清帝國，中亞和印度次大陸有帖木兒帝國和第二帖木兒王朝的莫臥爾帝國（又有譯蒙兀兒帝國），及位於歐亞大陸西北的俄羅斯帝國，這些「巨大帝國」都延續到近代。蒙古留給人類宏偉的國家統合與社會統合之路。而中國雖然幾經波折，至今仍然繼承著蒙古留下來的「大中華」版圖與多元複合國家、社會的狀態。

回頭過來看，至今也還可以看到「帝國」這個東西，而且存在的還不只一個，雖然規模不同，卻是複數的存在。關於這一點，既是今日的問題，恐怕在日後的一段時間裡，也仍然是一個問題，成為我們關心的重大事情。治理現今「帝國」的方法，會讓我們想起規模遠超過「民族國家」水準的「巨大帝國」。若真是如此，那麼或許現在的世界與中國，都仍然活在蒙古的遺產之中。

站在「現在」這個「時間」的尖端，回顧人類史上超越時代的共同現象——「帝國」，思考其應有的樣貌時，劃時代的「蒙古帝國」意義，絕對是帶有特殊色彩的。這深切地關係到「國家」到底是什麼的根本性問題，也涉及到其他層面的問題。我認為針對那樣的問題，提出基礎性的、綜合性的確實數據與具體形象，是歷史學應該負起的責任。

所謂二十一世紀這個「時間」的分界點到底有什麼意義，我個人並不十分清楚。但是，這個時代的生存方式，已經是在人類社會乃至於地球社會中，所有活著的生命體必須共同生活的時代了。確實，「現在」正在踏進與以往的歷史迥異的「時間」。對曾經在沒有航海圖就出海的我們來說，突破曾經的文明框架，虛心地重新檢視人類的所有步伐，並從人的立場，尋找能夠共有的「某個事物」，應該是非常重要的事。想來，這必定是一條迂迴而遙遠的道路，但是，這難道不也是一條最實際而明確、有效果的路嗎？

主要人物略傳

安祿山（？～七五七）

安史之亂的中心人物，生年不詳。父親是粟特系人，母親是突厥人，所以安祿山是「混血兒」。粟特系人對中華及其近鄰有自稱的漢姓，安祿山本姓「康」，源自於撒馬爾罕（昭武九姓之康國），後來母親再嫁來自布哈拉（在唐代稱為安國）的安氏，所以康祿山就變成安祿山了。祿山是粟特語與波斯語「光」的音譯，這個名字是以祆教的光之神憑依的。據說安祿山精通六種，乃至於九種語言，原本是唐東北要衝營州的互市牙郎，負責貿易業務，受到當地的平盧、范陽節度使張守珪的提拔，後來屢建軍功，又與權臣李林甫、楊貴妃建立親近的關係而受寵於唐玄宗。西元七四二年任平盧節度使，七五一年又兼任范陽、河東節度使，以三節度使之姿，擁有唐朝東面、北面的邊防與軍事的權力。但他後來與楊貴妃的兄長——宰相楊國忠不和，於西元七五五年率領帶有表現出「蕃漢」特色的多種族軍團，展開獨立的行動，占領了洛陽、長安。西元七五六年，以洛陽為都，自稱大燕皇帝，成立了新政權。然而就在這個時候，他的身心都出現問題，被擔心繼承問題的兒子安慶緒所殺。安祿山的一生反映了玄宗治下的社會與朝廷，多變而且充滿夢想，但是，反面來說，他的一生也存在著許多無法得知的空白與謎團，難以得知其真實的程度；那些恐怕都已埋沒在唐代史料的黑暗中了。不過，至少他的存在本身，就已突破狹窄的中國史框架。如果想讓安祿山與其周圍的相關新資料出現，或許就要靠近年來表現耀眼的考古學的發現了。

史思明（？～七六一）

安史之亂的另一個中心人物。史思明的生年也難考，不過，據說他只比盟友安祿山早一天出生，而且他的一生與安祿山的一生雷同得近乎可怕。他的實際人生有超越真實的潤飾或編造部分，或許是因編纂者個人的好惡情感，而硬把安、史二人放在一起敘述。據說史思明也是父親為粟特系人，母親為突厥人的「混血兒」，而「史」這個姓，是羯霜那國（又稱史國）的漢姓。史思明的本名叫萃干，這應該是粟特語的音譯。他和同鄉的安祿山一樣精通多種語言，也一樣是位互市牙郎，同樣受到張守珪的賞識，也立下不少戰功，並在西元七五二年時，成為安祿山麾下的最高司令官——都知兵馬使。總而言之，他就是僅次於安祿山的副將。安祿山舉兵後，史思明負責壓制在洛陽的安祿山背後的河北地區，持續與以契丹族的唐將李光弼為首的敵軍作戰。安祿山死後，他沒有遵從安慶緒，還曾經暫時依附於唐朝。但是，西元七五八年，史思明也自立為帝了，隔年，他打敗了安慶緒，掌握了洛陽。可是，史思明也和安祿山一樣，在建立了屬於自己的政權後，身心都陷於錯亂之中，也被兒子史朝義所殺。史思明雖然是唐朝的叛臣，卻受到治下百姓與部下的尊崇，與安祿山被並稱為「二聖」。在安祿山與史思明的眼睛裡，世界就是西起伊朗、粟特地方，往東經過亞洲、蒙古高原，東到包括中華在內的滿洲、朝鮮半島吧！那是一個多語言、多種族、多文化的世界。在那個時候，人們把唐王朝的權力，做為一切的價值標準來進行評論、敘述，然而歷史真的是那樣的嗎？

耶律阿保機（八七二～九二六）

阿保機是契丹帝國的創建者，出生於主要部族以迭刺部的族長家，說他是一個草創的英主，其實也恰如其分。不過，歷史對於建國第一代的君主，總有誇大之詞，說他身高九尺，應該只是在強調他身材魁梧。西元九〇七年，因契丹諸部族的的推舉，繼痕德堇可汗後，成為選舉制的可汗。「老王」把可汗的位置傳給了「青年」阿保機，是因為這一年的唐室確實已經名存實亡，契丹全體都看在眼裡，知道現在的國際情勢很明顯是靠著實力來搶奪權力。在那樣的局勢背景下，對外，阿保機以不勉強的方式，徐徐推動擴張政策；對內，在不殺害成為競爭對手的兄弟下，為了折服兄弟而強化了獨裁的權限，並且在九年後的西元九一六年，確立了世襲制的「帝權」。從這一刻起，阿保機開始積極地擴充軍事力量，降服了蒙古高原、河西、武夷山方面的諸勢力，與崛起於華北的李存勗所率領的沙陀權力，在幽州一帶與「山後地」狹路相逢，除了前後兩次激烈的戰爭外，還進行了多次的戰鬥。此外，他也把包括契丹本地領域內的漢族、渤海系等農耕族群、城市居民，移殖到未經開發的遼東地方，計畫開發。阿保機與姻親部族——回鶻系的述律氏（漢式的稱謂是蕭氏）共同形成政權的中樞，用「堂表兄弟」及「從堂表兄弟」來鞏固政權的核心，在企畫或施政、行政上起用了多種族的人，例如漢族或粟特、突厥、回鶻、渤海等等，跨越了一直以來的草原國家、中華國家的藩籬，有意創建一個新的、多重融合型的國家、社會。漢文史料中所說的「蕃漢」系統，其實指的便是這種多元性的組織與方式。包括契丹文字的創製在內，阿保機與妻子月里朵及信賴的盟友、同族、參謀們，一起構想，並且朝著實現構想前進，儘管沒有在他自己那一代完全地實現構想，但也已經從根本地改變了亞洲東方的歷史。後來的西夏、金國，直接繼承了阿保機的構想，而且，阿保機的構想恐怕也直接或間接地對北宋造成重大的影響。為人類史上帶來劃時代之門的蒙古帝國，說是耶律阿保機慢慢開拓出來的，一點也不為過。以更宏觀的視角，或許也可以說，超越了地域、人權、文明、生態系，這個多元複合的巨大中國通往現代之路，也是隨著阿保機的出現，才開始慢慢浮出水面的。

朱全忠（八五二～九一二）

五代的開端——後梁的創建者。朱全忠的本名朱溫，是宋州碭山人，「全忠」之名是後來來自唐室的賜名。他早年喪父，與母親過著艱苦的日子，年紀輕輕就開始販賣私鹽，西元八六八年時參加龐勛之亂，後來又加入了黃巢的叛變，漸漸嶄露頭角，成為屈指可數的實力者。但他私通唐的朝廷，表示自己有意獨立於黃巢之外，唐朝便封他為節度使，幫助唐朝平定叛變後，還繼續鎮壓亂後的各個勢力，被唐朝封為梁王。朱全忠以中華本土的交通、運輸要衝汴州為根據地，在中、小軍閥分立的華北、華中政局中，占有中心性的地位，掃蕩了專橫跋扈的宦官們，並且鎮壓了河朔地方的有力軍閥、殺唐昭宗、廢哀帝，於西元九〇六年自立為帝，年號開平，改汴州名為開封，以開封為都。憑著經濟力與豐富的物質資源為基礎，一步步推動爭霸戰的朱全忠，在黃巢之亂後壓制了長期以來的對手——率領沙陀軍的李克用，卻在李克用死後，於西元九〇八年被李克用之子——晉王李存勗所敗，先是小看李存勗而敗於潞州，接著又在河朔之地的柏鄉一帶戰敗，從此難挽頹勢了。生病的朱全忠無論身體與國勢都落入衰敗之中，又因為後繼者與情婦的問題纏身，被次子友珪殺害。對唐室而言，朱全忠是一個世上罕見的大惡人，但他也是宣告新時代來臨的人物。他與同時代的李克用、李存勗、耶律阿保機不同，並不是一出生就擁有地盤的人，是靠著自己的才能往上爬，才擁有一切的，如文字所形容的，是純粹的一代英傑。當時的記錄對他的謾罵詆毀，是可以想像的，但是在整部中國史中，以平凡出身卻能成就一代事業的人，恐怕只有他能與朱元璋匹敵。他所參與的販賣私鹽組織與白蓮教，都屬於祕密結社，利用祕密結社的人脈與方式來發展自己的勢力，在這一點上，朱全忠也與朱元璋有共通之處。但看個人的才能與手腕，朱全忠有好的經濟理念、能屈能伸的政治身段、精準的帶兵作戰的技巧，似乎都強過朱元璋。他的政權與稍晚出現在中亞的伽色尼王國相似，都帶著「個人公司」的色彩。只是，朱全忠最後被命運放棄了，他最大的不幸，就是遭遇到了異於常人的年輕李存勗。朱全忠個人有很好的實務能力與行政手腕，對他周圍的人來說，他絕對是一個能讓工作順利進行的「好上司」。然而他太好女色，竟把親子、義子們的老婆，變成了自己情婦，太過放縱自己的情慾，日本的豐臣秀吉也多少有這方面的問題。一世梟雄朱全忠雖然被完全視為「惡人」、「壞蛋」，但事實上，他是否也能算是某種英雄人物呢？

李克用（八五六～九〇八）

沙陀軍閥的領導者，與朱全忠的敵對關係，讓他名留歷史。李克用的根據地在山西，有晉王的封號，所以多以晉王稱之。李克用出生於東部天山之東，突厥系集團中的沙陀族朱邪氏，父親朱邪赤心因為平定龐勛之亂有功，被唐室賜名李國昌，並被任命為振武節度使，統理內蒙古與山西接壤的代北之地，於是率領三萬帳的族眾，定居於統理之地，計畫擴充勢力。朱邪赤心不僅把唐的國姓「李」用於沙陀族長家，也讓自己麾下多數義子、養子們沿襲「李」姓。朱邪赤心的兒子李克用，在征討黃巢軍時表現突出，獲任河東節度使管轄山西，握有山西一帶的軍事勢力，在混亂的政局中崛起。李克用所率領的騎馬部隊因為全身的裝束都是黑色的，所以有鴉軍之稱，是一支令人害怕的烏鴉軍團。又，李克用有一隻眼睛小，所以人稱獨眼龍，也廣為人知。在唐室失去其重要性之時，李克用與據有汴州的朱全忠對立，尤其在爭奪安史之亂後形成獨立勢力的河北三鎮上，更是你死我活之爭。西元八九五年，唐室封李克用為晉王，李克用於是以唐室的擁護者自居，把唐室的興亡視為己任。但是，西元九〇一年，朱全忠占領了黃河之北的河中，更進一步入侵潞州，此時的李克用已處於劣勢。西元九〇七年，朱全忠廢唐室，篡奪了帝位，李克用聞訊幾乎瘋狂，但也無濟於事，最後在憂憤中病逝。

李克用氣宇軒昂，被稱為是軍神，其忠誠無比的硬漢形象深入人心，是著名的英雄人物。但是，李克用在唐室走向滅亡中，與手段狠辣的朱全忠做對照後，被刻畫成了率領少數沙陀將士孤軍奮戰的英雄，說起來他其實是千篇一律的固定觀念下的產物。自北宋以來，這樣的英雄形象被高高地哄抬起來，超越了現實而被「聖化」了。其實，真實的李克用年輕時確實非常帥氣，但有了年紀後，卻變成頑固而不知通融的任性之人。他的個性原本就和他的兒子李存勗一樣，是個自我意識強烈，目中無人的人物。對周圍的人來說，這樣的李克用可能是一個麻煩而難應付的族長吧？還有，李克用很容易被煽動，誇他幾句，他就可能忘了自己是誰了，但這樣的性格還滿受愛戴的。他非常善待粗魯的養子們與部下，高興起來就愛當「老大」，以為自己是「俠義」之人。他之所以受歡迎，或許原因就在這裡。另外，不管在中華還是在草原，都有關於李克用的傳說。在蒙古時代，因為做為皇室的姻親王族而繁榮一時的汪古部，是有名的景教派基督教徒，他們似乎把李克用視為自己的先祖，在自己固有的領地陰山一帶到稍微往南的山西北邊的所有領地裡，建了李克用祠，視李克用為祖先，除虔誠地奉祀外，並且立紀念碑刻，傳於後代。歷史上的事實，與在歷史的過程中被創造出來的另一個事實，就在那裡。

李存勗（八八五～九二六）

沙陀軍閥的第三代族長，李克用的長子。按照中華式的說法，他是五代的第二個王朝——後唐的第一代皇帝。不過，這只是形式上的說法，因為他的家系與政權，也在他這一代就結束了。西元九〇八年，父親李克用病逝，在敵人朱全忠率領的後梁政權想要併吞沙陀軍閥的危機中，二十四歲的李存勗繼承了晉王之位。在穩定了內部的不安後，李存勗從根據地的太原出擊，以相對少數的兵力，快速地突襲佈署於山西南部潞州的後梁大軍，獲得了戲劇性的勝利，讓本已落於窘境的沙陀軍有了喘息的機會。相反的，後梁方面卻因為朱全忠臥病而只能採取守勢。接下來雙方的柏鄉之戰，李存勗帶領的沙陀軍再度獲得大勝，華北政權的中心從此轉移到沙陀。打倒了自稱燕王的劉氏軍閥，並與河朔之地的有力軍閥們結盟，對李存勗來說，自父親時代以來就與沙陀形成南北分立的阿保機所領導的契丹國家，才是他最大的威脅。沙陀權力與契丹國家的軍事衝突，自西元九一六年起持續了數年，其中兩次的正式會戰因沙陀的力戰與防衛，最後均以契丹敗北為終結。不過，真實的情況是雙方都深陷河朔之地，沙陀也好不容易才避免了被瓦解的命運。西元九二三年後，沙陀與契丹似乎各守據地，恢復相安無事的情況。在契丹國家的矛頭指向蒙古高原、河西方面，大力擴展間接統治的區域，確立草原世界的霸權時，李存勗也以沙陀同盟軍為依靠，在西元九二三年時即帝位，以「唐」為國號。終於在滅了後梁之後，成為名符其實的華北霸主，並且併吞了華中、陝西、四川的諸王國。

但是，眼見統一中華的大業就要完成之前，皇帝李存勗卻突然像變了一個人似的，完全跟以前不一樣了。他開始整日流連於首都洛陽的遊興之地，沈溺於歌舞、樂曲之中，成了一個只知遊樂之人。他與從父親那一代起就一同建立沙陀勢力的養子們反目，還重新起用了被朱全忠趕盡殺絕的唐朝弊端之源——宦官，並把政治的事情都交給宦官處理。在內外把對李存勗的信賴與期待，轉換成失望與憤怒時，嚴苛的賦稅也讓老百姓苦不堪言。就這樣，河北發生了兵變，李克用的眾多義子中，素有名望，又兼具長老資歷的李嗣源，此時被叛亂軍推舉為領導人。皇帝李存勗雖然表示要討伐叛逆，但麾下逃兵卻層出不窮，最後還被自己的親衛禁軍所殺。如文字所形容的，他是自取滅亡。李存勗死後，六十歲的李嗣源準備收拾混亂的局面，還不得已地即了帝位。李嗣源登基後，雖然有人勸他改國號，但他仍然以唐為國號，這是不想被視為叛軍的苦肉計，而他的政權通常也被視做「後唐」的持續政權。然而，王朝的名稱只不過是原則問題，事實上，沙陀族長家，至此已經滅亡。很明顯的，沙陀族長家的權力、政權，已經結束了。靠著李嗣源及其一門所建立的極為短暫的政權，是沙陀旁系的權力體。這樣的結果讓沙陀的內部產生對立，一些有野心的義子們在各自的野心下，開始了奪權的鬥爭。老實說，所謂「五代」的這個觀念與想法，其實怎麼看都過於勉強。因為在十三至十四世紀，五代的所有朝廷都被視為「偽朝廷」，普遍不被認為是「中央政權」，這一點值得注意。

回顧李存勗四十三年的人生，前二十四年的李存勗是醉心於歌舞音律的「紈絝子弟」時代，從二十四歲到滅了後梁的十五年，是宛如地獄修行般的「奮鬥」時期，而人生的最後三年，則是令人難以置信的「自我毀滅」期。做為一個人，他的一生可以說是光影交錯的激烈人生。或許可以說是軍事天才與政治白癡這兩種極端的特性，出現在同一個人的身上。但是，真實的情況到底如何呢？還有，李存勗是如何看待他自己的呢？再回頭看李存勗，他或許比他的父親李克用更具有軍神的形象，經常冒險衝鋒陷陣，也不時地犯下可能致命的失算，可以說危機隨時與他同在；而歌舞與音律，則是他一生不變的朋友。或許可以說李存勗一生都活在可以稱之為「毀滅的美學」氛圍中，一輩子都過著時而緊張，時而悠哉的日子。其實，李克用的身上也散發著與李存勗相同的瞬間狂熱特質。這對父子異於常人的「某種特質」，總會勾起人們的感動、興奮之情，所以後世之人才會如此地關注他們吧！比起愚蠢地自我毀滅的李存勗，在悲情中去世的李克用，不是更具有超越時代與地域的英雄形象嗎？

耶律突欲（八九九～九三六）

以東丹王之名為人所知的契丹皇子，是一個命運多舛的人物。突欲也常被寫成圖欲，他的漢名叫「倍」，是契丹帝國創建者耶律阿保機的長子，據說自幼聰敏而好學，在佛教盛行的契丹國度裡，他主張尊崇孔子與儒教。一般來說，這是褒獎之言，但在他身上卻成了悲劇的伏筆。西元九一六年，他的父親阿保機確立了「帝權」世襲制，他也被立為皇太子，當時是十八歲。但這件事也成為了他不幸的誘因。

突欲年紀輕輕就參與了父親的國家建設事業，在軍事方面，他曾經參與韃靼與党項的遠征，率領先鋒部隊，累積了實戰的經驗。西元九二二年，突欲代替父親，在進攻華北的作戰中擔任主將，但遭到了沙陀晉王李存勗的敢死攻擊，不得已撤退了。接著，在阿保機大西征時，突欲則留守上京臨潢府，負責首都的安危。還有，在併吞渤海國的作戰時，進言一鼓作氣地直接攻擊渤海國的首都忽汗城，翌年的西元九二八年陰曆正月，突欲與弟弟堯骨一起率領先鋒部隊，展開對渤海國首都的攻擊。就這樣，他的父親阿保機授予他「人皇王」的稱號，並且任命他為東丹國（原為渤海國）主人。

但是，同年七月，就在征討尚未歸附的舊渤海國地方勢力的關鍵時刻裡，父親阿保機在國境線的地方突然去世了。突欲頓失最大的後盾，他的命運從此由明轉暗。突欲雖然被冊立為皇太子，但此時他又成為東丹國王，是否還是契丹國家全體的繼承人，竟變得曖昧難明了。阿保機沒有在死前重申突欲的繼承人地位，成了突欲的弱點。阿保機死後，掌管契丹國家的人是突欲的母親月里朵。然而，比起這個老成持重，又有些自以為是的長子突欲，月里朵喜歡的是個性質樸單純，卻勇猛果敢的次子堯骨。適合當統治者的突欲與適合當征服者的堯骨，到底哪一個更適合當阿保機的繼承者呢？連聰明又剛強的月里朵也一時迷惑了。但是，經過一年多的考慮後，月里朵選擇了堯骨。

就這樣，成為半獨立的東丹國國王突欲，立場變得很微妙。而成為契丹國第二任皇帝的堯骨，則以舊渤海國的國內情勢不穩定，和要正式開發遼寧平原為理由，將大批民眾遷徙到遼陽一帶，也藉此監視兄長突欲的一舉一動。受到親生母親與親弟弟把持的契丹政府如此露骨的對待，突欲在遼陽建起了書樓，儼然是個隱世之人，又在遼西之地的靈山——醫巫閭山的頂上，建了望海堂，藏萬卷書於堂中，藉此韜光養晦。

沙陀第二王朝的李嗣源知道了這種情形，認為這是動搖契丹國家陣營的好機會，便派人從海路密送書信，招聘突欲。心中憤憤不平的突欲接受了李嗣源的好意，終於在西元九三〇年時渡海，在有華北海上玄關之稱的山東半島登州上陸。契丹王國的正統嫡傳東丹國王這樣的要人來投奔，李嗣源自然十分欣喜，便以天子之禮相迎。首先，李嗣源將已故的李存勗的皇后夏氏，送給突欲當「正室」，讓突欲姓東丹，名慕華；但後來又賜國姓「李」給突欲，改名為「贊華」，突欲的名字就變成了「李贊華」。上述的那些，都像是在演戲，最後還任突欲為滑州節度使，以事實上的藩王待之。

不過，西元九三三年時李嗣源去世了，第二次的「後唐」政權因此陷入混亂中，李嗣源的養子李從珂，殺死了李嗣源的親生子李從厚並稱帝。此時突欲將此事密報給在北海的弟弟——契丹皇帝堯骨，勸堯骨趁機進取中華。突欲為何這麼做，頗令人費解。總之，堯骨接受了兄長的建議，出兵南下，幫助太原的石敬塘，擊敗了「後唐」政權。西元九三六年，進退兩難的李從珂決定在洛陽自殺，召喚突欲一同赴死。但是，在開封的突欲拒絕了，李從珂便先派刺客殺了突欲，他被刺而死，時年三十八歲。

突欲通曉陰陽、音律、醫藥，擅長以契丹文、漢文寫文，更是一位優秀的畫家，確實是一位傑出的文化人、學者。但是，他的另一面個性急躁，動不動就殺人。婢妾們稍有出錯，就會被砍殺、燒死。據說他在中華本土的正室夏氏，因為太過懼怕突欲，為了求去而削髮為尼。

突欲是一個充滿矛盾的男人，不過毫無疑問也是一個多才多藝的人。做為一個契丹武人，卻有文人的才藝，他恐怕是當時的草原與中華難得一見的人才。但是，就像他留傳至今的繪畫一樣，有高超的技術和絕佳的敏感度，卻總讓人覺得畫中少了點什麼，好像是缺少了力度或強烈的個性。總之，他就像一幅「畫得很好」的畫，卻讓人覺得有所不足、未竟全功。這可能就是突欲個性的特徵。因為這樣的性情，突欲的人生總是在意猶未盡當中，結果便是做什麼事情都變得曖昧不明，讓他變得越來越分裂。至於他任意殺人之事，恐怕是到了中華之後才開始的。即使是受到「後唐」政權的莫大歡迎，他仍然覺得哪裡有不足之處，精神陷於不安定的狀態。突欲對契丹本土的思念，似乎是無論如何也難以捨棄的。

成吉思汗（一一六二？～一二二七）

蒙古帝國的創建者，本名鐵木真。關於他的出生年，因各種語言的東西文獻而有所不同，有說是西元一一五五年的，也有說是西元一一六二年的。其實，在他成為有實力的權力者之前，他的「前史」可以說是一個謎。現在的蒙古高原在十二世紀後半時，處於突厥系、蒙古系的各種遊牧集團分立割據的情況，鐵木真出生在蒙古高原東北的蒙古部，屬於孛兒只斤氏的乞顏部。鐵木真的父親是也速該，母親月倫。也速該是遊牧族群的領導者，但並不是大集團的統領。鐵木真幼年喪父，與母親的生活十分艱苦。根據後來蒙古帝國治下時的傳說、記錄或史書，可以看到鐵木真一家所經歷的種種苦難，及他們成功地克服了苦難的情形。但那些記述是否屬實，那就不得而知了。不過，那些苦難時代的故事，似乎變成了蒙古帝國核心的遊牧民族聯盟體的「功績簿」，把遊牧民族緊緊地集合在一起。能夠確定的是，大約在西元一二〇二年之前，鐵木真征服了蒙古高原的東半部，一二〇四年接收了乃蠻部所掌握的西半部區域，完成了高原的統一。西元一二〇六年，鐵木真在鄂嫩河（古稱斡難河）源頭召開忽里勒台大會，在會議中即位，自稱成吉思汗，成立了擁有麾下部眾與牧民的「大蒙古國」，這就是「蒙古帝國」的出發點。之後，成吉思汗在西元一二二七年逝世之前，幾乎都過著對外遠征的軍旅生活。而他的戰役最令人矚目的，便是周到的戰爭計畫與接近完善的戰前調查。也就是說，他的戰爭每戰必勝，或者是都能不戰而勝（除了對阿富汗的戰爭外）。又，關於成吉思汗時代的蒙古遠征事業，目前意外地還存在著很多不清楚的問題，有待利用多種語言的史料來進行對比、檢驗。另外，無可否認地，關於成吉思汗個人的英雄事蹟，也一樣存在著很多謎團與空白之處。對蒙古帝國來說，成吉思汗時代帶著很濃厚的「英雄傳說」要素，如實的成吉思汗傳，老實說目前還沒有出現。

蒙哥（一二〇八～一二五九）

蒙古帝國的第四代大汗，是成吉思汗的嫡出么兒拖雷的長子。蒙哥的時代是蒙古帝國陸上版圖最大的時代。拖雷是成吉思汗的愛子，恐怕也是成吉思汗心中預定的繼承人，蒙哥隨著拖雷出征，前去消滅逃到黃河以南的金國，西元一二三〇年參與了三峰山的會戰。在拖雷突然去世後，蒙哥代替父親成為拖雷家的首領，他們的蒙古部民最多，而蒙哥年紀輕輕就擔起重任。西元一二三六年，以朮赤家的拔都為總帥的西征軍出發了，蒙哥則以副帥的身分，帶領拖雷家的大部隊隨拔都西征。蒙哥在高加索一帶立下不少戰功，又在拔都的指示下，與皇帝窩闊台之庶長子貴由同回蒙古本土；因貴由與拔都不和，蒙哥一路監督貴由的舉止。此時，窩闊台突然死了，西元一二四六年，貴由在其母后脫列哥那的強勢操作下，幸運地登基做了皇帝。對於此事，蒙哥心中一定非常不滿。不過，西元一二四八年時，貴由以征討拔都為目的西征，卻在途中被拔都派出的刺客殺死。蒙哥與拔都合作，將帝國握於手中。經歷前後兩次的忽里勒台大會後，蒙哥的帝位終於獲得確定，於西元一二五一年定下新政權的方針，把阿爾泰山以西的歐亞大陸西北地方委給以拔都為代表的朮赤家族，中華之地交給自己的二弟忽必烈去經營，派遣三弟旭烈兀前往中東方面，負責往東西兩個方向擴展帝國的領域。可以說蒙哥與其謀臣們，已經畫下征服世界的計畫了。旭烈兀的西征行動順利地進行了，但是忽必烈經營中華方面的行動，卻有不少的阻礙，不管是征服雲南的戰略，還是對南宋的基本方針，皇帝蒙哥都希望採取速戰速決的戰略，但忽必烈卻認為必須採取長期經營的方式，兩人之間出現了不和的現象。於是蒙哥果斷地決定由自己親征，錯開忽必烈，親自出擊，前往四川前線。但是，卻發生了負責漢水方面的塔察兒（斡赤斤家）早早就撤退的意外情況，蒙哥的作戰策略完全被打亂，再加上四川盆地的暑熱，也讓蒙哥軍難以忍受。雖然有人提議應該暫時北還，但被蒙哥拒絕了，大軍只好繼續駐留在四川。然而，這時又發生了疫情，連蒙哥本人也病倒，很快就病逝於合州附近的駐營地。統領著一大半世界的皇帝突然在前線病逝，這對蒙古帝國是一大打擊，嚴重影響到帝國內的情勢。若不是蒙哥突然去世，後世恐怕就無忽必烈大帝與大元兀魯思。然而，蒙哥之死，竟成了蒙古帝國史上最大之謎。

回頭來看蒙哥，他會數國語言，喜歡歐幾里德的幾何學，是一個奇特的人。蒙哥的足跡所及，東起開封、四川，西到俄羅斯、高加索，古今帝王中，可以說他的足跡範圍最為遼闊；他沈默寡言而富決斷力與實行力，不管是做為將領還是政治家，都是高人一等的人物。但是蒙哥也自恃甚高，不耐煩等待，這樣的性格讓他吃了苦頭，甫剛即位時，以激烈的手段鎮壓反對派的窩闊台系與察合台系，雖然說這是他太過果斷的個性使然，但卻讓許多人對他產生檯面下的怨恨。那些怨恨最終在他親征四川時發酵，招致他的莫名之死。話說回來，蒙哥剛毅而踏實的作風，確實讓人有「男兒當如是」的感覺，是一個有著奇異魅力的人物。

忽必烈（一二一五～一二九四）

蒙古帝國的第五代大汗，大元兀魯思的第一代皇帝，也是拖雷的嫡次子。蒙古帝國可以分為兩大時期，一個是忽必烈之前的時期，另一個是忽必烈登基後的時期；前一個是陸上帝國的時代，後一個是海陸世界帝國的時代。關於忽必烈的事蹟，前文已經說了很多了，這裡想談談他的人品與做為一個家庭成員的面貌。從忽必烈推動宏偉又詳密的新國家建設事業，和善用人才，巧妙利用各種人才來完成目的手段看來，他應該是一個非常懂得使用手段的奸滑之人。但或許是他圓圓胖胖的外貌，讓人對他產生老奸巨猾的印象。忽必烈確實有老奸巨猾的一面，但是，從蒙古人尊稱他為「薛禪皇帝」，也就是「賢明之帝」之意這點來看，說他「聰明而足智多謀」可能比「老奸巨猾」更適合吧！雖然他善用了多種族多語言的謀臣、智囊團，但最終做決定的還是他。最重要的就是他聽得進別人的建言，又懂得深思熟慮，再做判斷。事實上他不太會耍手段，也不喜歡耍手段。還有，某些地方他其實也挺像他的兄長蒙哥，必要的時候他也會以皇帝之尊親自出擊，不排斥在陣前指揮作戰。在軍事上，忽必烈治軍有其嚴厲的一面，逼得有人不得不對他舉起反旗，這也讓有心歸順蒙古的人，因為害怕他的嚴厲懲罰，而不敢在他在世的時候來投誠。蒙古帝國的內訌在忽必烈過世後，急速地減緩了，原因之一就是沒有了嚴格的忽必烈。忽必烈的個性雖然不急躁，但他對於會妨礙到自己推動的計畫或建構體制系統之事，卻是一點也不寬容的。

或許是受到他這種性格的影響，忽必烈的兒子們在各自的立場上，背負著父親新國家建設事業的某一部分，努力地回應父親的期待，但究竟是父親太偉大，還是父親的期待太高，嫡出的長子早逝，被立為皇太子的次子真金飽受壓力，而三子忙哥剌能力不足，派不上用場；四子那木罕雖然長得氣宇軒昂，卻意志不夠堅定。至於庶出的忽哥赤、奧都赤、脫歡也各有缺點，難成大器。忽必烈的兒子們不像別的君王或王子們，不能輕鬆、悠閒地過日子。父親給他們的目標太大，他們只能埋首前進，回應父親的要求。做為忽必烈的兒子，或許是很辛苦的，也可以說，父親太有能力，是孩子們的不幸。忽必烈晚年的時候，兒子們都先他而去，他只能與孩子輩一起站在陣前。對蒙古人來說，八十歲是很長壽了。忽必烈與他的正室察必感情很好，察必還活著的時候，忽必烈經常聽取她的意見，但她卻在新國家建設的途中就去世了。擁有超越一般人的智慧，為超出人類智慧的某個目的而活的人生，或許是很寂寞的。

歷史關鍵字解說

民族與部族

關於民族一詞，存在著種種議論。基本上，民族一詞的英語、法語、德語，都寫成nation，是出現於近代西歐的新詞，也被廣泛地使用在漢字文化圈中。成為「民族國家」（Nation-state。這個想法的本身，是近代西歐所創的「心的幻影」，本書中也略有觸及）及「人民社會」基礎的，都是「人群」。也就是說，不管說是「國家」還是「民族」，其本質是極為接近的。然而，包含生活在日本列島的日本人，與使用極為簡樸的漢字這一獨特文字，來做印象聯想的人，「國家」、「民族」、「人民」之間，是有很大差異的，所以用民族一詞來翻譯nation，確實合適嗎？

當「民族國家」從原本是近代世界光輝燦爛的目標，變成連發跡的西歐諸國都懷疑那只是一種幻想，乃至於是一種浪漫的，只是邏輯性的思考時，關於「民族」就有了新的解釋與說明，是以共同文化為基礎的ethnos或ethnic group。那麼，民族裡的語言是超越時空的，基本上也不問其集合體的大小。適用於民族學、人類學的這個字因為暢通無阻，所以也廣泛地被使用在歷史學上，總之，「民族」有兩個意義。所指的可能是如「民族國家」中所指的國家的人民，也可以轉換做ethnic group，依說者的立場而定。但老實說，兩者常被混用。雖然通常是在無意識的情況下混用的，但也有故意混用的情形，尤其是帶著政治目的的混用。用同樣的新詞來表現完全不同的原語、概念，基本上就是很奇怪的事。在那樣的情況下所產生的誤解、錯覺、混亂和負面的影響，在中、日兩國是絕對不能忽視的。只是，即使在誤解之下，「民族」這個用語還是已經被固定了。其實，使用別的譯詞或照用原語，或許會比較好。

回頭來看中國史中關於「民族」一詞的用法，可以說經常是很粗糙、隨便的。例如「漢民族」一詞。所謂的「漢民族」是什麼？漢民族這個「集團」確切出現的時間到底是何時？以前孫文曾以「中華民族」這個字詞，來表現建立現在中國這個民族國家的主體，但現實並非那樣，現在的中華人民共和國是「多元的統一體」，已經成為中國政治上、學術上的正式標語。社會史家費孝通，在美國的考古學者張光直，和贊同此一見解的中國國內派考古學者蘇秉琦等人，可以說是這一看法的支持者。坦白說，比起日本的中國史學者，不管是中華人民共和國還是臺灣的學者，都認為中國乃至於中華這個歷史體，一開始就是多元構成的，現在尤其如此。頻繁出現在日本的中國史裡的「漢民族」，及其反義詞「異民族」，可以說是日本研究中國史的一個特徵。日本這個獨特歷史體的民族形象，似乎就投影在那個上面了。再說，現在在中國所使用的「〇〇族」，其實就是前面所說的ethnic group的展現，所謂的「少數民族」這個極其普遍的說法，大概也是ethnic group的另一個說法。然而，假使我們說到「藏族」、「蒙古族」時，在前述的兩種用法中，是屬於哪一種呢？還是兩種都是？

另一方面，與近代新詞「民族」相反，從很久以前起，就可以在文獻史料中，看到部族這個詞語了。「〇〇部」、「所部」、「部落」等等，都是文獻史料上可以看到，與部族類似的表現詞語。部族的語意不管是存在的方式，還是內容、規模，與民族有著相當的差異。「部族」與概念模糊的「民族」不一樣，是確實存在於歷史上的某一個群體；更重要的是，由一個母體的「部族」，經過演變與重組後，會出現部族聯合、部族聯盟體、部族聯合國家等等形式存在，這些存在的形式往往會改變歷史的樣貌。以中國史來說，例如從所謂的五胡十六國時期到「拓跋國家」的發展，到本書敘述的八世紀到十四世紀、到誕生大清帝國的滿蒙漢聯合體等等，都是擁有以部族為單位的軍事聚合體，以強大的軍事力量，推動時代與社會向前進。放眼中央歐亞大陸史，乃至於歐非、歐亞史，在近代以前的時代與社會，都是以那樣的方式發展的。思考人類史中的「國家」這種東西時，這一點是大關鍵。

還有，在人類學等的領域裡，英語tribe的語意就是「部族」，而tribe以下的單位clan，其語意是「氏族」。部族與氏族都是被使用在原典文獻上的「原語」，而這兩個原語原本並不存在上下階層的關係。

至於說到本書中對民族與部族這兩個語詞的使用，

原則上並不使用民族這個用語。目的就是要避免某種誤解。例如說到Uyghur民族時，歷史上的回鶻（Uyghur）人，與現在以中華人民共和國的新疆省為中心，自稱是維吾爾（Uyghur）人的人，其實並沒有直接的關係，此一事實一定要在歷史性的文章裡說明清楚才行。另外，前述關於「漢民族」一詞，能與此一詞相稱的那個實體，到底出現、形成於中國史的哪一個階段呢？這一點本身就是一個大問題吧！這是應該超越歷史，必須從正面做多方向綜合分析、討論的事情，如此一來，就可以不必使用到「異民族」這種含有特定價值觀的奇怪用語了。相反地，「部族」卻是一個非用不可的用語。逐一地把出現在歷史上的各個部族調查個清楚，並把他們放在他們應有的位置上時，會有什麼發現呢？關於這件事，可以說還沒有人認真地去嘗試。用不著舉中東地區的部族為例，現在世界各地確實還存在著很多部族。總之，不管是世界史還是中國史，也不管是過去還是現在，「部族」這個用詞所含蓋的東西，與「民族」的意思是不一樣的。這是今後要檢討的大課題。

帝國、國家、兀魯思

本書特地分別使用了「帝國」與「國家」的用語。「國家」自古以來就普遍性地存在於人類史上，當然，至今也還是存在的。以軍事力和統制力為不可缺少的因素，形成一個權力體，然後創建各種組織、設備、機構；在這個權力體下，不論其規模大小，當然有人群——也就是「民眾」，或稱之為「人民」，這個權力體就叫做「國家」。然而「國家」這個名稱，可以說是統治者為了方便替自己辯護或說明自己的正當化，而灌輸給人民的概念，必須說這是極為近代化的觀念。

縱觀人類史，所謂的國家，指的便是權力體的所有政權與政府，及其周邊的種種。能夠實現文字所說的國民主權國家，或由國民創建國家這種美好國家形象的國家，在現代的世界裡，其實是非常少的吧？還有，在漢語裡，所謂的「國家」，指的便是「王朝」。而在幕府末期、明治期的日本，「state」乃至於「nation」的譯詞，便相當於古漢語的「國家」，結果導致意思似是而非、新的「國家」一詞出現，之後便慢慢地普及到漢字文化圈。總之，不論中日韓，在近代以前的漢字文獻中所出現的「國家」，與近現代所說的「國家」，明顯是不一樣的，請務必注意到這一點。

再說「帝國」，舊的漢字文獻裡，基本上完全不存在著「帝國」這一詞。在漢文裡，稱唯一的權力者為「帝」，而「國」指的是春秋時代城市國家，這兩個字絕對不會組合成一個詞。「帝國」一詞是江戶時代後期，日本人發明、創建的新詞，是「和製漢語」，具體出現的時間應該是西元一七八〇年代左右，起源於荷蘭語的keizerrijk（德語相當於kaiserreich），keizer（kaiser）是「皇帝」的意思，rijk（reich）是在各分邦之上的統一階層，也就是「國」的意思，keizer與rijk組合起來的keizerrijk，就是「帝國」的意思。而英語與法語的empire相當於德語的kaiserreich，把這些總括起來，「帝國」的語譯便在日本固定化了，這個字詞就這樣傳到了中國，並且流傳開來，廣為使用。日本創出的眾多歐美語譯詞，在東亞漢字文化圈廣被接受，「帝國」這個譯詞便是其中一例，成為中日韓的共通用詞，同樣的例子還有「帝國主義」等詞語，類似的例子非常多。在導入歐美文化時，日語確實對東亞諸國、諸地區有相當多的幫助與影響，當然也會有負面的影響。檢視這正、負雙方的影響，應該有不小的意義吧！

本書對於中小版圖或大小部落的權力，依其情況分別做了補充，版圖不大、部落不大的以「王國」或「軍閥」稱之，版圖大的，由中央權力組織起來的權力體，稱其為「國家」，而版圖橫跨數個地區，統領數個種族、權力體，規模處於另一種層次的特大權力組織，則稱其為「帝國」，這是極為簡單而且單純的一種概念。

接著我想簡單地談一下「兀魯思」（ulus）。「兀魯思」是蒙古語，意指人民集團、部眾、國民、國家等等。「兀魯思」與突厥語的「il」同義，蒙古時代及其前後時期的各種文獻中，經常可以看到將這兩個同義字放在一起，以「il ulus」的樣子出現。「兀魯思」是重視「人」更勝於「土地」或「版圖」的「國家」概念。在歐亞大陸的中央地帶，「ulus」或「il」的概念不同於西歐發展出來的「state」、「nation」近代概念，也和日語中的「国」（國）的概念有所不同。以「兀魯思」為名稱的人民集體即使整體的移動了，其「國」的本質也不會有變化，但「國」的輪廓、外框，未必是固定的，可以說具有某種程度的可變性。這樣的「兀魯思」的概念，當然與我們觀念中「硬態國家」不同，「兀魯思」展現出來的是一種流動性的「柔態國家」觀念。以蒙古世界帝國為頂點的遊牧國家歷史告訴我們，對人類來說，國家是可以以多種型態存在的。

回頭來看現代世界，終究只不過是以幻想的「民族國家」為基礎單位構成的國際社會。不過，所謂的「民族國家」這個基礎單位，有大有小，規模並不相同，其國家成立的方式也不一樣，有靠自己力量的，也有憑藉外來力量的，更有靠著莫名其妙的幸運而成立；立刻就能快速地形成幾個「民族國家」的super state也不在少數。但是，只要沒有被認定是「民族國家」，即使是人數眾多，占有廣闊地區的「民族」，也只會被認為是巨大國家中的一個「區域」。在我們生活的地球上，至今還存在著各種形式「人群集團」，硬用「硬態國家」的框架套在所有「人群集團」上，這對人類來說真的是好事嗎？就現實、實態來看，有彈性的國家形態正是現在我們所需要的。

參考文獻

（1）內藤湖南，《支那近世史》，弘文堂，一九四七年（《內藤湖南全集》十，筑摩書房，一九六九年）。
（2）宮崎市定，《宮崎市定全集》九～十二，岩波書店，一九九二年。
（3）礪波護、武田幸男，《隋唐帝國と古代朝鮮》，「世界の歴史」六，中央公論社，一九九七年。
（4）布目潮渢、栗原益男，《隋唐帝國》，講談社學術文庫，一九九七年。
（5）山田信夫編，《ペルシアと唐》「東西文明の交流」二，平凡社，一九七一年。
（6）山田信夫，《草原とオアシス》「ビジュアル版世界の歴史」十，講談社，一九八五年。
（7）本田實信，《イスラム世界の発展》「ビジュアル版世界の歴史」六，講談社，一九八五年。
（8）三上次男、護雅夫、佐久間重男，《中国文明と內陸アジア》「人類文化史」四，講談社，一九七四年。
（9）西嶋定生，《古代東アジアの世界と日本》，岩波書店，二〇〇〇年。
（10）李成市，《東アジア文化圏の形成》「世界史リブレット」七，山川出版社，二〇〇〇年。
（11）礪波護，《唐の行政機関と官僚》，中央公論社，一九九八年。
（12）礪波護，《隋唐の仏教と国家》，中央公論社，一九九八年。
（13）氣賀澤保規，《絢爛たる世界帝国》「中国の歴史」六，講談社，二〇〇五年。（臺灣商務印書館將於二〇一七年十二月出版，《絢爛的世界帝國：隋唐時代》）
（14）藤善真澄，《安祿山：皇帝の座をうかがった男》中央公論新社，二〇〇〇年。

（15）藤善真澄，《隋唐時代の仏教と社会：弾圧の狭間にて》，白帝社，二〇〇四年。
（16）藤善真澄，《中国史逍遥》，藤善真澄先生古希記念會，二〇〇五年。
（17）森安孝夫，〈ウイグルから見た安史の乱〉，《内陸アジア言語の研究》十七，中央ユーラシア学研究会，二〇〇七年。
（18）稲葉穣，〈安史の乱時に入唐したアラブ兵について〉，《龍谷大学　国際文化研究》，二〇〇一年。
（19）吉川真司編，《平安京》「日本の歴史時代」五，吉川弘文館，二〇〇二年。
（20）愛宕元，《唐代地域社会史研究》，同朋舎出版，一九九七年。
（21）石見清裕，《唐の北方問題と国際秩序》，汲古書院，一九九八年。
（22）森安孝夫，《ウイグル＝マニ教史の研究》，朋友書店，一九九一年。
（23）佐藤長，《古代チベット史研究》上下，東洋史研究會，一九五八、五九年。
（24）佐竹靖彦，《唐宋変革の地域的研究》，同朋舎出版，一九九〇年。
（25）藤枝晃，《征服王朝》，秋田屋，一九四八年。
（26）周藤吉之、中嶋敏，《五代と宋の興亡》，講談社學術文庫，二〇〇四年。
（27）礪波護，《馮道：乱世の宰相》，中央公論社，一九八八年。
（28）島田正郎，《遼朝史の研究》，創文社，一九七九年。
（29）島田正郎，《契丹：遊牧の民キタイの王朝》，東方書店，一九九三年。
（30）斯波義信編，《五代～元》，「世界歴史大系中国史」三，山川出版社，一九九七年。
（31）三上次男、神田信夫編，《東北アジアの民族と歴史》，「民族の世界史」三，山川出版社，一九八九年。
（32）護雅夫、岡田英弘編，《中央ユーラシアの世界》「民族の世界史」四，山川出版社，一九九〇年。
（33）田村実造，《中国征服王朝の研究》上中下，東洋史研究會，一九六四、七四、八五年。
（34）田村実造，《慶陵の壁画—絵画・彫飾・陶磁》上中下，同朋舍，一九七七年。
（35）古松崇志、承志、杉山正明編，《遼文化、慶陵一帶調查報告書二〇〇五年》，京都大，二〇〇五年。
（36）佐伯富編，《宋の新文化》「東洋の歴史」六，人物往來社，一九六七年。中公文庫復刊。
（37）竺沙雅章，《征服王朝の時代　宋元》，講談社現代新書，一九七七年。
（38）竺沙雅章，《宋の太祖と太宗》，清水書院，一九七五年。
（39）竺沙雅章，《宋元仏教文化史研究》，汲古書院，二〇〇〇年。
（40）小島毅，《中国思想と宗教の奔流》「中国の歴史」七，講談社，二〇〇五年。（臺灣商務印書館將於二〇一七年十一月出版，《中國思想與宗教的奔流：宋朝》）
（41）木田知生，《司馬光とその時代》「中国歴史人物選」六，白帝社，一九九四年。
（42）西田龍雄，《西夏語の研究》，座右宝刊行會，一九六四～六六年。
（43）古松崇志，〈女真開国伝説の形成——《金史》世紀の研究〉，《古典の世界像》（古典学の再構築・研究報告集）二〇〇三年。
（44）榎一雄，《東西文明の交流》「図説中国の歴史」十一，講談社，一九七七年。
（45）佐口透，《モングル帝国と西洋》「東西文明の交流」四，平凡社，一九七〇年。
（46）本田實信，《モングル時代史研究》，東京大學出版會，一九九一年。
（47）宮紀子，《モングル時代の出版文化》，名古屋大學出版會，二〇〇五年。
（48）志茂碩敏，《モンゴル帝国史研究序説—イル汗国の中核部族》，東京大學出版會，一九九五年。
（49）陳高華，佐竹靖彥譯，《元の大都——マルコ・ポーロ時代の北京》，中央公論社，一九八四年。
（50）杉山正明，《大モンゴルの世界—陸と海の巨大帝国》，角川書店，一九九二年。
（51）杉山正明，《クビライの挑戦―モンゴル海上帝国への道》，朝日新聞社，一九九五年。
（52）杉山正明，《モンゴル帝国の興亡》，講談社現代新書，一九九六年。
（53）杉山正明，《耶律楚材とその時代》，白帝社，一九九六年。
（54）杉山正明，《遊牧民から見た世界史：民族も国境もこえて》日本經濟新聞社，一九九六年。（《遊牧民的世界史》，廣場文化，二〇一五年）
（55）杉山正明，《モンゴル帝国と大元ウルス》京都大學學術出版會，二〇〇四年。
（56）杉山正明、北川誠一，《大モンゴルの時代「世界の歴史」九，中央公論社，一九九七年。
（57）藤井讓治、杉山正明、金田章裕編，《絵図・地図から見た世界像》京都大學文學研究科，二〇〇四年。

年表

西元	年號	草原、中華、亞洲東方	日本、歐亞大陸世界
五五二		突厥國家出現。在五八〇年代之前，形成了橫跨東西的「世界帝國」。	
五八三		突厥帝國分裂。隋文帝併吞江南。西元五八九年統一中華。	
六一八	武德元年	唐建國，東突厥支援。	
六二二			穆罕默德帶領信眾從麥加遷移到麥地那（史稱這個行動為「希濟拉」），伊斯蘭教曆出現。
六三〇	貞觀四年	東突厥臣屬於唐	
六四五			日本進行「大化革新」。
六五一			薩珊帝國瓦解。
六六三	龍朔三年	唐與新羅的聯軍在白村江擊敗日本與百濟的聯軍。唐朝在此前後邁入「世界帝國」的狀態。	

六八二		東突厥復興。	
七一二	太極元年	李隆基（玄宗）即位。	
七四二	天寶元年	安祿山任平盧節度使。	
七四四	三年	安祿山兼任范陽節度使。回鶻取代東突厥。	
七五〇			阿拔斯朝革命成功。
七五一	十年	安祿山兼河東節度使。怛邏斯河畔之戰。	
七五五	十四年	安祿山舉兵，攻陷洛陽。	
七五六	至德元年	安祿山稱帝，為大燕皇帝。玄宗出逃，長安淪陷。	
七五七	二年	安祿山被兒子安慶緒所殺。	
七五九	乾元二年	史思明在洛陽即位為大燕皇帝。	
七六一	上元二年	史思明被兒子史朝義殺死。	
七六三	廣德元年	史朝義自殺，安史之亂終了。吐蕃占領長安。	
七六四	二年	僕固懷恩之亂。	
七七四	大曆九年	魏博節度使田承嗣叛變。河朔三鎮事實上已如同獨立。	
七八九		回鶻國家與吐蕃由這一年起至七九二年，在天山東部一帶衝突不斷。	
八〇〇			教皇加冕查理大帝。

八四〇		回鶻遊牧國家由於天災，再加上黠戛斯襲擊而瓦解。	
八四五	會昌五年	會昌廢佛。	
八四六？		吐蕃的朗達瑪王被殺，吐蕃分裂。	
八七五	乾符二年	黃巢、王仙芝興兵叛亂。	
八八三	中和三年	李克用收復長安。翌年，黃巢之亂結束。	
九〇一		耶律阿保機成為契丹聯盟的夷離堇。	
九〇四	天祐元年	朱全忠殺唐昭宗。	
九〇五		耶律阿保機與李克用於雲州會盟。	
九〇七		耶律阿保機被選為契丹可汗。朱全忠廢哀帝，自立為帝。唐室滅亡，後梁出現。	
九〇八		李克用去世。李存勗於潞州之戰大敗後梁軍。	
九〇九			法蒂瑪王朝出現。
九一一		李存勗在柏鄉一帶再次大敗後梁軍。	
九一六	神冊元年	耶律阿保機確立了契丹國家的「帝權」世襲制。阿保機率領契丹軍南進，席捲「山後之地」。	

九一七		契丹軍在新州之戰大敗沙陀的周德威之軍，包圍幽州。阿保機之下的契丹主力軍撤退。沙陀軍與契丹軍的幽州城外之戰，沙陀軍戰勝。	
九二一		李存勗得到「傳國之寶」的玉璽。率領契丹軍攻打河朔的耶律突欲也撤退了。	
九二三	同光元年	李存勗即位，以「唐」為國號，滅了後梁。	
九二五		日本向阿保機的契丹朝貢。	
九二六	天顯元年	契丹軍接收渤海國。李存勗被禁軍所殺，沙陀族長家就此滅亡。李克用的義子李嗣源即位，仍然以「唐」為國號（沙陀第二王朝）。阿保機突然去世。	
九二七		耶律堯骨成為第二代契丹皇帝。	
九三〇		東丹王突欲渡海投靠李嗣源。	
九三六		契丹皇帝堯骨助石敬瑭滅後唐。突欲被殺。	
九三九			日本平將門之亂。
九四七		堯骨滅了石氏的後晉，入開封城，隔月以「大遼」為國號，四月撤退，突然死於欒城。劉知遠在太原即位（後漢）。	
九六〇	建隆元年	趙匡胤平定禁軍的政變，即位為帝。北宋開始了。	
九八二		夏王李繼捧投靠北宋，李繼遷自立。	

一〇〇二	李繼遷的党項王國以靈州為都。	
一〇〇四	澶淵之盟成立。契丹與北宋在此盟約下和平共存了一百二十年。	
一〇三二	李元昊成為党項國王。	
一〇三八	李元昊建國，國號大夏，自立為帝。成立西夏國。	
一〇四四	北宋與西夏締結慶曆和約。契丹、北宋、西夏在和約下共存。	
一〇五五		塞爾柱王國的圖赫里勒・貝格入巴格達城。
一〇九六		法蘭克人以十字軍之名東進。
一一一四	女真的完顏阿骨打自立，大金國出現。	
一一二三	大金國與北宋締結海上之盟。	
一一二五	大遼國的天祚帝被捉，契丹帝國滅亡。	
一一二七　靖康二年	大金國滅了北宋。	
一一三二左右		耶律大石即位，第二契丹帝國出現。
一一四二	大金國與南宋簽訂和約。再現澶淵體系。	

一一六一		金帝完顏迪古乃統一中華的行動失敗了。
一二〇六		成吉思汗即大汗位。大蒙古國出現。
一二一一		成吉思汗率領蒙古軍進攻華北。
一二一五		大金國中都淪陷，南遷。
一二一九		蒙古軍遠征中亞（至一二二五年）。花剌子模王國滅亡。在阿富汗的作戰陷入苦戰。
一二二七		蒙古攻打西夏。成吉思汗逝世。西夏滅亡。
一二三四		大金國滅於靠近南宋國境的蔡州。
一二三六		蒙古東西遠征。拔都西征與闊出南征。蒙古邁向世界帝國之路。
一二五一		第四代蒙古皇帝企畫第二次東西遠征。忽必烈南征，旭烈兀西征。
一二五七		蒙哥甩開忽必烈，決定親征中國。
一二五九		蒙哥突然逝於四川。忽必烈圍攻鄂州。
一二六〇	中統元年	忽必烈與阿里不哥開始了帝位繼承權的爭奪戰。旭烈兀進軍敘利亞，又撤回。蒙古軍的怯的不花軍在阿音札魯特被馬木留克軍所敗，蒙古向西擴張的步伐遭到阻止。
一二六四	至正元年	忽必烈確立為帝，建立了實質的大元兀魯思。

一二七六	十三年	臨安無血開城。蒙古接收南宋，開始擴張海上勢力。	一二七四和一二八一年，蒙古兩次攻打日本。
一二九四	三十一年	忽必烈去世，孫子鐵穆耳即位。	
一三〇三		蒙古帝國恢復整個統合。	
一三二八		天曆之亂。蒙古帝國開始質變。	前後七十年間，發生全球規模的環境變動。
一三六八		明朝成立、北伐、攻陷大都。	
一三八八		忽必烈王朝滅亡。	

ISBN 978-957-05-3098-8

中國・歷史的長河

08

疾馳的草原征服者

遼、西夏、金、元

初版一刷—2017 年 9 月
初版七刷—2023 年 5 月
定價—新台幣 460 元

作者　杉山正明
譯者　郭清華
發行人　王春申
總編輯　張曉蕊
責任編輯　賴秉薇、王育涵
封面設計　高偉哲、吳郁婷
內頁編排　菩薩蠻
地圖繪製　吳郁嫻
出版發行　臺灣商務印書館股份有限公司
地址　23141 新北市新店區民權路 108-3 號 5 樓
電話　(02) 8667-3712
傳真　(02) 8667-3709
讀者服務專線　0800056196
郵撥　0000165-1
E-mail　ecptw@cptw.com.tw
網路書店網址　www.cptw.com.tw
臉書　facebook.com.tw/ecptw
局版北市業字第 993 號

疾馳的草原征服者：遼、西夏、金、元／杉山正明著；郭清華譯 .-- 初版—新北市：臺灣商務，2017.9
面；14.8x21 公分
ISBN 978-957-05-3098-5（平裝）

1. 遼金夏史　2. 元史

625　106013655

廣	告	回	信
板橋郵局登記證			
板橋廣字第1011號			

免　貼　郵　票

23141
新北市新店區民權路108-3號5樓
臺灣商務印書館股份有限公司　收

請對摺寄回，謝謝！

傳統現代　並翼而翔

Flying with the wings of tradtion and modernity.

讀者回函卡

感謝您對本館的支持，為加強對您的服務，請填妥此卡，免付郵資寄回，可隨時收到本館最新出版訊息，及享受各種優惠。

■ 姓名：________________ 性別：□ 男 □ 女

■ 出生日期：________年________月________日

■ 職業：□學生 □公務(含軍警) □家管 □服務 □金融 □製造
□資訊 □大眾傳播 □自由業 □農漁牧 □退休 □其他

■ 學歷：□高中以下（含高中）□大專 □研究所（含以上）

■ 地址：
____
____

■ 電話：(H) ________________ (O) ________________

■ E-mail：________________________________

■ 購買書名：________________________________

■ 您從何處得知本書？
□網路 □DM廣告 □報紙廣告 □報紙專欄 □傳單
□書店 □親友介紹 □電視廣播 □雜誌廣告 □其他

■ 您喜歡閱讀哪一類別的書籍？
□哲學・宗教 □藝術・心靈 □人文・科普 □商業・投資
□社會・文化 □親子・學習 □生活・休閒 □醫學・養生
□文學・小說 □歷史・傳記

■ 您對本書的意見？（A/滿意 B/尚可 C/須改進）
內容 ________ 編輯________ 校對________ 翻譯________
封面設計________ 價格________ 其他________________

■ 您的建議：________________________________

____

※ 歡迎您隨時至本館網路書店發表書評及留下任何意見

臺灣商務印書館 The Commercial Press, Ltd.

23141新北市新店區民權路108-3號5樓 電話：(02)8667-3712
讀者服務專線：0800-056196 傳真：(02)8667-3709
郵撥：0000165-1號 E-mail：ecptw@cptw.com.tw
網路書店網址：www.cptw.com.tw
臉書：facebook.com.tw/ecptw 部落格：blog.yam.com/ecptw